Roulette

ECON Ratgeber
Spiele und Unterhaltung

Herbert Lucke

Roulette

Lernen und verstehen

ETB
ECON Taschenbuch Verlag

CIP-Kurztitelaufnahme der Deutschen Bibliothek

Lucke, Herbert:
Roulette: lernen u. verstehen / Herbert Lucke. Orig.-Ausg. –
Düsseldorf: ECON Taschenbuch Verlag, 1987.
(ETB 20288; ECON Ratgeber: Spiele und Unterhaltung)
ISBN 3-612-20288-X

Originalausgabe

Mai 1987
Umschlagentwurf: Ludwig Kaiser
Titelfoto: Photo-Design-Studio Gerhard Burock
Zeichnungen: Brigitte Braun

Satz: Dörlemann-Satz, Lemförde
Druck und Bindearbeiten: Ebner Ulm
Printed in Germany
ISBN 3-612-20288-X

Inhalt

1. Vorwort

Das Roulette als die Königin der Spiele zu bezeichnen wäre sowohl übertrieben als auch unberechtigt. Andere Spiele, bei denen der Geist des Spielers, zumindest aber seine Konzentrations- und Kombinationsfähigkeit, die Beobachtungsgabe und das Gedächtnis, wesentlich mehr gefordert sind als beim Roulette, haben mehr Anspruch auf eine derart erhebende Bezeichnung. Man denke in erster Linie an das Schachspiel, das Bridge und - wenn auch mit einigem Abstand - an Skat und Schafskopf. Sie alle erfordern nicht nur die soeben genannten Talente, sondern auch jahrelange Übung und, insbesondere das Schach, intensive Beschäftigung mit den Grundlagen der Strategie und Taktik.
Den Rang der Königin der *Glücksspiele* dagegen dürfte dem Roulette niemand streitig machen. Mit welcher Berechtigung wollte er es auch tun? Kein anderes Glücksspiel beruht auf einer derart präzisen und unbestechlichen Maschine, deren Genauigkeit und Ausgewogenheit laufend überwacht und gewartet werden. Jedenfalls trifft dies für die staatlich konzessionierten Spielbanken zu.
Kein anderes Glücksspiel, abgesehen von Trente-et-Quarante, vielleicht auch Black Jack, wird ferner in einem so eleganten und festlichen Rahmen angeboten, wie ihn die großen Spielkasinos der Welt, vorrangig Europas, darstellen. Keines der vielen

Glücksspiele kann deshalb auf eine so alte und sagen wir ruhig ruhmreiche Tradition zurückblicken wie Roulette, selbst wenn das Würfelspiel und Kartenspiele um Jahrhunderte älter sind. Schließlich webt sich um kein anderes Glücksspiel ein derart dichter und reicher Schleier des Geheimnisvollen, wie er das Roulette und seine eleganten Domizile umgibt. Nicht zuletzt dieser Hauch des Mysteriösen lockt den Gewohnheitsspieler, den »Habitué«, immer wieder ins Spielkasino, lockt aber auch den sogenannten kleinen Mann, den Urlauber, Touristen oder Geschäftsreisenden an den Spieltisch.

Erzählungen von Fürsten und Millionären, die ihre Existenzen im Spielsaal ruiniert haben – manchmal in einer einzigen Nacht, wie gemunkelt wird –, und von geheimnisvollen Fremden, die eine »Bank sprengen«, mit einem Vermögen abreisen und nie wieder gesehen werden, vermitteln dem Zuhörer oder Leser ein wohliges Gruseln und unterstützen den Nimbus der seriösen oder auch weniger seriösen Spielhöllen. Theater, Film und Fernsehen bedienen sich ausgesprochen gern der Spielsaalatmosphäre, um ihren Stücken zusätzliche Würze zu geben. Daß sich auch die Roman- und Novellenliteratur seit dem Bestehen des Roulettespiels recht gut von den Schicksalen der glücklichen, vor allem aber der unglücklichen Spieler ernährt, bedarf wohl kaum der Erwähnung. Man kann dabei noch nicht einmal von parasitärem Verhalten der Literaten sprechen. Im Gegenteil, es handelt sich eher um eine wechselseitige Beziehung, denn der Wunsch, sein Glück einmal am Spieltisch zu versuchen, wird sicher nicht selten durch ein Buch oder einen Film ausgelöst.

Wo es Verlierer und Pechvögel gibt, dort sind auch die Spaßvögel, Witzemacher und Cartoonisten nicht weit. Mit schöner Regelmäßigkeit begegnet man ihren treffsicheren Pointen oder Strichzeichnungen, etwa ein langbeiniges Mädchen im Bunnykostüm und mit Bauchladen darstellend, das im Vestibül eines Kasinos einladend »Revolver, Pistolen!« ruft. Oder die beiden Herren, die eben eine Spielbank verlassen, einer notdürftig mit einer Unterhose bekleidet, der andere sogar ohne diese. Er muß sich von dem ersten belehren lassen: »Das Geheimnis des

Erfolgs beim Spielen, mein Lieber, ist die Kunst, rechtzeitig aufzuhören!«

Doch zurück zur Sachlichkeit. Allem Geraune und aller Romantik zum Trotz kann dem Roulettespiel nichts Unseriöses oder gar Illegales nachgesagt werden, obwohl es über mehrere Jahrzehnte in den meisten europäischen Ländern verboten war. (Gerade dieses Verbot war es übrigens, das dem wohl bekanntesten Spielkasino der Welt, dem von Monte Carlo, zu seiner Berühmtheit und seinem Wohlstand verholfen hat, die bis zum heutigen Tag anhalten.) Eigentlich müßte man umgekehrt folgern und sagen: Trotz Korrektheit und Legalität des Spiels bleibt der Hauch des Geheimnisvollen ungemindert bestehen.

Gewiß, es mag auch Stätten geben, an denen keine absolute Korrektheit herrscht oder der Spielverlauf gar auf diese oder jene Weise manipuliert wird. Dies ist jedoch keine Behauptung, sondern allenfalls eine Vermutung, die nebenbei ausgesprochen wird. Wer aber könnte nicht in Zweifel geraten, wenn Humphrey Bogart in »Casablanca« seinem Croupier zunickt und schon nach 2 Spielen en plein »auf die Vierzehn« dem armen Emigrantenehepaar die dringend benötigten Dollars hingeblättert werden, ohne daß die junge Frau den bewußten bitteren Schritt tun muß.

Wie dem auch immer sei. Alle Überlegungen, die dem Leser dieses Buches dargelegt werden, beruhen auf einem ideal funktionierenden Spielapparat. Die Verhältnisse eines seriösen Spielkasinos sind diesen Idealbedingungen in bestmöglicher Weise angenähert. Wir können berechtigterweise davon ausgehen, daß sie erfüllt sind.

In der Bundesrepublik Deutschland sind Spielkasinos, in denen Roulette gespielt wird, eine ständige und traditionsreiche Einrichtung vieler größerer Städte. Insbesondere elegante, »mondäne« Kurorte sind bevorzugte Gefilde der Spielunternehmen, weil das internationale Publikum, das dort verkehrt, nicht nur Zeit und Muße hat, um sich ausgiebig dem Spiel zu widmen, sondern auch die finanziellen Reserven, ohne die ein interessantes und ausgedehntes Spiel nur schwer möglich ist. Wir denken dabei vor allem an Baden-Baden, Wiesbaden, Garmisch-

Partenkirchen, Lindau und Travemünde, ohne die vielen anderen Spielbanken - unseres Wissens sind es derzeit 28 - in einen untergeordneten Rang einreihen zu wollen.
Selbstverständlich wird im Ausland ebenfalls Roulette gespielt. Hinweise auf ein nahegelegenes Kasino werden dem Reisenden in mannigfacher Form und ausreichender Anzahl präsentiert.
Nun aber zu dem beabsichtigten Zweck dieses Buches. Er liegt gewiß nicht darin, die Zahl der bereits vorhandenen Bücher über das gleiche Thema noch zu erhöhen. Eher trifft zu, daß der Verfasser diesen hinreichend be- und durchgearbeiteten Stoff aus einer neuen Sicht betrachten und durchleuchten möchte. Dem Leser sollen beileibe keine Erfolgsrezepte vermittelt werden, um am Spieltisch, und sei es auch nur allmählich, ein Vermögen aufzubauen oder künftig mit dessen Hilfe seinen Lebensunterhalt zu bestreiten. Wer in der Lage wäre, ein solches Verfahren anzugeben, würde seine Zeit wohl kaum für das Schreiben eines Buches vergeuden, sondern sofort direkt ans große Geldgewinnen gehen.
Andererseits gibt es Unmengen von sogenannten Systemen, die zum Gewinn im Spielsaal führen sollen. Sie sind im Buchhandel oder auch durch weniger seriöse Quellen erhältlich und sollen hier nicht erörtert werden.
Basis und Hintergrund unserer Betrachtungen soll eine mathematische Behandlung der Gegebenheiten beim Roulette sein, aber nicht in der exakten, trockenen Darstellungsweise der schulmäßigen Mathematik, die nur wenigen Eingeweihten verständlich ist. Auch keine allgemeine, eher philosophierende Behandlung der statistischen Zusammenhänge ohne eigentliche Aussage, wie sie so viele einschlägige Bücher und Broschüren auszeichnet oder vielmehr nicht auszeichnet, ist beabsichtigt, sondern eine für jeden Leser mit »normaler« Schulbildung und gesundem Menschenverstand eingängige Darstellungsweise, bei der die mathematischen und statistischen Gesetzmäßigkeiten nur das tragende Gerüst bilden. Die Verwendung moderner, sehr schneller und leistungsfähiger Kleincomputer bietet die Möglichkeit, die Unmengen von Zahlenmaterial, wie es die Permanenzen der Spielbanken darstellen, nach allen

zweckdienlichen Gesichtspunkten zu sortieren, zu durchleuchten und zu analysieren. Auch die komplizierten Berechnungen der Kombinatorik und Statistik, die für die Untersuchungen der Gesetzmäßigkeiten erforderlich sind, lassen sich mit dem Computer ungleich leichter und schneller bewältigen als früher. Selbstverständlich müssen die Grundlagen und Regeln dieses Spiels ebenfalls erörtert werden, auch wenn sie vielen Liebhabern des Roulettes hinreichend bekannt sind. Sie können die betreffenden Seiten getrost überspringen und werden den Anschluß an den weiteren Stoff dennoch nicht verlieren. Die Gefahr, daß bei nüchterner analytischer Betrachtung des Spiels manche Illusion zerstört wird, müssen Sie dagegen in Kauf nehmen, ebenso wie der »Einsteiger«, der dieses Buch zufällig als ersten Leitfaden auf dem Weg zur »Königin der Glücksspiele« gewählt hat.

2. Die Maschine

Nur keine Mißverständnisse bitte! Der Begriff *Maschine* muß nichts mit den zahllosen komplizierten und raffinierten Apparaturen zu tun haben, denen wir im Alltag auf Schritt und Tritt begegnen, angefangen vom Wecker und der elektrischen Zahnbürste über Auto, Bus oder U-Bahn, Lift, Rolltreppe und Kaffeeautomat bis zum Fernsehgerät, vor dem wir abends einschlummern, während der Videorecorder für uns das Programm festhält, dem es nicht gelungen war, uns wach zu halten.
In der klassischen Mechanik fallen einfache Hilfsmittel, wie der Hebel, der Flaschenzug und die schiefe Ebene, bekanntlich unter den Oberbegriff der »einfachen Maschinen«. Dürfen wir dann einem Gebilde, das mit solcher Präzision gearbeitet ist und so unfehlbar funktioniert wie das Glückskarussell des Roulettes, die Bezeichnung Maschine verwehren? Doch gehen wir gleich ins Detail.

Die Drehscheibe

Das drehbare Kernstück der Roulettemaschine, die Drehscheibe, das Drehteil, manchmal auch als »le cylindre« oder »der Zylinder« bezeichnet, ist ein rotationssymmetrischer Metallkörper, der auf einer senkrechten Achse ruht, auf der er jedoch leicht drehbar ist.

Die Lagerung der Achse ist so beschaffen, daß eine reibungsarme und stoßfreie Rotation gewährleistet ist und das Drehteil in jeder beliebigen Lage zum Stillstand kommen kann, das heißt, daß es keine Vorzugslagen hat.
Am äußeren Rand des Drehteils sind auf einer ringförmigen, zur Achse hin geneigten Fläche in zunächst scheinbar regelloser Folge die Zahlen 0–36 angebracht. Jeder Zahl ist eine annähernd rechteckige Vertiefung, ein *Fach* oder *Feld* zugeordnet. Die Fächer bilden einen 2. Kreisring, der zu dem ersten konzentrisch verläuft. Zwischen der hervorstehenden Achse des Drehteils und diesem 2. Kreisring liegt eine kegel- oder kalottenförmig gewölbte Fläche, die nach außen, zu den Fächern hin, abfällt. Die exakt gleiche Beschaffenheit aller 37 Fächer des inneren Rings hinsichtlich ihrer räumlichen Lage, Länge, Breite, Tiefe sowie Höhe, Kantenabrundung und Stärke der Trennwände ist die wichtigste Voraussetzung dafür, daß jede der 37 Zahlen oder Nummern jeweils die gleichen Chancen hat. Jede noch so kleine Unregelmäßigkeit würde unweigerlich eine der Zahlen bevorzugen oder benachteiligen.
Selbstverständlich darf auch die Oberfläche des äußeren Kreisrings, der die Ziffern trägt, keinerlei Erhebungen, Vertiefungen oder sonstige Unregelmäßigkeiten aufweisen, die den Lauf der Kugel beeinflussen könnten.
Die aus dem Drehteil nach oben ragende Achse (genauer: *Nabe*, denn die wirkliche Achse verläuft innerhalb der Nabe und ist nicht sichtbar), trägt in ihrem oberen Teil 4 kreuzförmig angeordnete Arme, mittels derer der Zylinder durch Anstoßen oder Anschieben mit der Hand in Drehung versetzt werden kann. Dank präziser Lagerung einerseits und verhältnismäßig großer Schwungmasse der Gesamtordnung andererseits rotiert die in Bewegung versetzte Drehscheibe längere Zeit – 1 Minute und mehr –, bevor sie allmählich zum Stillstand kommt oder vom Croupier angehalten wird.

Der Kessel

Die Drehscheibe ist in eine runde Schale aus Holz versenkt eingebaut, den sogenannten Kessel, der seinerseits in einem kreisförmigen Ausschnitt des Spieltischs ruht. Der obere, innere Abschlußrand der Schale hängt etwas über, damit eine einmal eingeworfene Kugel nicht wieder herausspringen kann.
Im Gegensatz zum Zylinder, bei dem durch hochgenaue Bearbeitung eine gleichmäßige Chancenverteilung aller Zahlen angestrebt wird, trägt die Schale um ihn herum sogar Hindernisse, die dazu dienen, der Bahn der eingeworfenen Kugel jede Regelmäßigkeit zu nehmen und die Kugel allerlei unberechenbare Sprünge vollführen zu lassen, bevor sie den rotierenden Zylinder erreicht.
Diese Hindernisse sind gewöhnlich 18 Metallbeschläge, die die Form eines rhombischen Prismas oder eines in Längsrichtung geteilten Doppelkegels haben und abwechselnd tangential und radial, das heißt in Richtung auf die Drehachse des Kreisels bzw. senkrecht zu ihr, auf einem gedachten Kreis angebracht sind, dessen Mittelpunkt ebenfalls die Drehachse ist. Die Hindernisse bringen einen weiteren Zufallsfaktor in den Spielablauf und schließen außerdem aus, daß durch den Drehcroupier, der vor jedem Spiel den Zylinder in Rotation versetzt und die Kugel einwirft, bestimmte Zahlen auch nur unbeabsichtigt bevorzugt werden.

Die Kugel

Die dritte und letzte Komponente der Spielmaschine ist eine kleine Kugel aus Elfenbein. Ihr Durchmesser beträgt etwa 2 cm, manchmal etwas mehr oder auch weniger, je nach Größe und Konstruktion der Roulettemaschine. Das Gewicht der Kugel liegt bei 6 Gramm.
Elfenbein wird verwendet, weil dieses Material eine außerordentliche Elastizität aufweist und gleichzeitig wesentlich leichter ist als etwa Glas oder Metall, dagegen schwerer als die

meisten Kunststoffe mit vergleichbaren Eigenschaften. (Zahlreiche klassische Experimente über die Gesetzmäßigkeiten des »elastischen Stoßes« in der Physik wurden mit Elfenbeinkugeln durchgeführt. Die besten Kugeln für das Billiardspiel werden aus ähnlichen Gründen auch heute noch aus Elfenbein hergestellt.)

Leichtigkeit und Elastizität sind nicht zuletzt deshalb wichtig, um eine Beschädigung oder vorzeitige Abnutzung des Roulettekreisels zu umgehen.

Nach dem Einwerfen in den Kessel, das tangential, also annähernd parallel zum Schalenrand erfolgt, umrundet die Kugel mehrere Male den Innenrand der Schale, bis sie infolge ihrer Verlangsamung auf eines der Metallhindernisse prallt. Dank ihrer Elastizität wird sie in eine kaum vorhersehbare Richtung abgelenkt, setzt ihren Lauf auf veränderter Bahn fort, stößt gegen weitere Hindernisse und rollt schließlich auf den äußeren Umfang des Zylinders.

Das Drehteil hat jedoch nicht die gleiche Bewegungsrichtung wie die Kugel. Das wäre zu einfach. Man denke an das Aufspringen auf eine fahrende Straßenbahn oder, da dies heute kaum mehr möglich ist, an das Zusteigen auf ein sich drehendes Karussel. Nein, die Richtungen von Kugel und Kreisel sind gegenläufig. Bei der ersten Berührung der Kugel mit dem Zylinger entstehen äußerst komplizierte Kräftewirkungen, die der Kugel einen neuen Impuls und ihrem Umlauf einen völlig veränderten Charakter geben. Selbst wenn ihre Bahn bis zu diesem Zeitpunkt berechenbar gewesen wäre – jetzt ist jedes Kalkül durchbrochen und nutzlos.

Der äußere Rand des Kreisels ist leicht nach innen geneigt. Deshalb gelangt die Kugel früher oder später in den Bereich der 37 Fächer. Infolge ihrer entgegengesetzten Laufrichtung und der verhältnismäßig hohen Geschwindigkeit gegenüber dem Kreisel springt die Kugel zunächst über mehrere Fächer hinweg, gelangt unter Umständen bis auf die kalottenförmige Mittelfläche im Bereich der Nabe, rollt von dieser wieder abwärts zu den Fächern, springt noch einige Male und kommt schließlich in einem dieser Fächer zur Ruhe. Dies ist der von allen

Spielern mit Spannung erwartete Augenblick, der über Gewinn und Verlust in diesem Spiel entscheidet. Doch davon später!

Die vorstehende Beschreibung der Maschine »Roulette«, ihrer Funktion und Arbeitsweise dürfte deutlich gemacht haben, daß - bei hinreichend präziser Ausführung - der Zufall und nichts als der Zufall dafür maßgebend sein kann, in welchem der 37 Fächer die Kugel nach dem Einwurf landet. Auf dieser Tatsache fußen nicht nur die Regeln des Spiels, sondern auch alle mathematischen und statistischen Überlegungen, mit denen der Leser in den folgenden Kapiteln bekannt gemacht werden wird.

In der »Präzisionswerkstätte des Zufalls«

Professoren an technischen Hochschulen versuchen ihren Studenten manchmal verständlich zu machen, daß man eine Maschine erst dann richtig kennt und versteht, wenn man sie mindestens einmal »umarmt« hat. Der Schriftsteller Alexander Spoerl vertritt in seinem Buch »Mit dem Auto auf du« eine ähnliche Meinung. Aus gutem Grund habe auch ich mich dieser Denkungsart angeschlossen. Außerdem wollte ich nicht über etwas schreiben, was ich nicht aus eigener Erfahrung kenne. Folglich wagte ich mich geradewegs in die Höhle des Löwen, nämlich in die Werkstatt des einzigen westdeutschen Herstellers von Roulettemaschinen.
Selbstverständlich mußte der »Löwe« erst aufgespürt und seine »Höhle« gefunden werden. Doch wo anders sollte man einen Betrieb suchen, der sich gleichermaßen auf die Bearbeitung von Metall und Holz versteht und auf die Tradition mehrerer Generationen zurückblicken kann, als im Schwarzwald? Daß er nicht weit entfernt von einer Spielbank stehen würde, war ebenfalls anzunehmen, und so landete ich mit meiner Tochter, die als Protokollführerin fungieren sollte, nach kurzer Irrfahrt in einem Vorort von Baden-Baden.
Der Besitzer der Werkstatt, seines Zeichens Meister des Ma-

schinenbaus und Modellbauer, empfing uns freundlich und führte uns direkt an den Ort des Geschehens, dorthin, wo die Maschinen entstehen, die beinahe als »Räder des Schicksals« bezeichnet werden könnten und in fast allen westdeutschen Spielbanken zu finden sind, sogar in Kasinos des Auslands. In Frankreich und Großbritannien gibt es zwar auch einige Betriebe, die Roulettemaschinen herstellen, aber diese können an den Fingern einer Hand abgezählt werden.

Ich fragte nach dem Grund für solche Exklusivität. »Es ist wohl die Kombination der Präzisionsbearbeitung von Metall und Holz in einem Betrieb«, lautete die Antwort. Eigentlich einleuchtend!

Nach dem Preis einer Roulettemaschine fragte ich ebenfalls. »Der Preis richtet sich nach der Genauigkeitsklasse und der Ausstattung. Die beste Ausführung - hochgenau, mit echt vergoldeten Metallteilen und einem Kessel aus ausgesuchten Hölzern, kostet etwa so viel wie ein Mittelklassewagen. Die einfachste Ausführung - selbstverständlich nach wie vor in Spielbankqualität - kostet immer noch gut die Hälfte.« Mit Billigmaschinen für private Spielclubs oder gar für das Roulette zu Hause befaßt sich eine so seriöse Firma überhaupt nicht. Dagegen stellt die Werkstatt auch alles übrige her, was zu einer kompletten Spielsaalausrüstung gehört: Schutzabdeckungen für die Maschinen, Aufbewahrungsmulden für die Jetons, die um die Maschine herum angeordnet werden, und auch den Spieltisch selbst. »Alles sollte aus einer Hand kommen, nur dann ist das Gesamtergebnis optimal.«

Die Werkstatt war angefüllt mit Bearbeitungsmaschinen für Holz und Metall: Drechsel- und Drehbänken, Sägemaschinen, Fräsen, Schleifmaschinen, Montagetischen, Pressen und Meßvorrichtungen. Roh vorbearbeitete Holzteile, Gußteile aus verschiedenen Metallen, dicke Holzbohlen, Stangenmaterial aus Messing und sogar ein fast fertiger Roulettetisch waren zu sehen.

Erst als wir zu den fertigen und halbfertigen Roulettemaschinen geführt wurden, begann das große Staunen. Wer hätte auch erwartet, daß der Durchmesser des Kessels etwa 90 cm und der

des Drehteils ziemlich genau einen halben Meter beträgt und das komplette Drehteil gut und gern 20 kg wiegt? Im Spielsaal gehen die Maßstäbe leicht verloren (nicht nur die für Abmessungen und Gewichte). Die Chance, einmal selbst am Roulette zu drehen, um die Masse abzuschätzen, bekommt ein gewöhnlicher Sterblicher ohnehin nie.
Nicht minder überraschte uns die Tatsache, daß eine Roulettemaschine aus annähernd 80 Einzelteilen besteht, jedes davon sehr bis extrem genau gearbeitet. Dazu kommen noch etwa 160 Kleinteile, wie Schrauben, Schraubenmuttern, Scheiben usw. Der Umstand, daß jedes der 37 Zahlenfelder wiederum aus 2 oder 3 Kunststoffteilen zusammengebaut ist – den Ziffern und dem schwarzen, roten oder grünen Hintergrund –, die genau zusammengefügt werden müssen, ist bei dieser Addition noch nicht berücksichtigt, sonst kämen noch weitere 102 Teile hinzu, und die Summe würde sich auf mehr als 300 Teile erhöhen.

Die Konstruktion

Wo aber bleiben alle diese Teile? – Keine Sorge – keinesfalls soll der Verbleib jedes einzelnen davon nachgewiesen werden, eine ungefähre Beschreibung des Aufbaus (über das bereits Gesagte hinaus) wird sich jedoch nicht vermeiden lassen. Ich fasse mich aber so kurz, wie in diesem Fall nur möglich. Falls Sie, verehrter Leser, meinen Erläuterungen im Detail folgen wollen: Die Zeichnung zeigt einen schematischen Schnitt durch die Maschine. Die eingeklammerten Zahlen im nachfolgenden Text beziehen sich auf die Zahlen in der Abbildung.
Der untere Teil (1) des Kessels, der in der Versenkung des Spieltischs (2) verschwindet und für den Kasinobesucher nicht sichtbar ist, wird durch kreuzweises Verleimen von 50 Holzschichten und einer zusätzlichen Bodenplatte hergestellt. (Diese 51 Teile erscheinen ebenfalls nicht in der vorstehenden Aufzählung.) Eine derart aufwendige Konstruktion ist erforderlich, um ein Verziehen des Kessels durch die starken Temperatur- und Feuchtigkeitsschwankungen, wie sie in einem Spielsaal nun

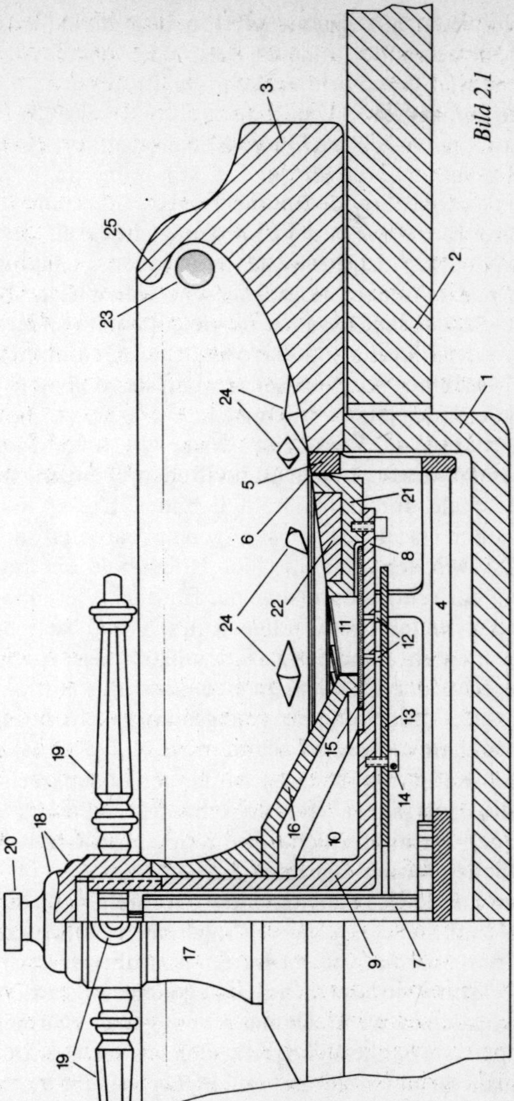

Bild 2.1

einmal auftreten, auszuschließen. Innen- und Außenseite sind nur so weit bearbeitet und mit Anstrichen versehen, wie aus technischen Gründen erforderlich, ohne Rücksicht auf die sogenannte Optik.
Der obere Rand oder Ring (3) des Kessels dagegen, der auf dem Spieltisch aufliegt und die ganze Maschine trägt, wird aus Mahagoni- oder Palisanderholz mit ausgewählter und schön abgestimmter Maserung hergestellt, fein gedrechselt, geschliffen und poliert. Bei Ausführungen für besonders anspruchsvolle Kunden sind außerdem 2 konzentrische Zierringe aus Metall in das Holz eingelassen. Kein Kessel gleicht einem anderen. Deshalb kann der routinierte Kasinobesucher auch immer wieder »seine« Maschine erkennen, selbst wenn sie von einem Tisch in einen anderen versetzt worden ist.
In die Vertiefung des Kessels ist ein stabiler, runder Metallkäfig (4) eingesetzt, dessen oberer Rand (5) den Übergang zwischen der Holzschale und dem Drehteil bildet. Dieser Rand muß sowohl außen als auch innen sehr genau bearbeitet sein, damit einerseits zwischen ihm und der Holzschale ein fugenloser Übergang entsteht, andererseits der für die unbehinderte Drehung des Zylinders notwendige Ringspalt (6) zwischen dem Zylinder und dem Rand des Käfigs vollkommen regelmäßig ist und den Lauf der Kugel nicht beeinflussen kann. Auch die Höhe dieser 3 Teile muß präzise abgestimmt sein, um keinerlei Stufe entstehen zu lassen.
Der runde Käfig hält in seiner Mitte, genau senkrecht ausgerichtet, die Lagersäule (7) für die Achse des Zylinders. 2 Kugellager sorgen für die seitliche Führung, ein drittes nimmt das beträchtliche Gewicht des Drehteils auf.
Die Grundplatte des Drehteils, der Drehteller (8) mit seiner Nabe (9) und mehreren Versteifungsrippen (10), ist aus einer Aluminiumlegierung, bei besseren Ausführungen aus einer Kupferlegierung, in einem Stück gegossen und anschließend auf verschiedenen Werkzeugmaschinen genau bearbeitet.
In 37 eingefräste Schlitze von exakt gleicher Tiefe, die mit hoher Genauigkeit gleichmäßig am Umfang der Scheibe verteilt sind, werden 37 annähernd trapezförmige »Feldstücke« (11) aus Sil-

berstahl eingesetzt. »Die Genauigkeit der Feldstücke wurde innerhalb der letzten 10 Jahre um den Faktor 10 verbessert«, sagt unser entgegenkommender Gastgeber. »Die Genauigkeitsansprüche sind allgemein sehr gestiegen. Die vierte, unterste Genauigkeitsstufe wird deshalb überhaupt nicht mehr gefertigt.«
Jedes dieser Feldstücke ist durch 2 hochfeste Stahlschrauben (12) mit der Platte (8) verbunden. Über die unten herausragenden Schraubenköpfe wird nach der Endkontrolle der fertigen Maschine eine Abschlußplatte (13) gelegt, deren Halteschrauben (14) durch eine (in der Zeichnung nicht dargestellte) Stahlkordel mit der Firmenplombe des Herstellers gesichert werden. So ist jede heimliche Manipulation ausgeschlossen.
Ein breiter Ring (15) aus grünem Filztuch, der 37 vom Innenrand nach außen verlaufende Einschnitte aufweist, wird nach der Montage der Feldstücke so auf den Drehteller gelegt, daß seine Lappen oder »Finger« genau in die Zwischenräume der Feldstücke, die Fächer, greifen. Dieser weiche Belag in den Fächern bewirkt, daß die Elfenbeinkugel trotz ihrer Elastizität nicht wieder aus dem Fach herausspringt, in dem sie einmal gelandet ist. (Für die Nerven der Spieler wäre es verständlicherweise eine zu arge Strapaze, würde die Kugel ein bereits gewähltes Fach noch einmal verlassen!)
Aber noch sind die Fächer nur seitlich voneinander getrennt, durch ihre Zwischenwände, die Feldstücke. Nach innen, zur Achse hin, hätte die Kugel dagegen freie Bahn, ebenso in entgegengesetzter Richtung, zum Rand des Drehtellers hin. Dieser ist aber auch noch nicht fertig!
Die innere Begrenzung der Fächer bildet der schon mehrmals erwähnte Kegelstumpf (16), der die Nabe (9) des Drehtellers umgibt. Sein Außenrand verläuft senkrecht und hat die gleiche Höhe wie die Feldstücke, die, wie schon angedeutet, außen etwa doppelt so hoch sind wie innen. Der Kegel paßt sich also den Innenkanten der Feldstücke genau an und schließt sie auf diese Weise ab. Zur Nabe hin wird er höher und deckt den Filzring, die Versteifungsrippen und einen Teil der Nabe ab.
Über den Kegelstumpf wird bei der Endmontage eine Manschette (17) gesetzt und über dieser ein Kronenstück (18) mit

den 4 Dreharmen (19) aufgeschraubt. Ganz oben sitzt als Verzierung ein kleines Abschlußstück (20), das das bescheidene Firmenzeichen des so bewundernswerten Herstellers trägt.
Kegel, Manschette, Kronenstück und Abschluß sind sorgfältig poliert und matt oder hochglänzend verchromt, bei Luxusausführungen sogar echt vergoldet. Das gleiche gilt auch für den Außenring, von dem nun die Rede sein soll.
Der Außenring (21) bildet einerseits den äußeren Abschluß der Fächer, sozusagen als Gegenstück zum Kegel, andererseits den Übergang zum feststehenden Käfig des Kessels und damit zu dessen Holzschale. Mit anderen Worten ist sein äußerer Rand gleichzeitig die äußere Begrenzung des ganzen Drehteils. Als 3. Funktion hat der Ring den Zahlenkranz (22) zu tragen, der ein Teil für sich ist.
Der Querschnitt des Außenrings gleicht einer Rinne. In seiner Vertiefung liegt, wie erwähnt, der Zahlenkranz - ein Metallring, auf den die aus Kunststoff bestehenden Zahlenfelder geklebt sind. Auch sie müssen fugenlos aneinandergefügt sein, und ihre Oberfläche wird sorgfältig auf der Drehbank geschliffen, aus Gründen, die bereits mehrmals genannt wurden.
Der Zahlenkranz läßt sich in der Vertiefung des Troges verschieben oder verdrehen, damit die Grenzen der Zahlenfelder mit den Feldstücken und Fächern des Drehtellers genau in Übereinstimmung gebracht werden können. Nach erfolgtem Ausrichten wird der Zahlenkranz fixiert.
Setzt man nun das so ausführlich beschriebene, fertige Drehteil auf die Achse des Kessels, dann kann das erste Spiel beginnen, falls auch eine Kugel (23) zur Hand ist.
Der Vollständigkeit halber sollen noch die Hindernisse (24) in der Holzschale und ihr nach innen geneigter Rand (25) erwähnt werden, die unsere Abbildung ebenfalls zeigt.

Kontrollierte Genauigkeit

Wie aber soll man sicher sein, daß die Maschine nicht mogelt, daß sie wirklich absolut neutral ist? Gewiß, es wäre möglich,

versuchsweise einige Hunderte oder Tausende von Spielen zu simulieren und auszuwerten. Das würde aber lange dauern, und die Maschine würde danach bereits die ersten Spuren der Abnutzung zeigen. Keine brauchbare Methode also. Wir wandten uns mit dieser Frage an den Fachmann. Hier seine Antwort:
»Die Gewähr für eine völlig ausgewogene Chancenverteilung ergibt sich aus der Präzision der Herstellung. Alle Teile, die für die ›Neutralität‹ der Maschine maßgebend sind, werden von vornherein entsprechend genau gefertigt und auf Einhaltung der zulässigen Maßtoleranzen kontrolliert. Nach dem Zusammenbau wird außerdem der Zylinder als Ganzes mit Präzisionsgeräten vermessen. Jede festgestellte Abweichung wird vor dem Ausliefern der Maschine behoben, jedoch ist dieser Fall dank der strengen Maßkontrollen während der einzelnen Arbeitsgänge sehr selten. Die Maschinen werden seit Jahren nach den gleichen, bewährten Methoden gefertigt. So können sich auch keine neuen, unbekannten Fehlerquellen einschleichen.«
Im Spielsaal wird jeder Spieltisch vor dem Einbau der Maschine durch genaue Wasserwaagen exakt nivelliert. Zu diesem Zweck sind seine 6 Beine um bis zu 3 cm höhenverstellbar. Auf diese Weise ist gewährleistet, daß auch die Maschine genau »im Wasser liegt«, wie die Fachleute sagen, und die Achse des Zylinders exakt vertikal steht. Eine Neigung der Achse würde die korrekte Funktion der Maschine beeinträchtigen.
Selbstverständlich verläßt die Spielbank sich nicht darauf, daß eine einmal ordnungsgemäß gelieferte und eingebaute Roulettemaschine für alle Zeiten einwandfrei arbeitet. Eine Abnutzung ist unvermeidlich, und Kontrollen sind notwendig.
Die Lebensdauer seiner Roulettemaschinen gibt der Hersteller mit 10–20 Jahren an, bezogen auf den normalen Spielbankbetrieb. Um die Abnutzung aller Maschinen gleichmäßig zu verteilen, werden in den Kasinos die Maschinen von Zeit zu Zeit und von Tisch zu Tisch ausgetauscht. (Die Spieldauer an den einzelnen Tischen ist unterschiedlich. Je nach der Stärke des Publikumsverkehrs werden einige Tische erst am späten Abend eröffnet oder an manchen Tagen überhaupt nicht.)
Die Wartung der Maschinen richtet sich nach ihrer Betriebszeit.

»Ähnlich, wie beim Auto«, sagt unser Roulettefabrikant. Manche Wartungsarbeiten werden vom Fachpersonal des Kasinos vorgenommen, meistens aber zieht man den Hersteller und dessen Spezialisten zu Rate.

Bei der periodischen Wartung wird zunächst mit einem transportablen Spezialgerät die Genauigkeit der Maschine überprüft. Danach werden, teilweise nach einer Checkliste, alle erforderlichen Wartungsarbeiten durchgeführt, mit nochmaliger, abschließender Vermessung des Zylinders. Das transportable Kontrollgerät ist unter anderem mit einer sogenannten Meßuhr ausgestattet, die selbst Maßabweichungen von 1/100 mm erfassen kann. Noch genauer braucht selbst ein Roulette nicht zu sein.

Eine andere Art der Genauigkeitskontrolle der Roulettemaschinen stellen die Aufzeichnungen aller gefallenen Zahlen dar, die *Permanenzen*. Ihre Auswertung, mit der wir uns in den folgenden Kapiteln noch sehr intensiv befassen werden, zeigt deutlich, ob die Häufigkeit der gespielten Zahlen im Rahmen der statistischen Streuung liegt oder – infolge einer fehlerhaften Maschine – über diesen hinausgeht. Die gespielten Roulettezahlen werden von den Croupiers notiert. Auch die *Handwechsel* (Wechsel des Drehcroupiers) werden vermerkt. Neuerdings haben manche Spielkasinos »Permanenzen-Computer«, denen die an den einzelnen Tischen gefallenen Zahlen über eine Tastatur eingegeben werden und die alle erforderlichen Auswertungen automatisch vornehmen.

Dies alles und manches mehr erfuhren wir vom Besitzer der »Präzisionswerkstatt des Zufalls«, der uns dankenswerterweise 2 Stunden seiner Zeit opferte. Mit dem Abschied von ihm schließen wir auch dieses Kapitel ab und rücken dem Spielsaal näher, dem Ort, an dem die Präzisionsmaschinen ihre oft schicksalsschwangere Arbeit verrichten.

3. Spielablauf und Spielregeln

Bevor wir uns den Spielregeln zuwenden, durch deren geschickte Anwendung der Spieler seine Chancen in vielfältiger Weise wählen, verteilen und kombinieren kann, soll einiges zum allgemeinen Spielablauf gesagt werden.

Spielablauf

Vor dem 1. Spiel beziehungsweise am Anfang eines Spieltages – in den meisten Spielbanken um 15 Uhr nachmittags, wenn sich die ersten Spielwilligen um den Roulettetisch versammelt haben – liegt die Elfenbeinkugel in jenem Fach, das dem Tagesdatum entspricht. (Die Fächer 32–36 und 0 kommen folglich für diese Rolle niemals in Betracht).
Am Tisch haben 2 oder mehr Croupiers Platz genommen, von denen einer der *Drehcroupier* ist. Er bedient die Maschine. Ein *Chefcroupier* überwacht von einem erhöhten Platz aus das Spielgeschehen, beobachtet etwaige Unregelmäßigkeiten oder schlichtet Meinungsverschiedenheiten.
Der Drehcroupier nimmt die Kugel aus dem Fach, fordert die Teilnehmer auf, ihr Spiel zu machen, versetzt den Zylinder in mäßig schnelle Rotation und wirft die Kugel in entgegengesetzter Richtung in die Schale. Sofern die Regeln exakt befolgt

werden, soll der Einwurf dann erfolgen, wenn das Fach, in dem die Kugel vorher gelegen hatte, die Hand des Croupiers passiert. Eine andere Regel dagegen besagt, daß der Drehcroupier beim Einwerfen *nicht* in den Kessel sehen darf, um keinesfalls auf irgendeine Weise »zielen« zu können.

Strenggenommen muß außerdem die Richtung der Zylinderdrehung und damit auch die des Einwerfens von Spiel zu Spiel wechseln, und die Elfenbeinkugel sollte mindestens 7 Umläufe vollbringen, bevor sie in den Bereich der Metallhindernisse gelangt.

Sobald die Kugel rollt, dürfen eigentlich keine Einsätze mehr angenommen werden. So streng geht es aber in den meisten Spielbanken nicht zu. Man akzeptiert oft noch so lange weitere Einsätze, bis die Kugel in den Bereich der Hindernisse kommt oder gar bis an den Zahlenring des Drehteils gelangt, was aber bereits die äußerste Grenze ist. Selbst dann hüpft ja die Kugel noch ein Weilchen weiter, bis sie endlich die Entscheidung fällt. Wenn die Kugel nun in einem der 37 Fächer zur Ruhe gekommen ist, gibt der Drehcroupier die zugehörige Zahl bekannt, zahlt unter Assistenz seiner Kollegen die Gewinne aus und kassiert die verlorenen Einsätze. Danach erfolgt die Aufforderung, das nächste Spiel zu machen. Die Kugel wird dem Fach, in dem sie gerade lag, entnommen, neu eingeworfen und so weiter.

Dieser Vorgang wiederholt sich Spiel für Spiel bis in die Morgenstunden. Nur die Croupiers wechseln einander nach einiger Zeit ab, einmal, weil auch sie ihre Ruhepause brauchen, zum anderen, um jeden Verdacht einer Spielbeeinflussung auszuschließen.

Spielregeln

Die Spielregeln – das Reglement – des Roulettes sind im Prinzip denkbar einfach: Die Spieler setzen auf eine oder mehrere der 37 möglichen Zahlen, von denen in jedem Spiel jeweils nur eine von der Maschine bestimmt werden kann. Sobald diese Ge-

winnzahl für das laufende Spiel ermittelt ist, bekommen diejenigen Spieler, die auf diese Zahl gesetzt haben, ihren Gewinn – ein Mehrfaches ihres Einsatzes – ausgezahlt, während alle anderen Einsätze verfallen, das heißt von der Bank vereinnahmt werden.
Ein derartiges Spiel mit einer Gewinnchance von nur 1:37 wäre allerdings recht reizlos, frustrierend und uninteressant. Dieses war den Erfindern des Roulettespiels wohl klar; deshalb erdachten sie eine Reihe von Zusatzmöglichkeiten, um den Spielablauf lebendiger und fesselnder zu gestalten.
Wie erwähnt, wäre es nicht sehr unterhaltsam, immer nur auf eine von 37 Zahlen zu setzen und zu warten, bis diese eine endlich fällt. (Diese Wartezeit kann, wie wir später sehen werden, unter Umständen bis zu etwa 250 Spiele umspannen. Es gibt auch Spieltage, an denen eine bestimmte Zahl an einem Tisch überhaupt nicht fällt.) Die Zahl 37 ist überhaupt nicht sehr sympathisch. Sie ist eine Primzahl und als solche nur durch 1 oder durch sich selbst teilbar; somit ist sie gewissermaßen steril und von vornherein langweilig.
Ganz anders dagegen verhält es sich mit der Zahl 36, die wir erhalten, wenn die Null (Zéro) aus den folgenden Betrachtungen ausgeklammert wird. Dies geschieht, indem man ihr eine Sonderstellung zugesteht, die sie schließlich in Wirklichkeit auch hat. Die 36 ist immerhin durch 7 andere Zahlen teilbar, nämlich durch 2, 3, 4, 6, 9, 12 und 18. Mittels dieser Divisoren können die Zahlen 1–36 in Gruppen oder Teilmengen mit je 18, 12, 6, 4, 3 oder 2 »Mitgliedern« unterteilt werden.
Konkret sieht die Situation so aus: Jede der 36 Zahlen, die nach dem Eliminieren der Null übrig bleiben, hat neben ihrem Wert oder Betrag noch ein 2. Merkmal: Sie ist *gerade* oder *ungerade.* Die Menge aller spielbaren Zahlen kann folglich zunächst einmal in 2 Lager unterteilt werden: das der geraden und das der ungeraden Zahlen. Jede dieser beiden Teilmengen hat 18 »Elemente« (um einmal die Fachausdrücke der umstrittenen Mengenlehre anzuwenden).
Nun haben die Roulette-Erfinder in intelligenter Weise der Zahlenmenge 1–36 noch einen weiteren Freiheitsgrad verlie-

hen, nämlich die Aufteilung in die Farbgruppen *Rot* und *Schwarz*. Auf diese Weise erhielten sie 2 weitere Teilmengen mit je 18 Elementen.
Die Teilmengen »gerade/ungerade« und »rot/schwarz« dürfen selbstverständlich nicht identisch sein, etwa derart, daß alle geraden Zahlen gleichzeitig rot und alle ungeraden schwarz wären. Es müssen vielmehr sinnvolle Überschneidungen gefunden werden, die zu 4 Teilmengen führen, nämlich »rot und gerade«, »rot und ungerade«, »schwarz und gerade« sowie schließlich »schwarz und ungerade«. Jede dieser Teil- oder Schnittmengen soll nach Möglichkeit gleich viele Elemente enthalten, nämlich 9, was auch möglich wäre, denn 4 × 9 ist nach Adam Riese = 36!
Die 36 Zahlen des Roulettekreisels (die Null ausgenommen) lassen sich, wie jedem einleuchten düfte, auf mannigfache Weise so einteilen, daß die vorstehende Rechnung stimmt. Um Symmetrie und Harmonie des Spiels vollkommen zu machen, wäre es schön, wenn außerdem in der 1. Hälfte der Zahlenmenge (nämlich 1–18) ebenfalls gleich viele gerade rote, gerade schwarze usw. Zahlen vertreten wären. Diese Forderung ist aber nicht mehr erfüllbar, da 18 durch 4 - die Anzahl der benötigten Teilmengen - nicht ohne Rest teilbar ist.
Eine Hilfe bietet uns die nächste Forderung an, nämlich, daß auch im 1., 2. und 3. Dutzend der 36 Zahlen jeweils gleich viele rot-gerade, schwarz-ungerade usw. Zahlen vorkommen sollen. Da 12 ein Vielfaches von 4 ist, ließe sich diese Forderung leicht einhalten.

Das Tableau

Es ist nun an der Zeit, von den eher allgemeinen Betrachtungen zur Realität überzugehen. Dazu brauchen wir lediglich Bild 3.1 heranzuziehen. Es zeigt das sogenannte *Tableau*, das heißt, den Aufbau des Spielfelds, der international einheitlich ist. (Dennoch gibt es verschiedene Ausnahmen, die uns aber nicht beschäftigen sollen.) Ein Spieltisch trägt gewöhnlich 2 der-

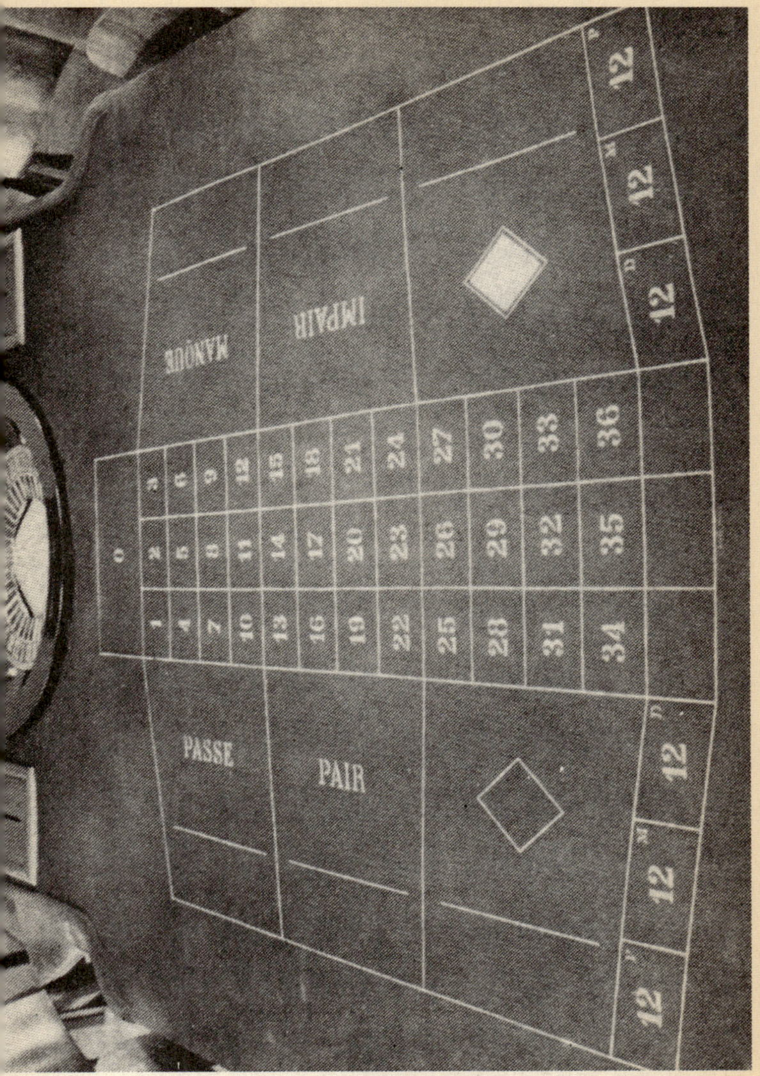
PASSE
PAIR
MANQUE
IMPAIR
0
1 2 3
4 5 6
7 8 9
10 11 12
13 14 15
16 17 18
19 20 21
22 23 24
25 26 27
28 29 30
31 32 33
34 35 36
12
12
12
12
12
12

Bild 3.1

artige Felder; zwischen ihnen ist die Roulettemaschine eingebaut.
Im mittleren Bereich des Feldes sind in 12 Zeilen die Zahlen 1–36 fortlaufend aufgetragen. Die Null hat ein eigenes, größeres Feld darüber. Der Wechsel der Farben Rot und Schwarz ist, wie ersichtlich, nicht ganz regelmäßig. 10/11, 18/19 und 28/29 tragen jeweils die gleiche Farbe, alle anderen wechseln stetig. Trotzdem haben das 1., das 2. und das 3. Dutzend der Zahlenmenge jeweils 6 rote und 6 schwarze Zahlen sowie selbstverständlich auch je 6 gerade und 6 ungerade Zahlen.
Für die 3 senkrechten Kolonnen des Spielfelds mit ebenfalls je 12 Zahlen beträgt das Verhältnis von gerade zu ungerade zwar ebenfalls 1:1, doch die gleichmäßige Verteilung von rot und schwarz ist nur in der 1. Kolonne gegeben. In den beiden anderen lautet das Verhältnis 8:4 bzw. 4:8. Eine gleichmäßige Verteilung von rot/gerade, rot/ungerade, schwarz/gerade und schwarz/ungerade ist somit weder für die Dutzende 1, 2 und 3 noch für die ersten und die letzten 18 Zahlen und auch nicht für die 3 Kolonnen gegeben. Die Tabelle 1 gibt eine Übersicht der tatsächlichen Verhältnisse.

Die Nummern auf dem Zahlenkranz

Diese scheinbar unlogische Verschiebung der Gleichgewichte ist notwendig, um auf der Roulettescheibe, dem Zylinder, eine schöne Folge von Rot und Schwarz zu erhalten und nebenbei noch die Zusatzforderung (woher sie auch stammen mag) zu erfüllen, daß jeweils eine Zahl aus den ersten 18 neben einer Zahl aus dem Bereich 19–36 liegen soll.
Bild 3.2 zeigt schematisch eine Roulettescheibe mit der Einteilung der Zahlen und Farben. Diese angestrebte Folge ist auch tatsächlich gegeben, mit Ausnahme der 26 und 32, von denen die 0 flankiert wird, und der 5 neben der 10 genau gegenüber der Null. Der Wechsel von geraden und ungeraden Zahlen ist bei der Einteilung der Scheibe nicht konsequent berücksichtigt.
Man kann über die gegebene Ein- und Aufteilung der Zahlen

Tabelle 1: Aufgliederung der Roulettezahlen nach verschiedenen Kriterien

Nr.	gerade/ ungerade		rot/schwarz		Manque/ Passe		Dut- zend	Ko- lonne	Stellung auf der Scheibe
0	–	–	–	–	–	–	–	–	1
1		+	+		+		1	1	24
2	+			+	+		1	2	7
3		+	+		+		1	3	36
4	+			+	+		1	1	5
5		+	+		+		1	2	20
6	+			+	+		1	3	11
7		+	+		+		1	1	32
8	+			+	+		1	2	17
9		+	+		+		1	3	28
10	+			+	+		1	1	19
11		+		+	+		1	2	15
12	+		+		+		1	3	34
13		+		+	+		2	1	13
14	+		+		+		2	2	26
15		+		+	+		2	3	3
16	+		+		+		2	1	22
17		+		+	+		2	2	9
18	+		+		+		2	3	30
19		+	+			+	2	1	4
20	+			+		+	2	2	25
21		+	+			+	2	3	6
22	+			+		+	2	1	29
23		+	+			+	2	2	18
24	+			+		+	2	3	21
25		+	+			+	3	1	8
26	+			+		+	3	2	37
27		+	+			+	3	3	12
28	+			+		+	3	1	33
29		+		+		+	3	2	31
30	+		+			+	3	3	16
31		+		+		+	3	1	27
32	+		+			+	3	2	2
33		+		+		+	3	3	23
34	+		+			+	3	1	10
35		+		+		+	3	2	35
36	+		+			+	3	3	14

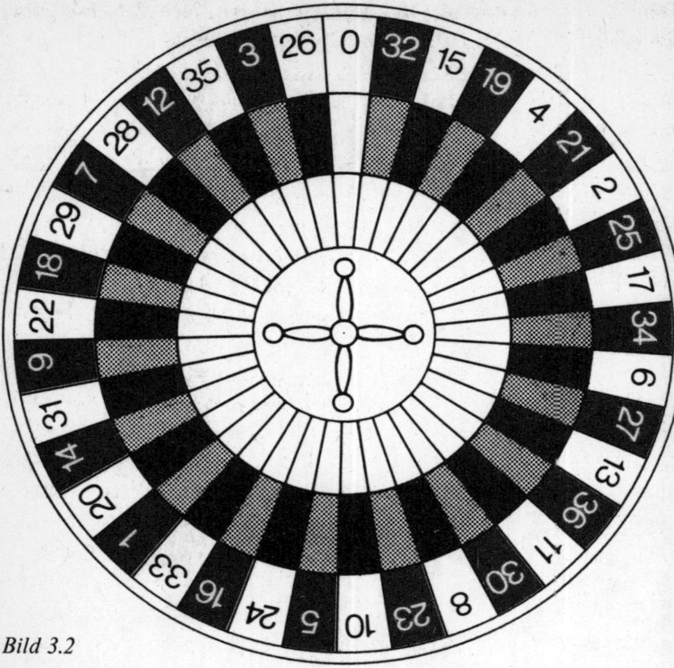

Bild 3.2

und Farben auf dem Tableau und der Drehscheibe eine Unmenge weiterer Überlegungen anstellen, und viele Menschen haben es auch getan. Wir wollen ihre Betrachtungen nicht um neue erweitern, sondern geben sinngemäß einige diesbezügliche Passagen aus einem älteren Buch mit dem Titel »Das Roulettespiel« wieder. Darin wird u. a. die Einteilung der Nummern in rote und schwarze als »sehr raffiniert« bezeichnet, was auch eine gewisse Berechtigung hat.
Von den ersten 9 (einstelligen) Zahlen sind die ungeraden rot und die geraden schwarz. Bei den zweistelligen Zahlen bestimmt (mit einigen Ausnahmen) ihre *Quersumme* (manchmal auch als Ziffernsumme bezeichnet, die Summe aus der Addition der 1. und der 2. Ziffer der Zahl) die Farbe. Die 11 und die 20 haben beide die Quersumme 2 und sind folglich, wie die 2

selbst, schwarz. Die Zahlen mit der Quersumme 3, also die 12, 21 und 30, sind so rot wie die 3. Die 13, 22 und 31 mit ihrer Quersumme 4 tragen das Schwarz der Vier, wogegen die 14, 23 und 32 das Rot der Fünf, ihrer Quersumme, aufweisen. So geht es auch bei den Quersummen 6 (15, 24, 33, schwarz), 7 (16, 25, 34, rot), 8 (17, 26, 35, schwarz) und 9 (18, 27, 36, rot) weiter. Es verbleiben noch die 19 und die 28 mit der Quersumme 10 und die 29 mit der Quersumme 11 sowie die 10 selbst. In Fortsetzung der Reihenfolge der einstelligen geraden Zahlen müßte die 10 schwarz sein - und sie ist es auch, ebenso wie die 28, im Gegensatz zu der 19 mit der gleichen Quersumme. Dieser wurde die Farbe Rot zugeteilt, der 29 dagegen, im Widerspruch zu den vorstehenden Regeln, die Farbe Schwarz.

Als zusätzlicher »Zahlenzauber« wird in dem zitierten Buch die Anordnung auf dem Tableau und auf der Roulettescheibe dargestellt. Die 0 hat auf dem Tableau eine »warnende Sonderstellung« zu Häupten aller übrigen, gewöhnlichen Zahlen. Als Kuriosum wird z. B. die Tatsache hervorgehoben, daß die Zahlensummen aus dem ersten, zweiten und dritten Dutzend (78, 222 und 366) jeweils eine Differenz von 144 oder 12 Dutzend aufweisen, ferner, daß die Summen der 3 Kolonnen (210, 222, 234) sich jeweils um ein Dutzend unterscheiden und daß die Zahlensummen des mittleren Dutzends und der mittleren Kolonne gleich sind, nämlich 222. Außerdem wird festgestellt, daß jede Zahl in einer Kolonne um 3 höher ist als die darüber befindliche Zahl und die Summen der (waagerechten) Dreierreihen sich folglich jeweils um 9 unterscheiden. Alles dies sind bei der gegebenen Zahlenanordnung Selbstverständlichkeiten, um nicht zu sagen Banalitäten. Wer aber beim Roulette (oder wo auch immer) einen Hauch von Zauber oder Magie will, der findet ihn auch zuverlässig.

Eine weitere Feststellung in dem Buch besagt, daß die Summen der schwarzen und der roten Zahlen gleich wären und je 312 betrügen. Dies ist reinweg falsch, denn die Summe der schwarzen Zahlen beträgt 334 und die der roten 332, zusammen 666 bzw. 3 × 222, wie es wohl auch sein muß.

Schon eher als kunstvoll, wenn auch beileibe nicht als magisch, ist die Anordnung der Zahlen auf dem Kreisel zu bezeichnen: Die Summen der Zahlen beider Scheibenhälften rechts und links von der Null, im Uhrzeigersinn also von der 32 bis zur 10 und, entgegengesetzt, von der 26 bis zur 5 gezählt, betragen jeweils genau 333.

Einsätze und Gewinne

Nun aber zu den Einsatz- und Gewinnmöglichkeiten. Wie schon erwähnt, sind das Setzen auf eine einzelne Zahl oder das gleichzeitige Belegen mehrerer, voneinander unabhängiger Zahlen nur 2 von vielen Möglichkeiten, die das Roulettespiel bietet. Darüber hinaus können mit nur einem Einsatz, das heißt mit nur einem Jeton oder Jeton-Türmchen, auch 2, 3, 4, 6, 12, 18 oder sogar 24 Nummern gleichzeitig belegt werden. Bild 3.3 zeigt diese Satzmöglichkeiten schematisch.
Das Spielstück A im Bild 3.3 ist *en plein* auf die 2 gesetzt. Der Gewinn, der das 35fache des Einsatzes beträgt, wird nur dann ausgezahlt, wenn die Zwei tatsächlich fällt.
Der Jeton B belegt die benachbarten Zahlen 4 und 5. Fällt eine davon, dann erhält der Spieler den 17fachen Einsatz ausgezahlt. Diese Spielart wird *à cheval* genannt.
Die Möglichkeit, auf 3 Nummern gleichzeitig, *transversale pleine*, zu setzen, zeigt die Spielmarke C. Sie belegt die Zahlenreihe 7-8-9 und führt zu einem Gewinn in der Höhe des 11fachen Einsatzes.
Das Spielstück D belegt ebenfalls 3 Zahlen, nämlich die 0, 1 und 2, und ergibt den gleichen Gewinn wie »transversale pleine«. Hier werden *les trois premiers* angesagt (die ersten drei). Mit den Jetons E und F sind jeweils 4 Felder belegt. Die Gewinnauszahlung beträgt das 8fache des Einsatzes. Satzweise F heißt *les quattre premiers* (die ersten vier), satzweise E *le carré*.
Es bleiben noch das Setzen auf 6 benachbarte Zahlen, *transversale simple* genannt, mit einem Gewinn vom 5fachen des Einsatzes (Jeton G) und die »Zwölfer-Einsätze« auf die 1., 2. oder 3. *Kolonne* (Spielstück H) und auf das 1., 2. oder 3. *Dutzend* (I).

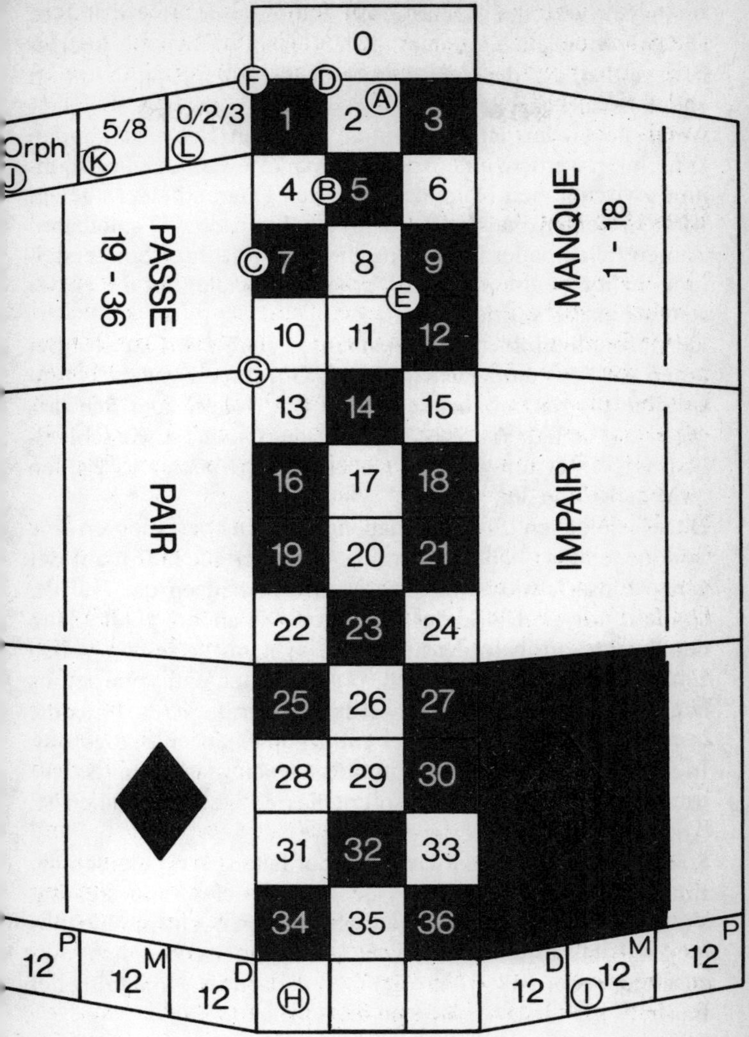
0
Orph
5/8
0/2/3
PASSE
19 - 36
MANQUE
1 - 18
PAIR
IMPAIR
1 2 3
4 5 6
7 8 9
10 11 12
13 14 15
16 17 18
19 20 21
22 23 24
25 26 27
28 29 30
31 32 33
34 35 36
A B C D E F G H I J K L
12 P
12 M
12 D
12 D
12 M
12 P

Bild 3.3

Im 1. Fall wird der 5fache Einsatz ausgezahlt, in den beiden anderen Möglichkeiten der 2fache. (Dabei sollte nicht übersehen werden, daß der ursprüngliche Einsatz bei einem Gewinn ebenfalls zurückgegeben wird.)
Auch die beiden letztgenannten Satzarten H und I können kombiniert werden, indem die Spielmarke jeweils auf die Trennlinie zwischen den Kolonnen oder den Dutzendfeldern gelegt wird. In beiden Fällen sind dann je 24 von den 37 spielbaren Zahlen belegt, allerdings ohne die Null mit ihrer Sonderstellung. Fällt eine dieser Zahlen, erhält der Spieler nur die Hälfte seines Einsatzes (und diesen).
Den Abschluß bilden die sogenannten *einfachen Chancen*. Bei ihnen wird der einfache Einsatz als Gewinn ausgezahlt. Dazu gehören die Satzmöglichkeiten auf Rot *(rouge)* oder Schwarz *(noir)*, auf Gerade *(pair)* oder Ungerade *(impair)* sowie schließlich auf die ersten *(manque)* oder letzten *(passe)* 18 Zahlen zwischen 1 und 36.
Diese »einfachen Chancen« haben gegenüber den anderen eine Sonderstellung: Fällt *Zero* (null), dann verfällt hier nicht der ganze Einsatz, wie es bei den Mehrfachchancen der Fall ist, sondern nur die Hälfte des Einsatzes. Die andere Hälfte kann der Spieler zurückfordern. Wahlweise kann er seinen vollen Einsatz auch »sperren« lassen. Das bedeutet, daß seine Jetons dann *»en prison«* geschoben werden, hinter die Grenzlinie, die innerhalb der 2 × 3 Felder der einfachen Chancen gezogen ist. In der nächsten Spielrunde kommen die »eingesperrten« Stücke wieder auf das Chancenfeld, sofern die richtige Zahl gefallen ist. Andernfalls sind sie verloren.
Sollte die Null zweimal nacheinander fallen, dann bleiben die Einsätze weiter »en prison«, oder der Spieler kann sich ein Viertel des Einsatzes auszahlen lassen. Folgt noch eine 3. Null – ein zwar sehr unwahrscheinlicher, andererseits aber nicht auszuschließender Fall –, dann gehören die Einsätze endgültig der Bank.
Eine zusätzliche, recht komplizierte Art des Setzens – in der Regel nur den Routiniers der Spielsäle bekannt – ergibt sich aus dem Standort der Nummern auf dem Zylinder. Wir erwähnen

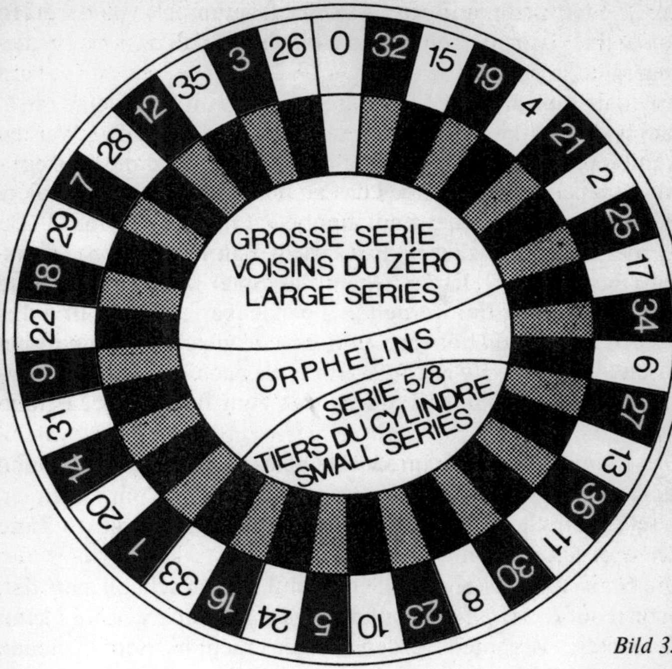

Bild 3.4

sie nur der Vollständigkeit halber, denn dieses Buch soll keineswegs eine Anleitung für besonders raffiniertes Spielen sein. Abgesehen davon sind Kombinationsspiele dieser und ähnlicher Art eher ein Jonglieren mit Zahlen als eine sinnvolle Strategie – falls es eine solche überhaupt geben könnte.
Wir betrachten dazu Bild 3.4, in dem die Roulettescheibe auf merkwürdige Weise in 3 ungleiche Bereiche aufgeteilt ist. Auf die komplizierten Gedankengänge, die zu dieser Einteilung geführt haben, soll erst gar nicht eingegangen werden.
Die erwähnten, besonderen Satzmöglichkeiten sind durch die Aufteilung der Nummern im Zahlenkreis gegeben: die »große Serie der Nachbarn der 0«, zu der die 17 Nummern von der 22 über die 0 hinweg bis zur 25 gehören, ferner die »kleine Serie« oder »Fünferserie«, die 12 Nummern von der 33 über die 5 bis

zur 27 einschließt, und die »Waisen«, 8 Nummern von der 1 bis zur 9 links von der Null und von der 17 bis zur 6 auf der gegenüberliegenden Seite.
Auf dem Tableau wird die große Serie mit 9 und die kleine mit 6 Jetons gesetzt, kombiniert in Chevaux und Carrés. Die Waisen werden mit 4 Sätzen à cheval und einem Plein auf die 1 belegt.
Abschließend sei auch noch das *Finale*-Spiel erwähnt, bei dem alle Zahlen mit gleicher Endziffer belegt werden, z.B. 3, 13, 23, 33 oder 8, 18, 28. In diesem Fall spricht man von *finale plein* und benötigt 4 bzw. 3 Jetons. Auch das Spiel *finale à cheval* ist möglich. Bei diesem werden je 2 benachbarte Zahlen und die um 10, 20, auch 30 höheren Zahlenpaare gleicher Endnummer gesetzt, etwa 0/1, 10/11, 20/21, 30/31. Je nach Wahl der Zahlenpaare werden 5, 4 oder 3 Spielstücke zum Belegen der Felder benötigt.
Diese *Annoncen-Spiele* (große/kleine Serie, Orphelins und Finale-Spiele) werden auf Wunsch des Spielers vom Croupier gesetzt. Für alle übrigen Spiele müssen die gewünschten Zahlen angesagt werden.
Die Spielstücke J, K und L in Bild 3.3 veranschaulichen das Setzen auf die *Orphelins*, auf die *große Serie* und auf die *kleine Serie.* Diese Varianten werden übrigens nicht in allen Spielbanken gepflegt, ebenso nicht das Finale-Spiel.
Damit sind die Spielregeln, Spielvarianten und Einsatzmöglichkeiten erschöpft, und es bleibt nur noch ein Wort zur Höhe der Einsätze zu sagen. Die finanziellen Spieleinsätze können nicht beliebig klein sein, allein schon mit Rücksicht auf die verfügbaren Jetons, vor allem aber, um das Spiel nicht auf ein uninteressantes Niveau abzuwerten. Immerhin machen die Spielbanken aber Konzessionen an die verschieden gefüllten Portemonnaies ihrer Besucher und geben für die einzelnen Spieltische unterschiedliche Mindesteinsätze vor.
In Proportion zum Mindesteinsatz steht auch der Höchsteinsatz, der zusätzlich von der jeweiligen Spielvariante abhängt. Statt vieler Worte gibt die Tabelle 2 eine Übersicht der Einsatzvarianten, Gewinnauszahlungen, Mindest- und Höchsteinsätze.

Tabelle 2: Übersicht der Einsatzarten und Einsätze

Beispiel auf Seite 35	Einsatzart	Belegte Zahlen	Gewinnauszahlung*	Höchsteinsätze bei Mindesteinsatz am Tisch von:			
				DM 5,–	DM 10,–	DM 20,–	DM 50,–
A	plein	1	35+1	200	300	500	1000
B	cheval	2	17+1	400	600	1000	2000
C	transversale pleine	3	11+1	600	1000	1500	3000
D	les trois premiers						
E	carré	4	8+1	800	1200	2000	5000
F	les quattre premiers						
G	transversale simple	6	5+1	1400	2000	4000	8000
H	Kolonne	12	2+1	3500	5000	10000	20000
I	Dutzend						
–	einfache Chancen	18	1+1	7000	10000	20000	40000
–	2 Dutzend	24	0,5+1	10000	20000	40000	50000
–	2 Kolonnen						

* Die Schreibweise »35+1« bedeutet das Fünfunddreißigfache des Einsatzes + Einsatz

Angaben ohne Gewähr, da nicht immer einheitlich.

4. Welche Zahlen fallen wann und wie oft?

Eine Antwort auf diese Frage zu finden, und sei sie noch so vage, ist das intensivste Bestreben aller Gelegenheitsspieler, Systemspieler und Systemerfinder, von denen an anderer Stelle noch zu sprechen sein wird. Selbstverständlich ist jedem, der sich auch nur oberflächlich mit dem Roulette beschäftigt, klar, daß es *niemals* eine Methode geben wird und geben kann, die eine Vorhersage ermöglichen würde, in welchem Fach die weiße Elfenbeinkugel beim nächsten Spiel zur Ruhe kommen wird. Es gibt aber Gesetzmäßigkeiten, die sowohl von der Beobachtung der Abläufe von Zufallsereignissen empirisch abgeleitet als auch von Mathematikern theoretisch erarbeitet worden sind und die ebenso auf das Roulette angewendet werden können wie auf viele andere Gebiete. In späteren Kapiteln werden wir sie ausführlicher besprechen.

Eigentlich könnten wir uns die obige Frage, zumindest ihren 1. Teil, auch selbst beantworten, wenn wir uns an die eingangs getroffene Festlegung und Voraussetzung erinnern, daß alle 37 Zahlen des Roulettekessels die *absolut gleichen* Chancen haben. Die daraus abgeleitete Antwort auf die Frage, welche Zahlen fallen, muß dann notwendigerweise lauten: *Es fallen alle Zahlen mit gleicher Häufigkeit!*

Diese Feststellung, die alle Probleme mit einem Schlag zu beseitigen scheint, gilt allerdings günstigstenfalls unter Einhal-

tung bestimmter Randbedingungen, und selbst dann nur mit Einschränkungen.
Zum Beispiel leuchtet gewiß jedem ein, daß nach 20 Spielen nicht mehr als 20 Zahlen gefallen sein können, auf keinen Fall alle 37. Logisch! Aber die Erfahrung lehrt uns, daß auch in 37 Spielen nicht jede Zahl genau einmal fällt. Vielmehr gibt es einige Nummern, die noch nicht fielen, während notwendigerweise andere zwei-, drei- oder gar viermal erschienen sind.
Mit zunehmender Anzahl der Würfe ergibt sich allerdings ein gewisser Ausgleich. Die »zurückgebliebenen« Zahlen holen auf, und die »Spitzenreiter« fallen ins Mittelfeld zurück. Eine vollständige Egalisierung erfolgt aber erst nach einer »unendlich großen Anzahl« von Versuchen. So jedenfalls wird gern behauptet und geschrieben.
Wir geben diese Behauptung hier wieder, weil sie in gewisser Weise gut klingt, aber auch, um sie zu widerlegen. Widerlegen? Ja, denn selbst nach unendlich vielen Würfen könnte nur dann ein absoluter Ausgleich vorliegen, wenn die Zahl »Unendlich« durch 37 teilbar wäre und jeder der 37 Nummern folglich gleich viele Möglichkeiten zur Verfügung stünden. Ein Paradoxon an und für sich, zumal die Division von Unendlich durch eine beliebige Zahl immer wieder den Wert Unendlich ergibt, aber diese »unendlichen Quotienten« (der Leser verzeihe die respektlose Handhabung der reinsten aller Wissenschaften) andererseits schon von den Voraussetzungen her nicht alle gleich sein können.
Da das Lustwandeln in den Sphären unfaßbarer und unvorstellbarer Zahlen aber ohnehin recht strapaziös ist, wollen wir uns bescheiden und uns von den unendlichen Werten ab- und den zwar ebenfalls sehr großen, aber durchaus endlichen und damit erfaßbaren Zahlen zuwenden.
Nehmen wir an, eine mechanisch perfekte Roulettemaschine wäre 37millionenmal in Gang gesetzt worden. Jedes der 37 Fächer hätte dabei die Chance gehabt, genau 1 000 000mal zu erscheinen. Dennoch wären bei der praktischen Durchführung dieses Versuchs am Ende manche Zahlen häufiger, andere weniger häufig erschienen. Der absolute Ausgleich wäre selbst

bei einer so großen Zahl von Würfen nicht eingetreten. Sehr klein dagegen wäre der relative oder prozentuale Fehler, das heißt die Anzahl der Abweichungen von dem Idealwert 1000000, die bei den einzelnen Nummern vorliegen, bezogen auf die Gesamtzahl der Chancen, die diese Zahl hatte, auf 1000000.
Wir brauchen den beschriebenen Versuch mit einer idealen Maschine keineswegs nachzuvollziehen. Die Spielbanken nehmen uns diese Mühe ab, indem sie die Gewinnzahlen der einzelnen Spiele laufend aufzeichnen. Anhand einer solchen Buchführung, die sich auf die Gewinnzahlen an einem Spieltisch im Verlauf von 3 aufeinanderfolgenden Monaten bezieht, wollen wir die Gegebenheiten der Realität betrachten.

Permanenzen

Die Aufzeichnungen der Gewinnzahlen, wie sie von den Spielbanken oder von bestimmten Verlagen herausgegeben werden, heißen Permanenzen, manchmal auch - etwas feierlicher - »Authentische Roulettepermanenzen« oder ähnlich. Auf der Abbildung auf Seite 43 ist eine Seite aus einem solchen Heft zu sehen. Es sind die Aufzeichnungen über den Spielverlauf an Tisch Nr. 1 der größten und wohl berühmtesten Spielbank der Bundesrepublik, dem Kasino Baden-Baden, vom 27. 11. 1982. Dieser Tag wurde wegen einer kleinen Besonderheit in der Gesamtstatistik der Spiele ausgewählt. Betrachten wir das Blatt einmal eingehend.
Das große Hauptfeld enthält 12 Spalten mit den Überschriften S R in der Kopfleiste. Diese Buchstaben stehen selbstverständlich für Schwarz und Rot. In die Spalten sind der Reihe nach untereinander die Gewinnzahlen eingetragen, wie sie an diesem Tag gefallen sind, beginnend mit der 15 in der 1. Spalte oben bis zur abschließenden 13. Jede Spalte hat Platz für etwa 40 Spiele; finden an einem Tag mehr als 480 (12 × 40) Spiele statt, dann wird eine 2. Seite begonnen.
Innerhalb der Spalten sind die Nummern entsprechend ihrer

AUTHENTISCHE ROULETTEPERMANENZEN

CASINO BADEN-BADEN

Tisch Nr. 1 Datum: 27. 11. 82

S	R	S	R	S	R	S	R	S	R	S	R	S	R	S	R	S	R	S	R	S	R	S	R	Zahlenhäufigkeit
15			5		21	----		0000		33		2			3	35								0 = 10
2		33		28		4		6		15		13			21	31								1 = 12
	21		34	4			23		14	15		17			12		1							2 = 7
	12	31			25	33		2		26		17			14	24								3 = 8
35			30	26		31			34	6			5		32	29								4 = 7
	12	29		11			30		21		19	20			23	0000								5 = 12
	36		30	----			5		30		16		18		21	13								6 = 10
31		0000			19	0000			14	----		----			5	13								7 = 8
6			25		27	22		0000		26			1		12	++++								8 = 3
20		35			21	28			34		9		12	31										9 = 4
10			19		27		3		14	31			1	29										10 = 6
- -		11			25	----		17			5	26		20										11 = 10
	19	28		11		29		11		0000		26		----										12 = 12
28			21		7		21	22			25		23	6										13 = 11
	32		19		32		5		34	28		29			16									14 = 8
35		----			9	35		----			5	15		20										15 = 6
	27	17		17		33		6		11			32	35										16 = 4
	1		3	8		26		29			3	---			23									17 = 12
	7		5	22		8			21	22		26			7									18 = 7
20			12	10		4			25	6		20		20										19 = 9
	12	11		6		17		17			16	13		35										20 = 11
	36		12	- --		28			1		27		1		30									21 = 14
31		13		11		29		6		31			7		12									22 = 7
	1		18	33		----			19	26		11		13										23 = 8
	14	13			5	22			23	----		0000		8										24 = 2
----		4			3		16	10			21	2		31										25 = 8
	21		34		27	26		----			21		34	11										26 = 11
	18	----		31		2		35			12		18	6										27 = 6
15		17			23	4		0000			30		25	13										28 = 7
20			3		30	----			9		7		36	10										29 = 8
10			18		21		34	22		4		15			7									30 = 9
	14	6		33			36		12		3	31		----										31 = 13
	30	35		20		33		31			1		9		25									32 = 5
	3		19		7	28		22		33		20			25									33 = 8
13			23	2			32		1	17			1		7									34 = 7
20			18		30		14		19	35		17		31										35 = 13
- --		35			14	26			5	0000			18	11										36 = 4
	5	29		0000		35		26			1	35			12									
4		17			21	----		17		2			19		1									Sum.
	5		23	13			27	24		10		----		13										307

schwarz	rot	pair	impair	passe	manque	1. Dz	2. Dz	3. Dz	1. Col	2. Col	3. Col
152	145	127	170	150	147	99	99	99	99	108	90

Transversales pleines

1 3	4 6	7 9	10 12	13 15	16 18	19 21	22 24	25 27	28 30	31 33	34 36
27	29	15	28	25	23	34	17	25	24	26	24

Transversales simples

1 6	4 9	7 12	10 15	13 18	16 21	19 24	22 27	25 30	28 33	31 36
56	44	43	53	48	57	51	42	49	50	50

ohne Gewähr

Farbe auf dem Roulettekessel oder dem Tableau etwas weiter links unter dem S oder rechts unter dem R eingetragen, weil ein Leser der Permanenzen andernfalls keine Möglichkeit hätte, die Farbe einer Nummer festzustellen, es sei denn, er wüßte sie auswendig oder sähe anderswo nach. Bei den Kriterien pair/impair, passe/manque und den 3 Dutzenden ist die Zuordnung dagegen einfach, während man bei den 3 Kolonnen wieder ein wenig rechnen muß. Zéro wird als 0000 dargestellt, wohl weil die Null zu keiner der beiden Farben gehört.

In der Spalte »Zahlenhäufigkeit« (ganz rechts) befinden sich Angaben darüber, wie oft jeder der 37 Zahlen an dem betreffenden Tag gefallen ist. Die 0 fiel am 27. 11. 1982 am Tisch Nr. 1 zehnmal, die 36 viermal. Die höchste Häufigkeit trat bei der 21 auf, die 14mal fiel, während Spieler, die auf die 24 gesetzt hatten, im Verlauf des ganzen Tages nur zweimal einen Gewinn ausgezahlt bekamen.

Am unteren Ende dieser Spalte ist als »Sum.« die Summe aller Zahlenhäufigkeiten angegeben. Im vorliegenden Fall beträgt sie 307. So oft ist die Kugel an diesem Tag eingeworfen worden.

Im unteren Feld der Tabelle befindet sich eine Auswertung der Zahlenhäufigkeit nach verschiedenen Kriterien (schwarz/rot, pair/impair, passe/manque, 1., 2., 3. Dutzend und 1., 2., 3. Kolonne). Die Summe der 2 bzw. 3 Zahlen in jeder dieser Rubriken muß in unserem Beispiel immer 297 betragen. Das ist die Summe aus der Spalte »Zahlenhäufigkeit« abzüglich der Häufigkeit der Null, die bekanntlich zu keiner dieser Kategorien gehört.

Bitte prüfen Sie das einmal nach. Dabei wird Ihnen wohl auch auffallen, daß Zahlen aus den 3 Dutzenden gleich häufig gefallen sind, nämlich je 99mal. Dies ist auch der Grund, weshalb ausgerechnet der Spielverlauf vom 27. 11. 1982 als Muster gewählt worden ist. Das Beispiel soll zeigen, daß dann und wann auch schon nach verhältnismäßig wenigen Spielen eine ideale Ausgewogenheit herrscht, zumal, wenn nur ein bestimmtes Kriterium betrachtet wird. Bei den anderen Kriterien ist in unserem Beispiel die Asymmetrie zum Teil erheblich.

Im untersten Feld sind in 2 Rubriken noch die Häufigkeiten der einfachen und doppelten Transversalen (Transversales pleines bzw. Transversales simples) ausgerechnet.

Die Spalte $\frac{1}{3}$ in der oberen Reihe enthält die Summe der Zahlenhäufigkeiten der 1, der 2 und der 3, nämlich $12 + 7 + 8 = 27$. Ähnliches gilt für die anderen Spalten. Die Quersumme muß wieder 297 betragen, was leicht einzusehen ist.
Bei den Werten des Feldes darunter (Transversales simples) ist die Rechnung nicht ganz so einfach. Die Zahl 56 in der Spalte $\frac{1}{6}$ ist die Summe der Häufigkeiten der Nummern 1 bis 6, nämlich $12 + 7 + 8 + 7 + 12 + 10$ oder auch der $27 + 29$ aus den Spalten $\frac{1}{3}$ und $\frac{4}{6}$ der Transversales pleines. Für alle anderen Spalten - es sind nur 11 im Gegensatz zu den 12 der Transversales pleines - gilt ähnliches. Da aber jede Summe aus den Transversales pleines mit Ausnahme der ersten (27) und der letzten (24) bei der Berechnung der Transversales simples zweimal vorkommt, beträgt die Quersumme dieser Rubrik weder 297 noch $2 \times 297 = 594$, sondern 543. Man kann sie auch aus $594 - (27 + 24) = 543$ errechnen.
Viel Sinn haben die obigen Berechnungen allerdings nicht. Der Zweck einer Gliederung der Zahlenhäufigkeiten nach Farben, Geradzahligkeit, Dutzenden, Kolonnen und Transversalen ist überhaupt recht fragwürdig, wie wir in den folgenden Kapiteln noch sehen werden. Diese Gliederungen sind nichts anderes als ein Jonglieren mit Zahlen, das mit Statistik und Wahrscheinlichkeitsrechnung sehr wenig zu tun hat.

Zahlenhäufigkeit

Das Wort Zahlenhäufigkeit wird uns in den folgenden Kapiteln noch sehr oft begegnen. Da dieser Begriff den meisten Lesern nicht sehr geläufig sein dürfte, insbesondere in den hier unter-

suchten Zusammenhängen, erscheint eine ausführlichere Behandlung gerechtfertigt.
Die sogenannten Permanenzen geben also für jeden Spieltag die Reihenfolge der an einem Tisch gefallenen Zahlen an und in der letzten Spalte die zugehörige Zahlenhäufigkeit. Diese besagt, wie oft jede der 37 Zahlen am betreffenden Tag gefallen ist. (Der Leser möge die Wiederholung verzeihen; dieses wurde schließlich bereits festgestellt.)
Die Roulettezahlen sind in dieser Spalte schön der Reihe nach geordnet, von der Null bis zur 36. Neben jeder von ihnen steht die Anzahl ihrer Häufigkeit. Diese Werte zeigen allerdings keinerlei Ordnung.
Stellen wir uns einmal vor, wir hätten eine Anzahl senkrecht stehender Glasröhren, ähnlich denen, die eine Zeitlang bei der wöchentlichen Ziehung der Lottozahlen im Fernsehen gezeigt wurden. Schließlich beschäftigen wir uns hier mit Glücksspielen! Wir haben aber nicht nur 7 Röhren wie die Lottomaschine, sondern deren 37, durchnumeriert von 0 bis 36. Stellen wir uns ferner vor, daß nach jedem Spiel - jetzt sind wir wohlgemerkt wieder beim Roulette - in das Rohr mit der gewinnenden Nummer eine Münze geworfen wird.
Am Ende jeden Spieltages - aber auch nach jedem beliebigen Spiel - ist die Höhe der Münzsäule jeder einzelnen Röhre ein Maß für die Häufigkeit, mit der die zugehörige Zahl gefallen ist. Nebeneinander aufgebaut würden diese Geldsäulen ein rechtes Auf und Ab ergeben. Die Gewinnhäufigkeit der einzelnen Zahlen zeigt eine gewisse Streuung, wie man sagt. Die Abbildung auf Seite 47 zeigt eine derartige »Röhrenorgel«, deren Röhren entsprechend der Zahlenfolge 0 bis 36 geordnet sind.
Im Fall des bereits betrachteten Spieltages, 27. 11. 1982, besteht die höchste Säule aus 14, die niedrigste aus 2 Münzen. Die übrigen liegen dazwischen. Als ordnungsliebende Menschen fühlen wir uns jedoch von einem derartigen Durcheinander gestört und fangen an, die Behälter so umzustellen, daß alle Röhren, die gleich hoch gefüllt sind, jeweils nebeneinander stehen und die Geldsäulen auch noch der Größe nach geordnet sind. Auf diese Weise erhalten wir:

Zahlenhäufigkeiten, dargestellt mit Münzen oder Spielmarken

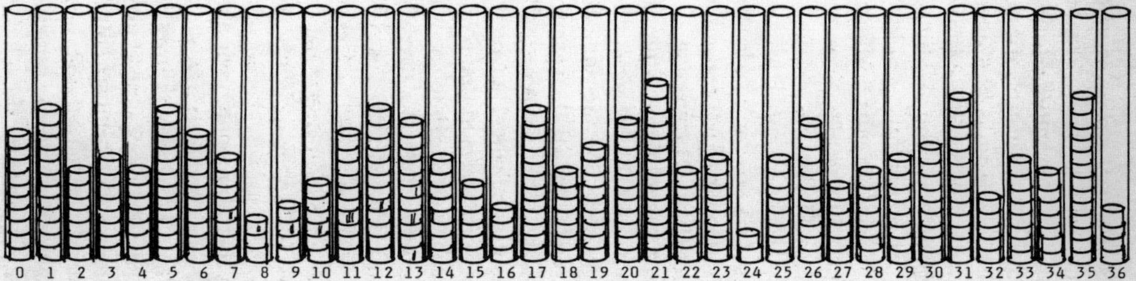

1 Säule mit 14 Münzen
2 Säulen mit 13 Münzen
4 Säulen mit 12 Münzen
3 Säulen mit 11 Münzen
3 Säulen mit 10 Münzen
2 Säulen mit 9 Münzen
7 Säulen mit 8 Münzen
6 Säulen mit 7 Münzen
3 Säulen mit 6 Münzen
1 Säule mit 5 Münzen
3 Säulen mit 4 Münzen
1 Säule mit 3 Münzen
1 Säule mit 2 Münzen.

In der Abbildung auf Seite 47 ist die Röhrenorgel von Seite 49 so geordnet, wie vorstehend beschrieben.
Wer zur Sicherheit nachzählen möchte, der müßte wieder 307 Münzen vorfinden, die Zahl, die als »Sum.« unten in der Spalte »Zahlenhäufigkeit« steht. Die Gesamtzahl der Säulen andererseits muß selbstverständlich 37 betragen.
Wir haben jetzt eine schön geordnete Treppe vor uns, auch wenn die Treppenstufen nicht gleich breit sind. Diese *geordnete Zahlenhäufigkeit* werden wir in den folgenden Kapiteln noch eingehend besprechen und auch sehen, was man sonst noch mit ihr anfangen kann und welche Gesetzmäßigkeiten ihr zugrunde liegen.

Galtonsches Brett

Das vorliegende Kapitel möchten wir aber – wenn schon von Ordnungen und Gesetzmäßigkeiten die Rede ist – nicht abschließen, ohne dem Leser eine sehr hübsche und in der Statistik und Mathematik wohlbekannte Versuchseinrichtung vorzustellen. Gemeint ist das Galtonsche Brett. Es ist nach seinem Erfinder Sir Fancis Galton (1822–1911) benannt, der unter anderem auch die Untersuchung von Fingerabdrücken im polizeilichen Erkennungsdienst eingeführt hat.

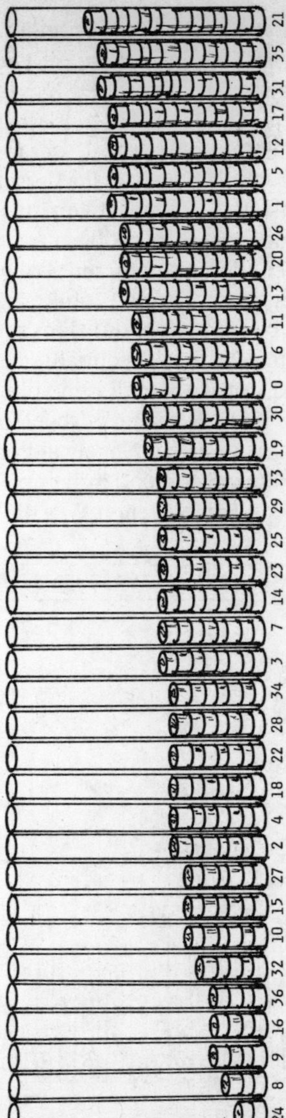

Zahlenhäufigkeiten, geordnet (Muster)

Das Galtonsche Brett (s. Abb.) erinnert entfernt an gewisse Spielautomaten, sogenannte »Flipper«, bei denen eine eingeworfene Kugel zwischen federnden Hindernissen hin und her geworfen wird. Der Spieler soll hier durch geschicktes Betätigen kleiner Schlaghebel möglichst viele derartige Zusammenstöße herbeiführen, bevor die Kugel in der Versenkung verschwindet. Bei dem Galtonschen Brett dagegen ist jede äußere Einflußnahme ausgeschlossen. Eine größere Anzahl von Kugeln wird in den am oberen Rand sichtbaren Trichter eingefüllt. Dann rollen die Kugeln nacheinander, ohne sich gegenseitig zu behindern und zu beeinflussen, auf dem schräg liegenden Brett abwärts durch ein Feld von regelmäßig verteilten Nägeln oder Metallstiften und werden von diesen völlig unberechenbar immer wieder nach rechts oder links abgelenkt.
Nach dem Durchlaufen des Nagelwalds landet jede Kugel in einem der am unteren Rand sichtbaren Fächer. Obwohl niemand vorhersagen kann, welchen Weg die einzelne Kugel neh-

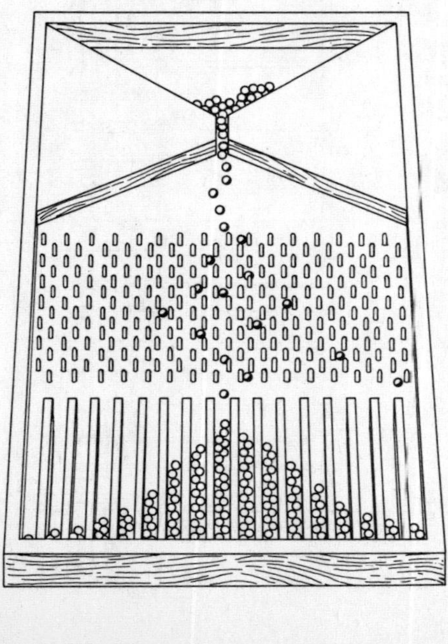

Galtonsches Brett

men und in welchem Fach sie landen wird, ergibt sich eine bestimmte Verteilung der Kugeln auf die einzelnen Fächer, die bei jeder Wiederholung des Versuchs nahezu gleich ausfällt. Werden die Nägel genügend dicht gesetzt und die Kugeln wie auch die Fächer entsprechend klein bzw. schmal gewählt, dann ergibt sich eine sehr gute Annäherung an die sogenannte *Gauß-sche Verteilung*, auch als Glockenkurve bekannt (Carl Friedrich Gauß, Mathematiker und Astronom, 1777–1855). Diese Kurve (s. Abb.) ist durch eine Formel exakt definiert und spielt in der mathematischen Behandlung der Naturwissenschaften, der Technik, aber auch der Soziologie, Psychologie, Medizin und im Versicherungswesen eine wichtige Rolle.
Parallelen zwischen dem Galtonschen Brett und dem Roulette sind kaum zu übersehen. Gesetzmäßigkeiten da wie dort und trotzdem nicht vorhersagbare Ergebnisse im Einzelfall. (Die Gesetzmäßigkeiten des Roulettes müssen wir allerdings erst aufzeigen und beweisen.)

Eine erste Auswertung

Doch kehren wir zu unseren Permanenzen zurück, anhand derer wir feststellen wollten, wann welche Zahlen fallen und wie stark nach verhältnismäßig wenigen Spielen die tatsächliche

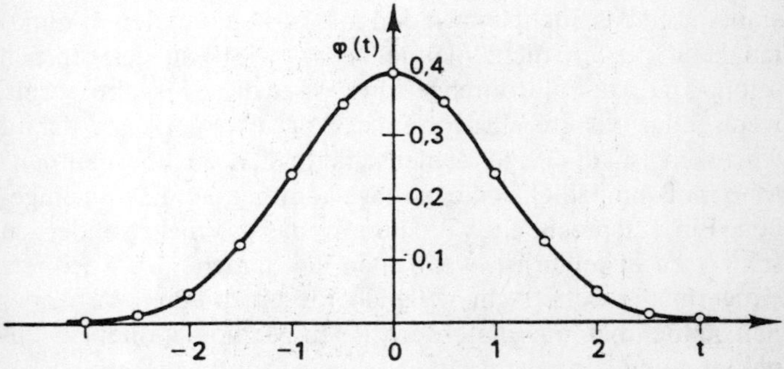

Gaußsche Glockenkurve

Zahlenhäufigkeit von der idealen Ausgewogenheit abweicht, die nach sehr vielen oder gar (nahezu) unendlich vielen Spielen erwartet wird.

Wie schon erwähnt, wollen wir für unsere Analysen die Permanenzen von 3 Monaten (Oktober, November, Dezember 1982) heranziehen. Einige wesentliche Daten dieser insgesamt 87 Spieltage oder 26677 Spiele sind in Tabelle 3 zusammengefaßt. Neben den eingetragenen Zahlenwerten können wir dieser Tabelle auch noch einige Zusatzinformationen entnehmen, z. B. die, daß pro Spieltag durchschnittlich 306,6 Spiele abgelaufen sind und daß in jedem Monat andere Zahlen bevorzugt bzw. benachteiligt wurden (maximale und minimale Häufigkeit). Wäre dies nicht der Fall, dann könnte mit Recht an der »Neutralität« des Roulettekessels gezweifelt werden. Die maximale und die minimale Zahlenhäufigkeit des ganzen Quartals muß selbstverständlich mit jeweils der eines der 3 Monate übereinstimmen.

Die mittlere Häufigkeit wurde in die Liste aufgenommen, um einen Vergleichsmaßstab für die maximale und die minimale Häufigkeit zu haben. Dieser Mittelwert ergibt sich, was jedem leicht einleuchten dürfte, aus der Anzahl der Spiele, die durch 37 (die Anzahl der möglichen Gewinnzahlen) geteilt wird. Im Idealfall müßte die Häufigkeit jeder der 37 Zahlen diesem Wert entsprechen, was aber, wie man sieht, keineswegs zutrifft.

Selbstverständlich wurden die Tausende von Additionen, Divisionen und das Suchen nach den maximalen und den minimalen Häufigkeiten nicht manuell oder, wie man gelegentlich salopp sagt, »zu Fuß« durchgeführt. Wozu diese Sisyphusarbeit, wenn jeder bessere elektronische Computer geradezu darauf versessen ist, derartige Zahlenschaufeleien zu übernehmen? Man muß ihm lediglich die in Frage kommenden Zahlen eingeben. Ein entsprechendes Programm, das gar nicht sonderlich schwer zu erstellen ist, wenn man die Sprache des Rechners einigermaßen beherrscht, veranlaßt diesen, mit dem vorhandenen Zahlenmaterial alle erdenklichen Manipulationen vorzunehmen und das gewünschte Ergebnis »auszuspucken«.

(Fortsetzung Seite 72)

Tabelle 3: Übersicht der Spielmonate Oktober bis Dezember

Zeitraum	Anzahl der		Spiele pro Tag					Zahlenhäufigkeiten				
	Spieltage	Spiele	max.	am	min.	am	Mittelwert	max.	Zahl	min.	Zahl	Mittelwert
Okt.	31	9868	467	10.	217	31.	318,3	343	10	236	0	266,7
Nov.	27	7905	505	8.	171	18.	292,8	247	2	181	29	213,6
Dez.	29	8904	419	16.	208	10.	307,0	284	0	219	11	240,6
Okt.–Dez.	87	26677	505	8.11.	171	18.11.	306,6	796	10	669	29	721

Tabelle 4: Übersicht der Zahlenhäufigkeiten im Oktober

	0	1	2	3	4	5	6	7	8	9	1
0	6	10	6	8	8	7	5	8	13	13	9
1	6	9	12	8	8	11	12	6	10	11	1
2	8	7	12	6	3	9	5	11	8	13	5
3	9	11	6	6	8	9	4	7	9	16	1
4	6	5	10	8	8	11	11	6	11	11	4
5	5	8	8	7	8	10	5	7	12	10	8
6	8	12	9	1	14	12	8	10	6	20	8
7	9	5	9	6	9	7	9	7	9	8	8
8	8	6	13	3	10	9	8	8	7	18	1
9	8	4	8	5	9	9	5	5	13	15	1
10	8	12	13	10	7	13	13	11	11	17	1
11	9	5	7	9	9	10	8	1	7	10	7
12	6	10	7	7	5	12	13	4	10	17	1
13	5	4	7	10	12	9	4	6	11	11	1
14	10	3	9	6	9	9	13	10	14	18	1
15	4	17	8	5	6	15	5	9	12	8	5
16	3	7	5	6	5	10	10	7	11	11	1
17	6	5	6	8	4	4	5	13	14	10	7
18	5	8	11	3	2	14	9	7	15	13	4
19	7	15	8	6	9	8	14	7	10	15	7
20	4	7	4	8	7	12	8	3	9	9	4
21	6	10	9	5	10	6	7	11	4	10	9
22	11	13	8	5	7	1	10	5	11	19	1
23	8	8	10	12	5	2	7	11	15	7	9
24	5	9	8	7	5	7	11	1	7	15	7
25	11	3	10	8	9	7	3	7	8	9	5
26	9	5	6	6	12	5	8	11	9	9	9
27	1	13	11	8	10	11	9	7	12	14	4
28	14	6	8	5	10	8	8	9	11	14	9
29	7	13	3	8	5	7	10	11	7	11	6
30	6	8	9	5	6	8	5	11	10	14	5
31	4	11	6	7	4	9	12	5	7	11	1
32	9	7	8	7	9	12	9	10	6	14	6
33	11	15	9	7	9	12	11	8	7	12	1
34	7	14	7	2	7	10	4	7	6	13	7
35	7	6	5	7	8	7	3	12	6	10	6
36	9	13	4	2	12	10	8	8	7	11	1
SUMME	265	324	299	237	288	332	299	287	355	467	3
MAX.	14	17	13	12	14	15	14	13	15	20	1
MIN.	1	3	3	1	2	1	3	1	4	7	4
MITTELW.	7.16	8.76	8.08	6.41	7.78	8.97	8.08	7.76	9.59	12.62	8.
TAG:	1	2	3	4	5	6	7	8	9	10	1
MONAT:	10	10	10	10	10	10	10	10	10	10	1

	11	12	13	14	15	16	17	18	19	20
0	5	8	10	3	2	11	6	10	13	8
1	9	11	8	7	7	10	14	9	11	12
2	10	16	7	9	12	10	10	2	9	7
3	10	10	5	10	11	9	9	12	9	6
4	10	7	11	8	9	10	5	12	12	9
5	11	10	7	13	9	9	7	4	8	8
6	7	13	5	14	11	8	9	8	14	10
7	5	16	6	9	8	9	9	13	5	3
8	8	8	6	8	5	14	16	9	8	9
9	4	14	7	6	7	11	6	7	14	6
10	13	8	5	11	13	15	11	18	13	13
11	10	6	7	9	4	11	11	9	11	12
12	10	6	8	14	9	12	5	6	12	3
13	13	7	13	4	4	17	11	8	8	10
14	11	8	6	11	9	11	5	9	5	8
15	5	9	7	9	8	12	13	9	15	7
16	11	11	9	19	10	8	6	13	10	9
17	8	13	4	8	11	13	13	14	9	6
18	8	11	7	12	7	5	10	13	9	10
19	9	15	3	12	9	6	4	15	17	7
20	13	15	9	14	8	11	8	13	11	5
21	4	14	4	4	11	9	11	15	6	10
22	8	19	12	4	6	12	6	5	5	10
23	10	16	6	17	9	7	10	11	7	12
24	6	8	5	8	8	9	10	18	8	9
25	11	8	6	4	5	7	12	14	21	9
26	8	8	10	14	8	16	11	13	15	9
27	6	17	10	5	12	17	12	9	11	12
28	11	9	9	14	6	5	7	10	13	7
29	13	10	6	10	5	9	11	10	13	7
30	7	10	3	11	6	6	12	12	8	5
31	9	11	4	11	5	11	7	7	5	11
32	8	6	10	13	8	7	7	11	13	6
33	8	12	8	13	2	8	12	9	11	5
34	9	12	6	10	6	9	7	10	10	8
35	14	11	6	12	7	10	6	10	10	8
36	12	12	4	12	5	10	3	8	11	10
SUMME	334	405	259	372	282	374	332	385	390	306
MAX.	14	19	13	19	13	17	16	18	21	13
MIN.	4	6	3	3	2	5	3	2	5	3
MITTELW.	9.03	10.95	7.00	10.05	7.62	10.11	8.97	10.41	10.54	8.27
TAG:	12	13	14	15	16	17	18	19	20	21
MONAT:	10	10	10	10	10	10	10	10	10	10

	21	22	23	24	25	26	27	28	29	30
0	9	4	9	7	8	5	8	5	6	6
1	15	13	8	11	7	11	10	6	2	8
2	14	12	7	12	7	10	10	11	10	7
3	10	11	6	11	6	6	7	6	9	4
4	12	4	7	8	7	5	5	5	8	6
5	15	6	6	10	11	6	9	12	6	6
6	14	7	7	8	6	4	8	10	7	5
7	10	11	4	15	5	8	7	13	7	3
8	9	9	11	10	7	7	11	4	6	4
9	11	9	12	12	10	8	5	4	8	4
10	10	8	11	12	13	6	13	10	3	7
11	14	6	6	10	11	10	4	8	10	9
12	6	7	7	5	7	7	14	4	5	3
13	6	4	7	9	12	6	11	11	4	3
14	18	2	7	8	3	7	8	10	6	4
15	9	5	4	18	7	7	7	5	7	7
16	3	5	7	7	7	7	10	8	5	8
17	12	4	11	6	8	6	5	7	8	6
18	12	4	4	10	8	5	8	8	7	6
19	9	6	7	12	10	10	9	4	6	6
20	10	5	9	13	9	11	10	8	2	7
21	13	6	8	3	9	11	13	7	10	6
22	7	6	7	16	4	6	14	8	10	5
23	3	7	10	11	5	6	3	6	9	8
24	6	7	6	7	8	6	12	8	6	7
25	12	8	5	17	12	6	8	7	7	4
26	9	8	9	13	9	13	6	10	2	10
27	4	8	12	15	11	12	15	8	6	2
28	19	10	7	5	9	6	7	7	8	8
29	14	1	2	8	3	7	7	10	5	6
30	11	7	9	10	9	13	17	7	5	5
31	12	6	6	9	10	8	12	10	7	6
32	10	9	10	13	6	11	9	6	10	6
33	12	11	8	11	8	5	12	1	6	3
34	13	7	10	12	5	5	6	10	8	12
35	9	4	13	7	10	6	9	8	6	3
36	19	7	6	4	6	11	5	12	6	7
SUMME	401	254	285	375	293	284	334	284	243	21
MAX.	19	13	13	18	13	13	17	13	10	12
MIN.	3	1	2	3	3	4	3	1	2	2
MITTELW.	10.84	6.86	7.70	10.14	7.92	7.68	9.03	7.68	6.57	5.
TAG:	22	23	24	25	26	27	28	29	30	31
MONAT:	10	10	10	10	10	10	10	10	10	10

Tabelle 5: Übersicht der Zahlenhäufigkeiten im November

	31	32	33	34	35	36	37	38	39	40
	7	9	6	7	7	4	17	12	9	5
	2	7	7	7	9	10	18	11	7	6
	12	15	10	15	8	13	13	4	5	10
	10	10	11	10	4	8	12	9	4	4
	7	13	9	10	2	10	10	9	6	14
	7	7	12	10	6	6	12	5	11	2
	5	6	5	8	12	8	15	7	11	6
	10	8	7	14	8	5	15	7	6	15
	12	9	15	5	2	6	15	14	8	10
	6	13	12	10	6	6	11	9	7	7
0	11	10	14	5	11	6	13	8	4	9
1	7	7	6	7	8	8	9	8	1	12
2	3	10	12	9	14	3	12	7	6	12
3	8	10	15	3	4	7	17	12	3	10
4	10	9	7	5	12	9	17	11	4	6
5	11	8	6	4	1	3	15	9	5	8
6	7	10	9	8	4	9	18	11	8	10
7	10	10	4	12	9	9	12	13	7	6
8	6	7	6	8	4	11	13	7	9	11
9	7	11	10	8	8	5	16	7	7	2
0	6	8	7	8	5	10	16	7	9	4
1	13	10	10	5	7	8	4	6	8	12
2	7	12	8	8	10	8	17	18	5	6
3	5	11	12	8	7	11	8	14	16	12
4	12	11	7	8	12	6	16	4	6	6
5	9	12	8	11	4	8	17	11	5	8
6	8	10	11	9	13	3	11	7	12	7
7	9	6	9	8	8	12	10	10	8	8
8	11	9	13	7	5	3	17	10	4	9
9	7	7	4	7	3	7	9	8	5	4
0	9	9	6	9	7	3	14	16	7	7
1	12	4	7	13	10	5	11	10	11	8
2	14	7	8	13	8	4	18	7	10	9
3	7	9	8	9	4	9	18	11	4	10
4	7	10	9	6	9	10	15	10	9	8
5	4	9	12	9	7	1	13	10	4	9
6	6	11	9	5	9	10	11	8	9	12
MME	304	344	331	308	267	264	505	347	260	304
X.	14	15	15	15	14	13	18	18	16	15
N.	2	4	4	3	1	1	4	4	1	2
TTELW.	8.22	9.30	8.95	8.32	7.22	7.14	13.65	9.38	7.03	8.22
G:	2	3	4	5	6	7	8	9	10	11
NAT:	11	11	11	11	11	11	11	11	11	11

	41	42	43	44	45	46	47	48	49	50
0	7	9	11	14	11	5	9	10	8	4
1	17	6	7	7	4	2	8	6	10	14
2	15	7	4	13	14	6	7	5	6	9
3	11	8	4	8	4	5	8	8	8	8
4	9	10	6	12	8	5	6	6	9	9
5	9	3	10	6	12	6	9	4	4	12
6	12	1	8	8	6	2	9	2	7	11
7	9	6	7	6	6	9	6	2	7	7
8	18	5	6	6	5	2	8	9	10	9
9	9	12	5	12	10	3	9	6	6	12
10	11	7	4	11	8	3	6	3	7	18
11	6	11	4	7	10	6	5	7	11	6
12	12	6	5	7	5	8	2	5	6	16
13	9	5	11	10	3	6	5	5	6	10
14	13	7	5	8	11	3	3	10	16	5
15	12	5	8	10	2	9	5	5	5	12
16	12	9	3	9	6	5	11	5	9	10
17	12	3	7	11	10	7	8	4	11	5
18	13	2	4	7	6	6	3	10	11	5
19	11	7	5	8	11	3	4	7	9	8
20	10	7	7	9	4	5	7	3	4	8
21	7	13	7	7	7	4	5	9	13	9
22	20	6	8	11	11	4	3	8	9	8
23	10	5	3	15	5	2	4	6	10	6
24	8	6	6	12	7	7	6	7	10	10
25	8	9	9	11	8	0	5	8	5	9
26	10	7	5	13	6	7	5	4	10	10
27	7	8	5	9	8	6	7	5	4	7
28	8	9	10	9	5	3	10	4	10	8
29	9	3	4	12	15	1	7	5	9	11
30	13	4	6	7	11	2	5	6	4	7
31	14	3	6	7	8	4	6	7	9	14
32	8	7	9	11	8	6	8	8	13	14
33	7	11	5	3	5	3	9	5	9	11
34	13	8	9	1	5	5	6	7	7	12
35	9	5	8	11	8	5	3	7	9	4
36	7	9	9	10	5	6	2	4	5	8
SUMME	395	249	240	338	278	171	229	222	306	34
MAX.	20	13	11	15	15	9	11	10	16	18
MIN.	6	1	3	1	2	0	2	2	4	4
MITTELW.	10.68	6.73	6.49	9.14	7.51	4.62	6.19	6.00	8.27	9.
TAG:	12	13	14	15	16	18	19	20	22	23
MONAT:	11	11	11	11	11	11	11	11	11	11

	51	52	53	54	55	56	57
0	9	5	6	10	7	10	6
1	13	7	2	12	7	10	6
2	10	10	5	7	6	6	12
3	8	3	6	8	6	13	5
4	4	6	8	7	5	10	8
5	7	10	8	12	6	5	9
6	7	11	4	10	6	10	15
7	6	7	8	8	3	11	8
8	6	6	3	3	3	8	5
9	6	8	8	4	7	7	4
10	7	11	7	6	5	8	3
11	5	9	6	10	6	9	4
12	6	8	9	12	6	6	11
13	6	7	12	11	4	9	9
14	13	7	12	8	9	9	9
15	15	9	9	6	5	4	11
16	5	9	5	4	13	6	7
17	6	14	11	12	5	3	7
18	5	8	8	7	11	7	2
19	6	2	4	9	4	10	6
20	7	7	4	11	4	7	9
21	9	7	4	14	5	7	3
22	8	9	7	7	7	6	11
23	2	8	9	8	7	5	8
24	7	7	12	2	5	4	8
25	12	11	4	8	3	9	8
26	8	4	7	11	7	11	3
27	5	11	10	6	3	4	2
28	6	11	11	7	9	9	10
29	4	8	8	8	2	8	6
30	4	5	9	9	4	5	5
31	7	8	8	13	5	12	3
32	7	5	11	5	5	6	10
33	11	8	8	8	3	11	8
34	2	5	6	7	4	13	7
35	10	9	6	13	7	7	6
36	7	6	11	4	5	5	9
SUMME	266	286	276	307	209	290	263
MAX.	15	14	12	14	13	13	15
MIN.	2	2	2	2	2	3	2
MITTELW.	7.19	7.73	7.46	8.30	5.65	7.84	7.11
TAG:	24	25	26	27	28	29	30
MONAT:	11	11	11	11	11	11	11

Tabelle 6: Übersicht der Zählenhäufigkeiten im Dezember

	58	59	60	61	62	63	64	65	66	67
0	7	20	7	7	5	14	13	7	12	9
1	7	10	13	6	6	21	13	9	11	8
2	6	15	5	9	8	20	6	8	6	4
3	9	10	9	10	3	7	6	7	14	10
4	6	12	9	6	11	10	7	13	9	5
5	3	11	5	6	10	8	9	5	5	10
6	5	11	10	8	5	11	6	11	5	9
7	8	15	13	6	5	2	13	12	9	4
8	9	9	13	9	8	12	7	6	8	5
9	8	10	9	4	5	20	10	11	8	5
10	8	11	12	8	6	7	4	4	9	7
11	6	7	12	4	11	11	10	4	8	9
12	5	13	5	8	4	11	11	13	11	3
13	8	6	10	6	6	14	7	7	9	7
14	4	10	7	12	8	14	6	11	7	0
15	5	15	6	9	7	10	6	4	13	5
16	7	10	9	9	3	9	10	6	11	5
17	6	9	4	3	2	10	10	11	7	4
18	9	12	4	5	3	9	12	13	10	3
19	10	7	10	7	13	10	3	10	10	5
20	2	9	4	8	6	10	7	11	6	4
21	12	8	11	7	7	11	8	9	4	3
22	4	8	9	6	8	13	9	8	7	10
23	6	11	6	12	8	14	10	6	12	10
24	6	10	16	7	9	10	5	10	5	2
25	7	10	4	10	9	15	8	8	13	3
26	6	11	11	7	5	8	10	6	7	3
27	6	14	4	11	10	13	4	12	5	9
28	12	6	10	8	7	11	8	7	8	2
29	6	15	7	10	7	12	14	11	6	5
30	4	12	8	7	8	8	10	10	8	1
31	10	12	9	6	4	7	14	7	13	7
32	6	15	10	9	6	5	11	8	7	3
33	7	8	7	10	7	13	7	6	7	8
34	9	11	11	5	11	8	11	5	6	8
35	8	11	5	10	5	8	15	10	4	9
36	7	16	13	9	7	9	10	15	9	4
SUMME	254	410	317	284	253	405	330	321	309	20
MAX.	12	20	16	12	13	21	15	15	14	10
MIN.	2	6	4	3	2	2	3	4	4	0
MITTELW.	6.86	11.08	8.57	7.68	6.84	10.95	8.92	8.68	8.35	5.
TAG:	1	2	3	4	5	6	7	8	9	10
MONAT:	12	12	12	12	12	12	12	12	12	12

	68	69	70	71	72	73	74	75	76	77
	6	10	14	6	9	7	5	17	6	12
	4	12	9	8	12	12	6	7	7	6
	11	13	9	10	6	9	5	6	9	11
	7	6	4	8	7	16	3	10	6	8
	9	9	8	10	7	12	4	16	3	6
	7	4	8	11	7	17	7	12	6	13
	4	16	9	5	9	6	2	12	12	8
	9	10	5	3	5	14	8	9	6	11
	5	11	9	10	3	7	3	9	10	11
	5	10	2	11	7	15	3	4	7	6
	7	7	4	10	10	13	3	7	6	18
	8	6	7	7	5	2	10	10	12	8
	9	4	8	11	7	10	9	9	8	10
	7	13	9	8	6	11	3	6	6	14
	12	7	7	13	8	9	4	11	5	9
	7	13	10	6	7	12	7	7	4	11
	4	8	8	10	10	9	9	12	9	12
	5	15	10	11	2	11	5	10	8	6
	8	11	7	18	6	9	7	8	5	3
	6	11	7	10	3	10	4	8	11	9
	1	13	7	16	9	15	5	7	7	9
	11	8	7	8	5	9	5	11	7	10
	6	15	6	5	5	9	4	13	7	19
	4	8	4	7	6	11	3	11	8	8
	6	8	13	4	8	8	5	10	8	11
	6	10	10	9	8	6	10	11	11	14
	6	7	9	4	8	11	8	8	3	11
	5	11	11	9	4	17	8	9	5	13
	6	10	8	8	8	13	5	14	8	6
	8	9	5	16	4	13	4	11	5	6
	3	9	9	6	12	12	9	13	7	6
	7	12	8	7	8	17	6	10	11	7
	8	8	4	10	9	11	9	7	7	11
	8	12	11	8	4	18	7	9	6	13
	6	10	11	7	8	16	5	12	9	5
	6	5	10	4	11	10	8	7	5	8
	9	13	5	14	8	12	5	7	6	4
IME	246	364	292	328	261	419	213	360	266	353
(.	12	16	14	18	12	18	10	17	12	19
I.	1	4	2	3	2	2	2	4	3	3
TTELW.	6.65	9.84	7.89	8.86	7.05	11.32	5.76	9.73	7.19	9.54
G:	11	12	13	14	15	16	17	18	19	20
IAT:	12	12	12	12	12	12	12	12	12	12

	78	79	80	81	82	83	84	85	86
0	6	16	13	9	12	11	8	3	13
1	10	8	6	16	9	7	7	8	8
2	9	9	11	10	6	10	6	5	5
3	10	8	4	14	8	8	7	7	4
4	6	7	17	8	4	3	4	8	11
5	9	14	11	14	10	3	5	5	7
6	6	17	10	12	9	3	3	2	5
7	8	10	10	9	5	7	8	11	7
8	4	9	7	15	5	5	10	4	6
9	9	12	8	9	6	7	6	7	4
10	7	15	11	12	4	7	9	6	5
11	7	11	4	12	5	1	9	5	8
12	8	10	15	12	6	4	10	8	7
13	11	5	8	10	9	2	6	3	8
14	8	12	11	18	8	4	4	6	6
15	10	13	6	4	7	8	6	4	13
16	6	14	13	9	8	5	7	5	4
17	16	13	9	7	8	4	9	3	12
18	8	13	15	13	6	5	6	5	9
19	5	6	9	10	6	10	6	6	4
20	12	12	10	9	9	8	9	5	12
21	7	14	10	8	3	8	9	9	2
22	8	12	12	7	3	8	8	4	8
23	5	11	8	10	4	5	8	7	6
24	8	12	11	12	3	6	7	8	12
25	8	12	11	11	9	7	6	3	5
26	9	9	11	11	7	4	14	5	9
27	6	14	9	13	10	7	10	6	12
28	9	11	9	6	9	4	4	7	9
29	9	12	9	7	9	7	6	5	5
30	7	21	7	6	5	5	4	3	7
31	10	12	13	8	9	5	5	8	7
32	7	19	8	12	8	6	10	6	8
33	6	7	7	3	6	7	14	7	14
34	9	18	10	7	4	2	7	5	8
35	4	10	7	5	8	10	11	6	9
36	9	9	13	10	7	10	6	5	7
SUMME	296	437	363	368	254	223	274	210	286
MAX.	16	21	17	18	12	11	14	11	14
MIN.	4	5	4	3	3	1	3	2	2
MITTELW.	8.00	11.81	9.81	9.95	6.86	6.03	7.41	5.68	7.73
TAG:	21	22	23	26	27	28	29	30	31
MONAT:	12	12	12	12	12	12	12	12	12

Tabelle 7: Summierte Zahlenhäufigkeiten im Oktober

	0	1	2	3	4	5	6	7	8	9
0	6	16	22	30	38	45	50	58	71	84
1	6	15	27	35	43	54	66	72	82	93
2	8	15	27	33	36	45	50	61	69	82
3	9	20	26	32	40	49	53	60	69	85
4	6	11	21	29	37	48	59	65	76	87
5	5	13	21	28	36	46	51	58	70	80
6	8	20	29	30	44	56	64	74	80	100
7	9	14	23	29	38	45	54	61	70	78
8	8	14	27	30	40	49	57	65	72	90
9	8	12	20	25	34	43	48	53	66	81
10	8	20	33	43	50	63	76	87	98	115
11	9	14	21	30	39	49	57	58	65	75
12	6	16	23	30	35	47	60	64	74	91
13	5	9	16	26	38	47	51	57	68	79
14	10	13	22	28	37	46	59	69	83	101
15	4	21	29	34	40	55	60	69	81	89
16	3	10	15	21	26	36	46	53	64	75
17	6	11	17	25	29	33	38	51	65	75
18	5	13	24	27	29	43	52	59	74	87
19	7	22	30	36	45	53	67	74	84	99
20	4	11	15	23	30	42	50	53	62	71
21	6	16	25	30	40	46	53	64	68	78
22	11	24	32	37	44	45	55	60	71	90
23	8	16	26	38	43	45	52	63	78	85
24	5	14	22	29	34	41	52	53	60	75
25	11	14	24	32	41	48	51	58	66	75
26	9	14	20	26	38	43	51	62	71	80
27	1	14	25	33	43	54	63	70	82	96
28	14	20	28	33	43	51	59	68	79	93
29	7	20	23	31	36	43	53	64	71	82
30	6	14	23	28	34	42	47	58	68	82
31	4	15	21	28	32	41	53	58	65	76
32	9	16	24	31	40	52	61	71	77	91
33	11	26	35	42	51	63	74	82	89	101
34	7	21	28	30	37	47	51	58	64	77
35	7	13	18	25	33	40	43	55	61	71
36	9	22	26	28	40	50	58	66	73	84
SUMME	265	589	888	1125	1413	1745	2044	2331	2686	3153
SUMME *	265	589	888	1125	1413	1745	2044	2331	2686	3153
MAX.	14	26	35	43	51	63	76	87	98	115
MIN.	1	9	15	21	26	33	38	51	60	71
MITTELW.	7.16	15.92	24.00	30.41	38.19	47.16	55.24	63.00	72.59	85.22
TAG:	1	2	3	4	5	6	7	8	9	10
MONAT:	10	10	10	10	10	10	10	10	10	10

	10	11	12	13	14	15	16	17	18	19
0	93	98	106	116	119	121	132	138	148	161
1	105	114	125	133	140	147	157	171	180	191
2	87	97	113	120	129	141	151	161	163	172
3	97	107	117	122	132	143	152	161	173	182
4	91	101	108	119	127	136	146	151	163	175
5	88	99	109	116	129	138	147	154	158	166
6	108	115	128	133	147	158	166	175	183	197
7	86	91	107	113	122	130	139	148	161	166
8	101	109	117	123	131	136	150	166	175	183
9	91	95	109	116	122	129	140	146	153	167
10	130	143	151	156	167	180	195	206	224	237
11	82	92	98	105	114	118	129	140	149	160
12	102	112	118	126	140	149	161	166	172	184
13	92	105	112	125	129	133	150	161	169	177
14	111	122	130	136	147	156	167	172	181	186
15	94	99	108	115	124	132	144	157	166	181
16	87	98	109	118	137	147	155	161	174	184
17	82	90	103	107	115	126	139	152	166	175
18	91	99	110	117	129	136	141	151	164	173
19	106	115	130	133	145	154	160	164	179	196
20	75	88	103	112	126	134	145	153	166	177
21	87	91	105	109	113	124	133	144	159	165
22	100	108	127	139	143	149	161	167	172	177
23	94	104	120	126	143	152	159	169	180	187
24	82	88	96	101	109	117	126	136	154	162
25	80	91	99	105	109	114	121	133	147	168
26	89	97	105	115	129	137	153	164	177	192
27	100	106	123	133	138	150	167	179	188	199
28	102	113	122	131	145	151	156	163	173	186
29	88	101	111	117	127	132	141	152	162	175
30	87	94	104	107	118	124	130	142	154	162
31	87	96	107	111	122	127	138	145	152	157
32	97	105	111	121	134	142	149	156	167	180
33	111	119	131	139	152	154	162	174	183	194
34	84	93	105	111	121	127	136	143	153	163
35	77	91	102	108	120	127	137	143	153	163
36	95	107	119	123	135	140	150	153	161	172
SUMME	3459	3793	4198	4457	4829	5111	5485	5817	6202	6592
SUMME *	3459	3793	4198	4457	4829	5111	5485	5817	6202	6592
MAX.	130	143	151	156	167	180	195	206	224	237
MIN.	75	88	96	101	109	114	121	133	147	157
MITTELW.	93.49	102.51	113.46	120.46	130.51	138.14	148.24	157.22	167.62	178.16
TAG:	11	12	13	14	15	16	17	18	19	20
MONAT:	10	10	10	10	10	10	10	10	10	10

	20	21	22	23	24	25	26	27	28	29	30
0	169	178	182	191	198	206	211	219	224	230	236
1	203	218	231	239	250	257	268	278	284	286	294
2	179	193	205	212	224	231	241	251	262	272	279
3	188	198	209	215	226	232	238	245	251	260	264
4	184	196	200	207	215	222	227	232	237	245	251
5	174	189	195	201	211	222	228	237	249	255	261
6	207	221	228	235	243	249	253	261	271	278	283
7	169	179	190	194	209	214	222	229	242	249	252
8	192	201	210	221	231	238	245	256	260	266	270
9	173	184	193	205	217	227	235	240	244	252	256
10	250	260	268	279	291	304	310	323	333	336	343
11	172	186	192	198	208	219	229	233	241	251	260
12	187	193	200	207	212	219	226	240	244	249	252
13	187	193	197	204	213	225	231	242	253	257	260
14	194	212	214	221	229	232	239	247	257	263	267
15	188	197	202	206	224	231	238	245	250	257	264
16	193	196	201	208	215	222	229	239	247	252	260
17	181	193	197	208	214	222	228	233	240	248	254
18	183	195	199	203	213	221	226	234	242	249	255
19	203	212	218	225	237	247	257	266	270	276	282
20	182	192	197	206	219	228	239	249	257	259	266
21	175	188	194	202	205	214	225	238	245	255	261
22	187	194	200	207	223	227	233	247	255	265	270
23	199	202	209	219	230	235	241	244	250	259	267
24	171	177	184	190	197	205	211	223	231	237	244
25	177	189	197	202	219	231	237	245	252	259	263
26	201	210	218	227	240	249	262	268	278	280	290
27	211	215	223	235	250	261	273	288	296	302	304
28	193	212	222	229	234	243	249	256	263	271	279
29	182	196	197	199	207	210	217	224	234	239	245
30	167	178	185	194	204	213	226	243	250	255	260
31	168	180	186	192	201	211	219	231	241	248	254
32	186	196	205	215	228	234	245	254	260	270	276
33	199	211	222	230	241	249	254	266	267	273	276
34	171	184	191	201	213	218	223	229	239	247	259
35	171	180	184	197	204	214	220	229	237	243	246
36	182	201	208	214	218	224	235	240	252	258	265
SUMME	6898	7299	7553	7838	8213	8506	8790	9124	9408	9651	9868
SUMME *	6898	7299	7553	7838	8213	8506	8790	9124	9408	9651	9868
MAX.	250	260	268	279	291	304	310	323	333	336	343
MIN.	167	177	182	190	197	205	211	219	224	230	236
MITTELW.	186.43	197.27	204.14	211.84	221.97	229.89	237.57	246.59	254.27	260.84	266.70
TAG:	21	22	23	24	25	26	27	28	29	30	31
MONAT:	10	10	10	10	10	10	10	10	10	10	10

Tabelle 8: Summierte Zahlenhäufigkeiten im November

	0	1	2	3	4	5	6	7	8	9	10
0	7	16	22	29	36	40	57	69	78	83	90
1	2	9	16	23	32	42	60	71	78	84	101
2	12	27	37	52	60	73	86	90	95	105	120
3	10	20	31	41	45	53	65	74	78	82	93
4	7	20	29	39	41	51	61	70	76	90	99
5	7	14	26	36	42	48	60	65	76	78	87
6	5	11	16	24	36	44	59	66	77	83	95
7	10	18	25	39	47	52	67	74	80	95	104
8	12	21	36	41	43	49	64	78	86	96	114
9	6	19	31	41	47	53	64	73	80	87	96
10	11	21	35	40	51	57	70	78	82	91	102
11	7	14	20	27	35	43	52	60	61	73	79
12	3	13	25	34	48	51	63	70	76	88	100
13	8	18	33	36	40	47	64	76	79	89	98
14	10	19	26	31	43	52	69	80	84	90	103
15	11	19	25	29	30	33	48	57	62	70	82
16	7	17	26	34	38	47	65	76	84	94	106
17	10	20	24	36	45	54	66	79	86	92	104
18	6	13	19	27	31	42	55	62	71	82	95
19	7	18	28	36	44	49	65	72	79	81	92
20	6	14	21	29	34	44	60	67	76	80	90
21	13	23	33	38	45	53	57	63	71	83	90
22	7	19	27	35	45	53	70	88	93	99	119
23	5	16	28	36	43	54	62	76	92	104	114
24	12	23	30	38	50	56	72	76	82	88	96
25	9	21	29	40	44	52	69	80	85	93	101
26	8	18	29	38	51	54	65	72	84	91	101
27	9	15	24	32	40	52	62	72	80	88	95
28	11	20	33	40	45	48	65	75	79	88	96
29	7	14	18	25	28	35	44	52	57	61	70
30	9	18	24	33	40	43	57	73	80	87	100
31	12	16	23	36	46	51	62	72	83	91	105
32	14	21	29	42	50	54	72	79	89	98	106
33	7	16	24	33	37	46	64	75	79	89	96
34	7	17	26	32	41	51	66	76	85	93	106
35	4	13	25	34	41	42	55	65	69	78	87
36	6	17	26	31	40	50	61	69	78	90	97
SUMME	304	648	979	1287	1554	1818	2323	2670	2930	3234	3629
SUMME *	304	648	979	1287	1554	1818	2323	2670	2930	3234	3629
MAX.	14	27	37	52	60	73	86	90	95	105	120
MIN.	2	9	16	23	28	33	44	52	57	61	70
MITTELW.	8.22	17.51	26.46	34.78	42.00	49.14	62.78	72.16	79.19	87.41	98.08
TAG:	2	3	4	5	6	7	8	9	10	11	12
MONAT:	11	11	11	11	11	11	11	11	11	11	11

	11	12	13	14	15	16	17	18	19	20	21
0	99	110	124	135	140	149	159	167	171	180	185
1	107	114	121	125	127	135	141	151	165	178	185
2	127	131	144	158	164	171	176	182	191	201	211
3	101	105	113	117	122	130	138	146	154	162	165
4	109	115	127	135	140	146	152	161	170	174	180
5	90	100	106	118	124	133	137	141	153	160	170
6	96	104	112	118	120	129	131	138	149	156	167
7	110	117	123	129	138	144	146	153	160	166	173
8	119	125	131	136	138	146	155	165	174	180	186
9	108	113	125	135	138	147	153	159	171	177	185
10	109	113	124	132	135	141	144	151	169	176	187
11	90	94	101	111	117	122	129	140	146	151	160
12	106	111	118	123	131	133	138	144	160	166	174
13	103	114	124	127	133	138	143	149	159	165	172
14	110	115	123	134	137	140	150	166	171	184	191
15	87	95	105	107	116	121	126	131	143	158	167
16	115	118	127	133	138	149	154	163	173	178	187
17	107	114	125	135	142	150	154	165	170	176	190
18	97	101	108	114	120	123	133	144	149	154	162
19	99	104	112	123	126	130	137	146	154	160	162
20	97	104	113	117	122	129	132	136	144	151	158
21	103	110	117	124	128	133	142	155	164	173	180
22	125	133	144	155	159	162	170	179	187	195	204
23	119	122	137	142	144	148	154	164	170	172	180
24	102	108	120	127	134	140	147	157	167	174	181
25	110	119	130	138	138	143	151	156	165	177	188
26	108	113	126	132	139	144	148	158	168	176	180
27	103	108	117	125	131	138	143	147	154	159	170
28	105	115	124	129	132	142	146	156	164	170	181
29	73	77	89	104	105	112	117	126	137	141	149
30	104	110	117	128	130	135	141	145	152	156	161
31	108	114	121	129	133	139	146	155	169	176	184
32	113	122	133	141	147	155	163	176	190	197	202
33	107	112	115	120	123	132	137	146	157	168	176
34	114	123	124	129	134	140	147	154	166	168	173
35	92	100	111	119	124	127	134	143	147	157	166
36	106	115	125	130	136	138	142	147	155	162	168
SUMME	3878	4118	4456	4734	4905	5134	5356	5662	6008	6274	6560
SUMME *	3878	4118	4456	4734	4905	5134	5356	5662	6008	6274	6560
MAX.	127	133	144	158	164	171	176	182	191	201	211
MIN.	73	77	89	104	105	112	117	126	137	141	149
MITTELW.	104.81	111.30	120.43	127.95	132.57	138.76	144.76	153.03	162.38	169.57	177.30
TAG:	13	14	15	16	18	19	20	22	23	24	25
MONAT:	11	11	11	11	11	11	11	11	11	11	11

	22	23	24	25	26
0	191	201	208	218	224
1	187	199	206	216	222
2	216	223	229	235	247
3	171	179	185	198	203
4	188	195	200	210	218
5	178	190	196	201	210
6	171	181	187	197	212
7	181	189	192	203	211
8	189	192	195	203	208
9	193	197	204	211	215
10	194	200	205	213	216
11	166	176	182	191	195
12	183	195	201	207	218
13	184	195	199	208	217
14	203	211	220	229	238
15	176	182	187	191	202
16	192	196	209	215	222
17	201	213	218	221	228
18	170	177	188	195	197
19	166	175	179	189	195
20	162	173	177	184	193
21	184	198	203	210	213
22	211	218	225	231	242
23	189	197	204	209	217
24	193	195	200	204	212
25	192	200	203	212	220
26	187	198	205	216	219
27	180	186	189	193	195
28	192	199	208	217	227
29	157	165	167	175	181
30	170	179	183	188	193
31	192	205	210	222	225
32	213	218	223	229	239
33	184	192	195	206	214
34	179	186	190	203	210
35	172	185	192	199	205
36	179	183	188	193	202
SUMME	6836	7143	7352	7642	7905
SUMME *	6836	7143	7352	7642	7905
MAX.	216	223	229	235	247
MIN.	157	165	167	175	181
MITTELW.	184.76	193.05	198.70	206.54	213.65
TAG:	26	27	28	29	30
MONAT:	11	11	11	11	11

Tabelle 9: Summierte Zahlenhäufigkeiten im Dezember

	0	1	2	3	4	5	6	7	8	9
0	7	27	34	41	46	60	73	80	92	101
1	7	17	30	36	42	63	76	85	96	104
2	6	21	26	35	43	63	69	77	83	87
3	9	19	28	38	41	48	54	61	75	85
4	6	18	27	33	44	54	61	74	83	88
5	3	14	19	25	35	43	52	57	62	72
6	5	16	26	34	39	50	56	67	72	81
7	8	23	36	42	47	49	62	74	83	87
8	9	18	31	40	48	60	67	73	81	86
9	8	18	27	31	36	56	66	77	85	90
10	8	19	31	39	45	52	56	60	69	76
11	6	13	25	29	40	51	61	65	73	82
12	5	18	23	31	35	46	57	70	81	84
13	8	14	24	30	36	50	57	64	73	80
14	4	14	21	33	41	55	61	72	79	79
15	5	20	26	35	42	52	58	62	75	80
16	7	17	26	35	38	47	57	63	74	79
17	6	15	19	22	24	34	44	55	62	66
18	9	21	25	30	33	42	54	67	77	80
19	10	17	27	34	47	57	60	70	80	85
20	2	11	15	23	29	39	46	57	63	67
21	12	20	31	38	45	56	64	73	77	80
22	4	12	21	27	35	48	57	65	72	82
23	6	17	23	35	43	57	67	73	85	95
24	6	16	32	39	48	58	63	73	78	80
25	7	17	21	31	40	55	63	71	84	87
26	6	17	28	35	40	48	58	64	71	74
27	6	20	24	35	45	58	62	74	79	88
28	12	18	28	36	43	54	62	69	77	79
29	6	21	28	38	45	57	71	82	88	93
30	4	16	24	31	39	47	57	67	75	76
31	10	22	31	37	41	48	62	69	82	89
32	6	21	31	40	46	51	62	70	77	80
33	7	15	22	32	39	52	59	65	72	80
34	9	20	31	36	47	55	66	71	77	85
35	8	19	24	34	39	47	62	72	76	85
36	7	23	36	45	52	61	71	86	95	99
SUMME	254	664	981	1265	1518	1923	2253	2574	2883	3091
SUMME *	254	664	981	1265	1518	1923	2253	2574	2883	3091
MAX.	12	27	36	45	52	63	76	86	96	104
MIN.	2	11	15	22	24	34	44	55	62	66
MITTELW.	6.86	17.95	26.51	34.19	41.03	51.97	60.89	69.57	77.92	83.54
TAG:	1	2	3	4	5	6	7	8	9	10
MONAT:	12	12	12	12	12	12	12	12	12	12

	10	11	12	13	14	15	16	17	18	19
0	107	117	131	137	146	153	158	175	181	193
1	108	120	129	137	149	161	167	174	181	187
2	98	111	120	130	136	145	150	156	165	176
3	92	98	102	110	117	133	136	146	152	160
4	97	106	114	124	131	143	147	163	166	172
5	79	83	91	102	109	126	133	145	151	164
6	85	101	110	115	124	130	132	144	156	164
7	96	106	111	114	119	133	141	150	156	167
8	91	102	111	121	124	131	134	143	153	164
9	95	105	107	118	125	140	143	147	154	160
10	83	90	94	104	114	127	130	137	143	161
11	90	96	103	110	115	117	127	137	149	157
12	93	97	105	116	123	133	142	151	159	169
13	87	100	109	117	123	134	137	143	149	163
14	91	98	105	118	126	135	139	150	155	164
15	87	100	110	116	123	135	142	149	153	164
16	83	91	99	109	119	128	137	149	158	170
17	71	86	96	107	109	120	125	135	143	149
18	88	99	106	124	130	139	146	154	159	162
19	91	102	109	119	122	132	136	144	155	164
20	68	81	88	104	113	128	133	140	147	156
21	91	99	106	114	119	128	133	144	151	161
22	88	103	109	114	119	128	132	145	152	171
23	99	107	111	118	124	135	138	149	157	165
24	86	94	107	111	119	127	132	142	150	161
25	93	103	113	122	130	136	146	157	168	182
26	80	87	96	100	108	119	127	135	138	149
27	93	104	115	124	128	145	153	162	167	180
28	85	95	103	111	119	132	137	151	159	165
29	101	110	115	131	135	148	152	163	168	174
30	79	88	97	103	115	127	136	149	156	162
31	96	108	116	123	131	148	154	164	175	182
32	88	96	100	110	119	130	139	146	153	164
33	88	100	111	119	123	141	148	157	163	176
34	91	101	112	119	127	143	148	160	169	174
35	91	96	106	110	121	131	139	146	151	159
36	108	121	126	140	148	160	165	172	178	182
SUMME	3337	3701	3993	4321	4582	5001	5214	5574	5840	6193
SUMME *	3337	3701	3993	4321	4582	5001	5214	5574	5840	6193
MAX.	108	121	131	140	149	161	167	175	181	193
MIN.	68	81	88	100	108	117	125	135	138	149
MITTELW.	90.19	100.03	107.92	116.78	123.84	135.16	140.92	150.65	157.84	167.38
TAG:	11	12	13	14	15	16	17	18	19	20
MONAT:	12	12	12	12	12	12	12	12	12	12

	20	21	22	23	24	25	26	27	28
0	199	215	228	237	249	260	268	271	284
1	197	205	211	227	236	243	250	258	266
2	185	194	205	215	221	231	237	242	247
3	170	178	182	196	204	212	219	226	230
4	178	185	202	210	214	217	221	229	240
5	173	187	198	212	222	225	230	235	242
6	170	187	197	209	218	221	224	226	231
7	175	185	195	204	209	216	224	235	242
8	168	177	184	199	204	209	219	223	229
9	169	181	189	198	204	211	217	224	228
10	168	183	194	206	210	217	226	232	237
11	164	175	179	191	196	197	206	211	219
12	177	187	202	214	220	224	234	242	249
13	174	179	187	197	206	208	214	217	225
14	172	184	195	213	221	225	229	235	241
15	174	187	193	197	204	212	218	222	235
16	176	190	203	212	220	225	232	237	241
17	165	178	187	194	202	206	215	218	230
18	170	183	198	211	217	222	228	233	242
19	169	175	184	194	200	210	216	222	226
20	168	180	190	199	208	216	225	230	242
21	168	182	192	200	203	211	220	229	231
22	179	191	203	210	213	221	229	233	241
23	170	181	189	199	203	208	216	223	229
24	169	181	192	204	207	213	220	228	240
25	190	202	213	224	233	240	246	249	254
26	158	167	178	189	196	200	214	219	228
27	186	200	209	222	232	239	249	255	267
28	174	185	194	200	209	213	217	224	233
29	183	195	204	211	220	227	233	238	243
30	169	190	197	203	208	213	217	220	227
31	192	204	217	225	234	239	244	252	259
32	171	190	198	210	218	224	234	240	248
33	182	189	196	199	205	212	226	233	247
34	183	201	211	218	222	224	231	236	244
35	163	173	180	185	193	203	214	220	229
36	191	200	213	223	230	240	246	251	258
SUMME	6489	6926	7289	7657	7911	8134	8408	8618	8904
SUMME *	6489	6926	7289	7657	7911	8134	8408	8618	8904
MAX.	199	215	228	237	249	260	268	271	284
MIN.	158	167	178	185	193	197	206	211	219
MITTELW.	175.38	187.19	197.00	206.95	213.81	219.84	227.24	232.92	240.65
TAG:	21	22	23	26	27	28	29	30	31
MONAT:	12	12	12	12	12	12	12	12	12

Betrachten wir als Beispiel für solchen Computerfleiß die Tabellen 4–6. Sie enthalten die Zahlenhäufigkeiten der betrachteten 3 Monate, Oktober, November und Dezember 1982. Jede einzelne Spalte ist eine Abschrift der Spalte »Zahlenhäufigkeit« aus der Permanenzentabelle eines Tages. Tag und Monat sind in den beiden untersten Zeilen der Tabelle angegeben. Tage, an denen die Spielbank geschlossen war, wurden einfach übersprungen (der 1. 11., 17. 11., 21. 11., 24. und 25. 12.). Die fortlaufende Numerierung der Spalten (oberste Zeile) interessiert nur den Rechner und seinen Programmierer. Deshalb beginnt sie auch mit 0 statt, wie gewohnt, mit 1. Uns kann sie aber gelegentlich als Hinweis dafür dienen, von welcher Spalte jeweils die Rede ist.
Damit sich diese Tabellen nicht auf das einfache Abschreiben der Spalte »Zahlenhäufigkeit« aus den Permanenzen beschränken, einschließlich der angegebenen »Sum.«, wurde die Summe jeweils neu berechnet (als Kontrolle dafür, ob die Zahlen richtig eingegeben worden sind). Ferner wurde in jeder Spalte die maximale und die minimale Häufigkeit gesucht und ausgedruckt und auch der Mittelwert der Häufigkeit berechnet.
Die Tabellen 4–6 geben dem Leser die Möglichkeit, sich ein Bild über die Verteilung der Zahlenhäufigkeiten von Spieltag zu Spieltag zu machen. Recht viel mehr ist mit ihnen allerdings nicht anzufangen. Für unsere Betrachtungen benötigen wir vielmehr Angaben über das Gesamtbild der Zahlenverteilung nach sehr vielen Spielen.
Mit dem vorliegenden Zahlenmaterial und einem geeigneten Rechnerprogramm können wir uns diese Daten bequem beschaffen. Betrachten wir dazu die Tabellen 7–9. Auf den ersten Blick scheinen sich diese Tabellen von den Tabellen 4–6 nicht zu unterscheiden. Es sind die gleichen Zeilen- und teilweise auch Spaltenbezeichnungen vorhanden, lediglich die Zeile SUMME * ist hinzugekommen. Bei näherem Hinsehen wird der Leser allerdings feststellen, daß in den Tabellen 7–9 die Zahlenwerte in den Zeilen 0–36 von Spalte zu Spalte zunehmen. Auch die SUMME und der Mittelwert nehmen stetig zu. Welche Rechenvorschrift steckt dahinter?

Ganz einfach: Während in Tabelle 4 und 7 die 1. Spalte (vom 1. 10. mit der Nr. 0) jeweils gleich ist, enthält in Tabelle 7 die Spalte 1 vom 2. 10. die Summe der Zahlenhäufigkeiten dieser beiden Tage (1. und 2. 10.). Auch die Summen (Zeile SUMME der beiden Spalten) wurden horizontal addiert. Der Leser kann es anhand der Tabelle 4 leicht nachprüfen. Die SUMME * dagegen ist die »echte« Addition (in vertikaler Richtung) aller summierten Zahlenhäufigkeiten aus der jeweiligen Spalte. Selbstverständlich müssen SUMME und SUMME * stets übereinstimmen. Es handelt sich lediglich um eine Kontrollrechnung.

Die Werte MAX. und MIN. werden dagegen nicht von Spalte zu Spalte addiert, weil ein solches Vorgehen sinnlos wäre. Vielmehr wird in jeder Spalte der Tabelle 7, 8 oder 9 die jeweils maximale und minimale Zahlenhäufigkeit gesucht und ausgedruckt. (Allerdings kann der gleiche MAX.- und MIN.-Wert für mehrere Zahlen gleichzeitig zutreffen.)

Die Zeile MITTELWERT ist wiederum gewissermaßen ein Zwitter, weil sich die darin befindlichen Werte sowohl aus der horizontalen Addition der einzelnen Spalten als auch aus der Division des Betrages SUMME oder SUMME * durch 37 ergeben. Man kann auch sagen, daß der Mittelwert der SUMME entspricht, multipliziert mit dem Faktor 1/37. Dies sollten wir uns für später merken.

An den Zeilen TAG und MONAT wurden keinerlei Rechenoperationen vorgenommen. Roulettetheoretiker oder sogenannte Roulettewissenschaftler leisten sich zwar so manches undurchsichtige Zahlenspiel, aber es dürfte wohl keiner so weit gehen, das Datum des Spieltags in sein Kalkül einzubeziehen.

Nur zur Wiederholung sei festgehalten, daß z. B. die Spalte 8 in Tabelle 7 die *Summe* der Zahlenhäufigkeiten der Spieltage 1. 10. bis einschließlich 9. 10. enthält, für jede der 37 spielbaren Zahlen getrennt addiert. Die für den 31. 10. ausgedruckte Spalte 30 schließlich enthält die Summe der Zahlenhäufigkeiten über alle 31 Spieltage des Monats Oktober 1982. Sinngemäßes gilt auch für die Tabellen 8 und 9.

Das Vertiefen in das Zahlenmaterial der Tabellen 4–9 kann dem

Leser eine Reihe von Informationen über die authentische Häufigkeitsverteilung der Roulettezahlen geben. Solche Informationen hat er bisher möglicherweise vergeblich gesucht. Ohne Zuhilfenahme moderner Computertechnik dürften nur sehr wenige Autoren diese langwierige Rechenarbeit auf sich genommen haben. Aber wir sind noch nicht am Ende.
Am Anfang dieses Kapitels haben wir den Vorsatz gefaßt, möglichst große Zahlenmengen zu betrachten, zum Beispiel die eines ganzen Vierteljahrs. Da wir aber andererseits dem Leser keineswegs zumuten wollen, nunmehr die Werte aus den Tabellen 7, 8 und 9 weiterzubearbeiten, müssen wir wohl oder übel unseren Rechner auch noch bitten, die Queradditionen über den gesamten Zeitraum der betrachteten 3 Monate vorzunehmen. Das Ergebnis - seine Berechnung dauert knapp 2 Minuten - ist in Tabelle 10 dargestellt, die lediglich aus Platzgründen dreigeteilt ist. Die ersten 31 Spalten der Tabelle sind selbstverständlich mit Tabelle 7 identisch.
In der letzten Spalte der Tabelle 10 mit der Nummer 86 können wir stolz die Bilanz von 87 durchspielten Nachmittagen, Abenden und Nächten präsentieren. Die Eckwerte dieses Rechenergebnisses haben wir bereits in Tabelle 3 kennengelernt.

Tabelle 10: Summierte Zahlenhäufigkeiten von Oktober bis Dezember

	0	1	2	3	4	5	6	7	8	9	10
0	6	16	22	30	38	45	50	58	71	84	93
1	6	15	27	35	43	54	66	72	82	93	105
2	8	15	27	33	36	45	50	61	69	82	87
3	9	20	26	32	40	49	53	60	69	85	97
4	6	11	21	29	37	48	59	65	76	87	91
5	5	13	21	28	36	46	51	58	70	80	88
6	8	20	29	30	44	56	64	74	80	100	108
7	9	14	23	29	38	45	54	61	70	78	86
8	8	14	27	30	40	49	57	65	72	90	101
9	8	12	20	25	34	43	48	53	66	81	91
10	8	20	33	43	50	63	76	87	98	115	130
11	9	14	21	30	39	49	57	58	65	75	82
12	6	16	23	30	35	47	60	64	74	91	102
13	5	9	16	26	38	47	51	57	68	79	92
14	10	13	22	28	37	46	59	69	83	101	111
15	4	21	29	34	40	55	60	69	81	89	94
16	3	10	15	21	26	36	46	53	64	75	87
17	6	11	17	25	29	33	38	51	65	75	82
18	5	13	24	27	29	43	52	59	74	87	91
19	7	22	30	36	45	53	67	74	84	99	106
20	4	11	15	23	30	42	50	53	62	71	75
21	6	16	25	30	40	46	53	64	68	78	87
22	11	24	32	37	44	45	55	60	71	90	100
23	8	16	26	38	43	45	52	63	78	85	94
24	5	14	22	29	34	41	52	53	60	75	82
25	11	14	24	32	41	48	51	58	66	75	80
26	9	14	20	26	38	43	51	62	71	80	89
27	1	14	25	33	43	54	63	70	82	96	100
28	14	20	28	33	43	51	59	68	79	93	102
29	7	20	23	31	36	43	53	64	71	82	88
30	6	14	23	28	34	42	47	58	68	82	87
31	4	15	21	28	32	41	53	58	65	76	87
32	9	16	24	31	40	52	61	71	77	91	97
33	11	26	35	42	51	63	74	82	89	101	111
34	7	21	28	30	37	47	51	58	64	77	84
35	7	13	18	25	33	40	43	55	61	71	77
36	9	22	26	28	40	50	58	66	73	84	95
SUMME	265	589	888	1125	1413	1745	2044	2331	2686	3153	3459
SUMME *	265	589	888	1125	1413	1745	2044	2331	2686	3153	3459
MAX.	14	26	35	43	51	63	76	87	98	115	130
MIN.	1	9	15	21	26	33	38	51	60	71	75
MITTELW.	7.16	15.92	24.00	30.41	38.19	47.16	55.24	63.00	72.59	85.22	93.49
TAG:	1	2	3	4	5	6	7	8	9	10	11
MONAT:	10	10	10	10	10	10	10	10	10	10	10

13 12 20

	11	12	13	14	15	16	17	18	19	20
0	98	106	116	119	121	132	138	148	161	169
1	114	125	133	140	147	157	171	180	191	203
2	97	113	120	129	141	151	161	163	172	179
3	107	117	122	132	143	152	161	173	182	188
4	101	108	119	127	136	146	151	163	175	184
5	99	109	116	129	138	147	154	158	166	174
6	115	128	133	147	158	166	175	183	197	207
7	91	107	113	122	130	139	148	161	166	169
8	109	117	123	131	136	150	166	175	183	192
9	95	109	116	122	129	140	146	153	167	173
10	143	151	156	167	180	195	206	224	237	250
11	92	98	105	114	118	129	140	149	160	172
12	112	118	126	140	149	161	166	172	184	187
13	105	112	125	129	133	150	161	169	177	187
14	122	130	136	147	156	167	172	181	186	194
15	99	108	115	124	132	144	157	166	181	188
16	98	109	118	137	147	155	161	174	184	193
17	90	103	107	115	126	139	152	166	175	181
18	99	110	117	129	136	141	151	164	173	183
19	115	130	133	145	154	160	164	179	196	203
20	88	103	112	126	134	145	153	166	177	182
21	91	105	109	113	124	133	144	159	165	175
22	108	127	139	143	149	161	167	172	177	187
23	104	120	126	143	152	159	169	180	187	199
24	88	96	101	109	117	126	136	154	162	171
25	91	99	105	109	114	121	133	147	168	177
26	97	105	115	129	137	153	164	177	192	201
27	106	123	133	138	150	167	179	188	199	211
28	113	122	131	145	151	156	163	173	186	193
29	101	111	117	127	132	141	152	162	175	182
30	94	104	107	118	124	130	142	154	162	167
31	96	107	111	122	127	138	145	152	157	168
32	105	111	121	134	142	149	156	167	180	186
33	119	131	139	152	154	162	174	183	194	199
34	93	105	111	121	127	136	143	153	163	171
35	91	102	108	120	127	137	143	153	163	171
36	107	119	123	135	140	150	153	161	172	182
SUMME	3793	4198	4457	4829	5111	5485	5817	6202	6592	6898
SUMME *	3793	4198	4457	4829	5111	5485	5817	6202	6592	6898
MAX.	143	151	156	167	180	195	206	224	237	250
MIN.	88	96	101	109	114	121	133	147	157	167
MITTELW.	102.51	113.46	120.46	130.51	138.13	148.24	157.22	167.62	178.16	186.43
TAG:	12	13	14	15	16	17	18	19	20	21
MONAT:	10	10	10	10	10	10	10	10	10	10

	21	22	23	24	25	26	27	28	29	30
0	178	182	191	198	206	211	219	224	230	236
1	218	231	239	250	257	268	278	284	286	294
2	193	205	212	224	231	241	251	262	272	279
3	198	209	215	226	232	238	245	251	260	264
4	196	200	207	215	222	227	232	237	245	251
5	189	195	201	211	222	228	237	249	255	261
6	221	228	235	243	249	253	261	271	278	283
7	179	190	194	209	214	222	229	242	249	252
8	201	210	221	231	238	245	256	260	266	270
9	184	193	205	217	227	235	240	244	252	256
10	260	268	279	291	304	310	323	333	336	343
11	186	192	198	208	219	229	233	241	251	260
12	193	200	207	212	219	226	240	244	249	252
13	193	197	204	213	225	231	242	253	257	260
14	212	214	221	229	232	239	247	257	263	267
15	197	202	206	224	231	238	245	250	257	264
16	196	201	208	215	222	229	239	247	252	260
17	193	197	208	214	222	228	233	240	248	254
18	195	199	203	213	221	226	234	242	249	255
19	212	218	225	237	247	257	266	270	276	282
20	192	197	206	219	228	239	249	257	259	266
21	188	194	202	205	214	225	238	245	255	261
22	194	200	207	223	227	233	247	255	265	270
23	202	209	219	230	235	241	244	250	259	267
24	177	184	190	197	205	211	223	231	237	244
25	189	197	202	219	231	237	245	252	259	263
26	210	218	227	240	249	262	268	278	280	290
27	215	223	235	250	261	273	288	296	302	304
28	212	222	229	234	243	249	256	263	271	279
29	196	197	199	207	210	217	224	234	239	245
30	178	185	194	204	213	226	243	250	255	260
31	180	186	192	201	211	219	231	241	248	254
32	196	205	215	228	234	245	254	260	270	276
33	211	222	230	241	249	254	266	267	273	276
34	184	191	201	213	218	223	229	239	247	259
35	180	184	197	204	214	220	229	237	243	246
36	201	208	214	218	224	235	240	252	258	265
SUMME	7299	7553	7838	8213	8506	8790	9124	9408	9651	9868
SUMME *	7299	7553	7838	8213	8506	8790	9124	9408	9651	9868
MAX.	260	268	279	291	304	310	323	333	336	343
MIN.	177	182	190	197	205	211	219	224	230	236
MITTELW.	197.27	204.13	211.84	221.97	229.89	237.57	246.60	254.27	260.84	266.70
TAG:	22	23	24	25	26	27	28	29	30	31
MONAT:	10	10	10	10	10	10	10	10	10	10

	31	32	33	34	35	36	37	38	39	40
0	243	252	258	265	272	276	293	305	314	319
1	296	303	310	317	326	336	354	365	372	378
2	291	306	316	331	339	352	365	369	374	384
3	274	284	295	305	309	317	329	338	342	346
4	258	271	280	290	292	302	312	321	327	341
5	268	275	287	297	303	309	321	326	337	339
6	288	294	299	307	319	327	342	349	360	366
7	262	270	277	291	299	304	319	326	332	347
8	282	291	306	311	313	319	334	348	356	366
9	262	275	287	297	303	309	320	329	336	343
10	354	364	378	383	394	400	413	421	425	434
11	267	274	280	287	295	303	312	320	321	333
12	255	265	277	286	300	303	315	322	328	340
13	268	278	293	296	300	307	324	336	339	349
14	277	286	293	298	310	319	336	347	351	357
15	275	283	289	293	294	297	312	321	326	334
16	267	277	286	294	298	307	325	336	344	354
17	264	274	278	290	299	308	320	333	340	346
18	261	268	274	282	286	297	310	317	326	337
19	289	300	310	318	326	331	347	354	361	363
20	272	280	287	295	300	310	326	333	342	346
21	274	284	294	299	306	314	318	324	332	344
22	277	289	297	305	315	323	340	358	363	369
23	272	283	295	303	310	321	329	343	359	371
24	256	267	274	282	294	300	316	320	326	332
25	272	284	292	303	307	315	332	343	348	356
26	298	308	319	328	341	344	355	362	374	381
27	313	319	328	336	344	356	366	376	384	392
28	290	299	312	319	324	327	344	354	358	367
29	252	259	263	270	273	280	289	297	302	306
30	269	278	284	293	300	303	317	333	340	347
31	266	270	277	290	300	305	316	326	337	345
32	290	297	305	318	326	330	348	355	365	374
33	283	292	300	309	313	322	340	351	355	365
34	266	276	285	291	300	310	325	335	344	352
35	250	259	271	280	287	288	301	311	315	324
36	271	282	291	296	305	315	326	334	343	355
SUMME	10172	10516	10847	11155	11422	11686	12191	12538	12798	13102
SUMME *	10172	10516	10847	11155	11422	11686	12191	12538	12798	13102
MAX.	354	364	378	383	394	400	413	421	425	434
MIN.	243	252	258	265	272	276	289	297	302	306
MITTELW.	274.92	284.22	293.16	301.49	308.70	315.84	329.49	338.87	345.89	354.11
TAG:	2	3	4	5	6	7	8	9	10	11
MONAT:	11	11	11	11	11	11	11	11	11	11

	41	42	43	44	45	46	47	48	49	50
0	326	335	346	360	371	376	385	395	403	407
1	395	401	408	415	419	421	429	435	445	459
2	399	406	410	423	437	443	450	455	461	470
3	357	365	369	377	381	386	394	402	410	418
4	350	360	366	378	386	391	397	403	412	421
5	348	351	361	367	379	385	394	398	402	414
6	378	379	387	395	401	403	412	414	421	432
7	356	362	369	375	381	390	396	398	405	412
8	384	389	395	401	406	408	416	425	435	444
9	352	364	369	381	391	394	403	409	415	427
10	445	452	456	467	475	478	484	487	494	512
11	339	350	354	361	371	377	382	389	400	406
12	352	358	363	370	375	383	385	390	396	412
13	358	363	374	384	387	393	398	403	409	419
14	370	377	382	390	401	404	407	417	433	438
15	346	351	359	369	371	380	385	390	395	407
16	366	375	378	387	393	398	409	414	423	433
17	358	361	368	379	389	396	404	408	419	424
18	350	352	356	363	369	375	378	388	399	404
19	374	381	386	394	405	408	412	419	428	436
20	356	363	370	379	383	388	395	398	402	410
21	351	364	371	378	385	389	394	403	416	425
22	389	395	403	414	425	429	432	440	449	457
23	381	386	389	404	409	411	415	421	431	437
24	340	346	352	364	371	378	384	391	401	411
25	364	373	382	393	401	401	406	414	419	428
26	391	398	403	416	422	429	434	438	448	458
27	399	407	412	421	429	435	442	447	451	458
28	375	384	394	403	408	411	421	425	435	443
29	315	318	322	334	349	350	357	362	371	382
30	360	364	370	377	388	390	395	401	405	412
31	359	362	368	375	383	387	393	400	409	423
32	382	389	398	409	417	423	431	439	452	466
33	372	383	388	391	396	399	408	413	422	433
34	365	373	382	383	388	393	399	406	413	425
35	333	338	346	357	365	370	373	380	389	393
36	362	371	380	390	395	401	403	407	412	420
SUMME	13497	13746	13986	14324	14602	14773	15002	15224	15530	15876
SUMME *	13497	13746	13986	14324	14602	14773	15002	15224	15530	15876
MAX.	445	452	456	467	475	478	484	487	494	512
MIN.	315	318	322	334	349	350	357	362	371	382
MITTELW.	364.78	371.51	378.00	387.14	394.65	399.27	405.46	411.46	419.73	429.08
TAG:	12	13	14	15	16	18	19	20	22	23
MONAT:	11	11	11	11	11	11	11	11	11	11

	51	52	53	54	55	56	57
0	416	421	427	437	444	454	460
1	472	479	481	493	500	510	516
2	480	490	495	502	508	514	526
3	426	429	435	443	449	462	467
4	425	431	439	446	451	461	469
5	421	431	439	451	457	462	471
6	439	450	454	464	470	480	495
7	418	425	433	441	444	455	463
8	450	456	459	462	465	473	478
9	433	441	449	453	460	467	471
10	519	530	537	543	548	556	559
11	411	420	426	436	442	451	455
12	418	426	435	447	453	459	470
13	425	432	444	455	459	468	477
14	451	458	470	478	487	496	505
15	422	431	440	446	451	455	466
16	438	447	452	456	469	475	482
17	430	444	455	467	472	475	482
18	409	417	425	432	443	450	452
19	442	444	448	457	461	471	477
20	417	424	428	439	443	450	459
21	434	441	445	459	464	471	474
22	465	474	481	488	495	501	512
23	439	447	456	464	471	476	484
24	418	425	437	439	444	448	456
25	440	451	455	463	466	475	483
26	466	470	477	488	495	506	509
27	463	474	484	490	493	497	499
28	449	460	471	478	487	496	506
29	386	394	402	410	412	420	426
30	416	421	430	439	443	448	453
31	430	438	446	459	464	476	479
32	473	478	489	494	499	505	515
33	444	452	460	468	471	482	490
34	427	432	438	445	449	462	469
35	403	412	418	431	438	445	451
36	427	433	444	448	453	458	467
SUMME	16142	16428	16704	17011	17220	17510	17773
SUMME *	16142	16428	16704	17011	17220	17510	17773
MAX.	519	530	537	543	548	556	559
MIN.	386	394	402	410	412	420	426
MITTELW.	436.27	444.00	451.46	459.76	465.41	473.24	480.35
TAG:	24	25	26	27	28	29	30
MONAT:	11	11	11	11	11	11	11

	58	59	60	61	62	63	64	65	66	67	68
0	467	487	494	501	506	520	533	540	552	561	567
1	523	533	546	552	558	579	592	601	612	620	624
2	532	547	552	561	569	589	595	603	609	613	624
3	476	486	495	505	508	515	521	528	542	552	559
4	475	487	496	502	513	523	530	543	552	557	566
5	474	485	490	496	506	514	523	528	533	543	550
6	500	511	521	529	534	545	551	562	567	576	580
7	471	486	499	505	510	512	525	537	546	550	559
8	487	496	509	518	526	538	545	551	559	564	569
9	479	489	498	502	507	527	537	548	556	561	566
10	567	578	590	598	604	611	615	619	628	635	642
11	461	468	480	484	495	506	516	520	528	537	545
12	475	488	493	501	505	516	527	540	551	554	563
13	485	491	501	507	513	527	534	541	550	557	564
14	509	519	526	538	546	560	566	577	584	584	596
15	471	486	492	501	508	518	524	528	541	546	553
16	489	499	508	517	520	529	539	545	556	561	565
17	488	497	501	504	506	516	526	537	544	548	553
18	461	473	477	482	485	494	506	519	529	532	540
19	487	494	504	511	524	534	537	547	557	562	568
20	461	470	474	482	488	498	505	516	522	526	527
21	486	494	505	512	519	530	538	547	551	554	565
22	516	524	533	539	547	560	569	577	584	594	600
23	490	501	507	519	527	541	551	557	569	579	583
24	462	472	488	495	504	514	519	529	534	536	542
25	490	500	504	514	523	538	546	554	567	570	576
26	515	526	537	544	549	557	567	573	580	583	589
27	505	519	523	534	544	557	561	573	578	587	592
28	518	524	534	542	549	560	568	575	583	585	591
29	432	447	454	464	471	483	497	508	514	519	527
30	457	469	477	484	492	500	510	520	528	529	532
31	489	501	510	516	520	527	541	548	561	568	575
32	521	536	546	555	561	566	577	585	592	595	603
33	497	505	512	522	529	542	549	555	562	570	578
34	478	489	500	505	516	524	535	540	546	554	560
35	459	470	475	485	490	498	513	523	527	536	542
36	474	490	503	512	519	528	538	553	562	566	575
SUMME	18027	18437	18754	19038	19291	19696	20026	20347	20656	20864	21110
SUMME *	18027	18437	18754	19038	19291	19696	20026	20347	20656	20864	21110
MAX.	567	578	590	598	604	611	615	619	628	635	642
MIN.	432	447	454	464	471	483	497	508	514	519	527
MITTELW.	487.22	498.30	506.87	514.54	521.38	532.32	541.24	549.92	558.27	563.89	570.54
TAG:	1	2	3	4	5	6	7	8	9	10	11
MONAT:	12	12	12	12	12	12	12	12	12	12	12

	69	70	71	72	73	74	75	76	77	78
0	577	591	597	606	613	618	635	641	653	659
1	636	645	653	665	677	683	690	697	703	713
2	637	646	656	662	671	676	682	691	702	711
3	565	569	577	584	600	603	613	619	627	637
4	575	583	593	600	612	616	632	635	641	647
5	554	562	573	580	597	604	616	622	635	644
6	596	605	610	619	625	627	639	651	659	665
7	569	574	577	582	596	604	613	619	630	638
8	580	589	599	602	609	612	621	631	642	646
9	576	578	589	596	611	614	618	625	631	640
10	649	653	663	673	686	689	696	702	720	727
11	551	558	565	570	572	582	592	604	612	619
12	567	575	586	593	603	612	621	629	639	647
13	577	586	594	600	611	614	620	626	640	651
14	603	610	623	631	640	644	655	660	669	677
15	566	576	582	589	601	608	615	619	630	640
16	573	581	591	601	610	619	631	640	652	658
17	568	578	589	591	602	607	617	625	631	647
18	551	558	576	582	591	598	606	611	614	622
19	579	586	596	599	609	613	621	632	641	646
20	540	547	563	572	587	592	599	606	615	627
21	573	580	588	593	602	607	618	625	635	642
22	615	621	626	631	640	644	657	664	683	691
23	591	595	602	608	619	622	633	641	649	654
24	550	563	567	575	583	588	598	606	617	625
25	586	596	605	613	619	629	640	651	665	673
26	596	605	609	617	628	636	644	647	658	667
27	603	614	623	627	644	652	661	666	679	685
28	601	609	617	625	638	643	657	665	671	680
29	536	541	557	561	574	578	589	594	600	609
30	541	550	556	568	580	589	602	609	615	622
31	587	595	602	610	627	633	643	654	661	671
32	611	615	625	634	645	654	661	668	679	686
33	590	601	609	613	631	638	647	653	666	672
34	570	581	588	596	612	617	629	638	643	652
35	547	557	561	572	582	590	597	602	610	614
36	588	593	607	615	627	632	639	645	649	658
SUMME	21474	21766	22094	22355	22774	22987	23347	23613	23966	24262
SUMME *	21474	21766	22094	22355	22774	22987	23347	23613	23966	24262
MAX.	649	653	663	673	686	689	696	702	720	727
MIN.	536	541	556	561	572	578	589	594	600	609
MITTELW.	580.38	588.27	597.14	604.19	615.51	621.27	631.00	638.19	647.73	655.73
TAG:	12	13	14	15	16	17	18	19	20	21
MONAT:	12	12	12	12	12	12	12	12	12	12

	79	80	81	82	83	84	85	86
0	675	688	697	709	720	728	731	744
1	721	727	743	752	759	766	774	782
2	720	731	741	747	757	763	768	773
3	645	649	663	671	679	686	693	697
4	654	671	679	683	686	690	698	709
5	658	669	683	693	696	701	706	713
6	682	692	704	713	716	719	721	726
7	648	658	667	672	679	687	698	705
8	655	662	677	682	687	697	701	707
9	652	660	669	675	682	688	695	699
10	742	753	765	769	776	785	791	796
11	630	634	646	651	652	661	666	674
12	657	672	684	690	694	704	712	719
13	656	664	674	683	685	691	694	702
14	689	700	718	726	730	734	740	746
15	653	659	663	670	678	684	688	701
16	672	685	694	702	707	714	719	723
17	660	669	676	684	688	697	700	712
18	635	650	663	669	674	680	685	694
19	652	661	671	677	687	693	699	703
20	639	649	658	667	675	684	689	701
21	656	666	674	677	685	694	703	705
22	703	715	722	725	733	741	745	753
23	665	673	683	687	692	700	707	713
24	637	648	660	663	669	676	684	696
25	685	696	707	716	723	729	732	737
26	676	687	698	705	709	723	728	737
27	699	708	721	731	738	748	754	766
28	691	700	706	715	719	723	730	739
29	621	630	637	646	653	659	664	669
30	643	650	656	661	666	670	673	680
31	683	696	704	713	718	723	731	738
32	705	713	725	733	739	749	755	763
33	679	686	689	695	702	716	723	737
34	670	680	687	691	693	700	705	713
35	624	631	636	644	654	665	671	680
36	667	680	690	697	707	713	718	725
SUMME	24699	25062	25430	25684	25907	26181	26391	26677
SUMME *	24699	25062	25430	25684	25907	26181	26391	26677
MAX.	742	753	765	769	776	785	791	796
MIN.	621	630	636	644	652	659	664	669
MITTELW.	667.54	677.35	687.30	694.16	700.19	707.59	713.27	721.00
TAG:	22	23	26	27	28	29	30	31
MONAT:	12	12	12	12	12	12	12	12

5. Ein Bild sagt mehr als tausend Worte

Tabellen sind gut und schön, aber sehr übersichtlich und anschaulich sind sie nicht. Deshalb ist es allenthalben üblich, Zahlenwerte grafisch darzustellen, zum Beispiel in einem sogenannten Koordinatensystem. Wer sich noch an die entsprechenden Übungen im mathematischen und naturwissenschaftlichen Unterricht erinnert, wird jetzt möglicherweise leise aufstöhnen oder aber in sich hineinlächeln, je nach Art seiner damaligen Neigungen und Erfolge. Aber getrost: Hier wird kein hoher Anspruch an das mathematisch konstruktive Mitdenken des Lesers gestellt; er braucht unseren Ausführungen nur wohlwollend zu folgen.

Unser Bild 5.1 ist nichts anderes als die grafische Darstellung der Tabelle 7 aus dem vorangegangenen Kapitel. Von den einzelnen Spieltagen des Monats Oktober wurden aber nur die SUMME, der MITTELWERT und die Werte MIN. und MAX. aus dieser Tabelle berücksichtigt und dargestellt. Auf der horizontalen Achse (x-Achse) sind die Werte SUMME aufgetragen, über diesen, im Maßstab der vertikalen oder y-Achse, die zugehörigen Beträge von MAX., MIN. und die des MITTELWERTes. Die Grafik umfaßt, ebenso wie die Tabelle 7, die Daten von 31 Spieltagen.

In Bild 5.1 fällt wohl zunächst auf, daß die Mittelwerte exakt auf einer geraden Linie liegen, die durch den Koordinatenursprung

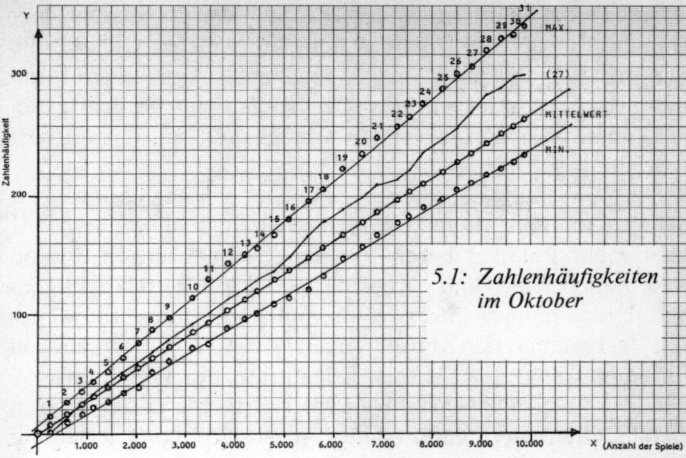

5.1: Zahlenhäufigkeiten im Oktober

oder den gemeinsamen Nullpunkt beider Achsen führt. Das ist wohl auch verständlich, denn einige Seiten vorher haben wir festgestellt, daß der MITTELWERT nichts anderes ist als die SUMME, malgenommen mit dem Faktor 1/37. (Wer es noch nicht vergessen hat, weiß, daß die Gleichung einer Geraden im Koordinatensystem x, y, die Form $y = ax + b$ hat. In unserem Fall hat a den Wert $1/37 = 0{,}027027$ und b den Wert 0, weil die Gerade durch den Nullpunkt geht.)

Eine ausmittelnde Gerade

Bei den Werten MAX. und MIN. sieht die Lage dagegen anders aus. Hier läßt sich keine Gerade ziehen, auf der alle MAX.- bzw. MIN.-Punkte liegen würden. Ersatzweise könnte man vielleicht eine Linie so legen, daß sie sich allen vorhandenen Punkten bestmöglich anpaßt. Mit Augenmaß ist eine solche »ausmittelnde Gerade« mehr oder weniger gut zu finden, aber es gibt auch ein exaktes mathematisches Verfahren zur Lösung dieses Problems, die sogenannte *Methode der kleinsten Quadrate*, entwickelt von Gauß. Die Methode liefert die Gleichung einer Geraden (in der Form $y = ax + b$), für welche (Gerade) die Summe aller Abstände von den gegebenen Punkten ein Minimum ist. Anders ausgedrückt: Die Gesamtheit aller betrachteten Punkte ist an die Gerade in bestmöglicher Weise angenähert (oder umgekehrt).

Um die Gleichung der soeben besprochenen »Regressionsgeraden« auf mathematischem Weg zu erhalten, ist allerdings bei 31 oder mehr Punkten bereits ein erheblicher Rechenaufwand erforderlich. Die x- und y-Koordinaten aller zu berücksichtigenden Punkte müssen quadriert, multipliziert, addiert und weiteren Rechenoperationen unterzogen werden (ein Leckerbissen für einen Computer). Mit der Erläuterung des Verfahrens soll der Leser hier nicht behelligt werden. Möchte er dennoch in Details eindringen, dann steht ihm einschlägige Literatur in reicher Auswahl zur Verfügung.

Wir wollen uns hier mit der Feststellung begnügen, daß uns die Regressionsrechnungen für die beiden Geraden, die allen MAX.- bzw. MIN.-Punkten aus Tabelle 7 bzw. aus Bild 5.1 bestmöglich angenähert sind, die Gleichungen

$$y_{Max.} = 0{,}0348x + 4{,}82$$

und

$$y_{Min.} = 0{,}0249x - 8{,}50$$

liefern. Die durch diese Gleichungen definierten Geraden sind in Bild 5.1 eingetragen. Die »konstanten Glieder« vom Betrag + 4,82 bzw. –8,50 in den beiden Gleichungen bedeuten, daß die Geraden bei den entsprechenden Werten die y-Achse schneiden. (Da für die y-Achse x den Wert Null hat, wird auch das Glied 0,0348x bzw. 0,0249x zu Null.) Die Faktoren von x, nämlich 0,0348 und 0,0249, geben die Steigung oder Steilheit der jeweiligen Geraden an und damit auch ihre Höhenänderung über einem gegebenen Abschnitt der x-Achse. Nehmen wir zum Beispiel - der einfachen Rechnung wegen - den x-Achsen-Abschnitt von 0 bis zu 10000 (Spielen), dann ergibt sich für die Max.-Gerade ein y-Wert (Häufigkeit) von

$$\begin{aligned} y_{10000} &= 10000 * 0{,}0348 + 4{,}82 \\ &= 348 + 4{,}82 \\ &= 352{,}82. \end{aligned}$$

Anmerkung: Um Verwechslungen mit dem Buchstaben x zu vermeiden, wird das »Malzeichen« als »*« geschrieben.

Die Steigung allein ergibt eine »Höhendifferenz« von 348 Einheiten; der Wert 4,82 entspricht einer Parallelverschiebung der Geraden um 4,82 Einheiten nach oben.
Für die Min.-Gerade folgt auf gleiche Weise

$$y_{10000} = 240{,}50$$

In Bild 5.1 sieht man deutlich, daß sich die berechneten Geraden den (gemäß den Permanenzen) eingetragenen Punkten recht gut anpassen. Um für die Güte dieser Anpassung auch einen objektiven Maßstab zu haben, ließen wir uns vom Computer (auf ähnlich umständliche Weise wie bei der Geradengleichung) einen sogenannten Korrelationskoeffizienten K.K. berechnen. Er beträgt bei der Max.-Geraden 0,999625 und bei der Min.-Geraden 0,999365. Die Übereinstimmung der Geraden mit der zugehörigen »Punktwolke« (ein wirklich gebräuchlicher Fachausdruck) ist folglich in beiden Fällen sehr gut. Seinen Höchstwert von 1,0 erreicht der Korrelationskoeffizient nämlich nur dann, wenn alle betrachteten Punkte von vornherein exakt auf einer Geraden liegen – die dann selbstverständlich mit der Regressionsgeraden identisch ist.

Die Legende vom perfekten Ausgleich zerbröckelt

Diese beiden Geraden enthüllen uns nun eine unerwartete Tatsache: Im Gegensatz zu allen genährten Hoffnungen und Erwartungen geht die Streuung der Werte – der Unterschied zwischen den geringsten und höchsten Häufigkeiten – mit zunehmender Zahl der Spiele *nicht* gegen 0. Die Geraden MAX.

und MIN. müßten sich dann nämlich der Mittelwert-Geraden nähern und sie schließlich erreichen. In Wirklichkeit nimmt aber der Abstand von ihr stetig zu. Wo bleibt da der versprochene Ausgleich?
Wir werden auf diese Frage zurückkommen. Im Augenblick jedenfalls sehen wir unsere Hoffnungen auf eine gleichmäßige Verteilung der Zahlen, sofern man genügend viele Versuche abwartet, bitter enttäuscht. Dies könnte aber auch ein böser Zufall sein.
Etwas mehr Vertrauen in eine erwartete oder erhoffte Gesetzmäßigkeit gewinnen wir sicherlich, wenn wir auf ähnliche Weise auch die Permanenzen der Monate November und Dezember auswerten. Dies haben wir selbstverständlich auch getan. Die Mühe, alle MAX.- und MIN.-Punkte in das Koordinatensystem einzutragen, haben wir uns allerdings in diesem Fall gespart und uns nur die entsprechenden Regressionsgeraden und Korrelationskoeffizienten ausrechnen lassen. Sie lauten

für den November: $y_{\text{Max.}} = 0{,}030 \times + 11{,}36$
$y_{\text{Min.}} = 0{,}0241 \times - 11{,}11$
K.K. $= 0{,}9970$

für den Dezember: $y_{\text{Max.}} = 0{,}031 \times + 4{,}62$
$y_{\text{Min.}} = 0{,}025 \times - 11{,}65$
K.K. $= 0{,}9995$

Der Leser, der die Übereinstimmung der Geraden mit den Punktwolken greifbar vor Augen haben möchte, kann sich mit Hilfe von Millimeterpapier, Bleistift und Lineal gern ein Stündchen mit dieser Darstellung vergnügen. Das Material liefern ihm die Tabellen 8 und 9.
In Bild 5.2 sind alle 6 Regressionsgeraden für die Monate Oktober bis Dezember eingetragen und mit Max.10 (für den 10. Monat), Min.10 usw. gekennzeichnet. Allerdings wurde diesmal ein anderer Maßstab gewählt als in Bild 5.1, um auch noch für zwei weitere Regressionsgeraden Platz zu haben, nämlich Max. 0 und Min. 0. Diese Geraden wurden – wie könnte es

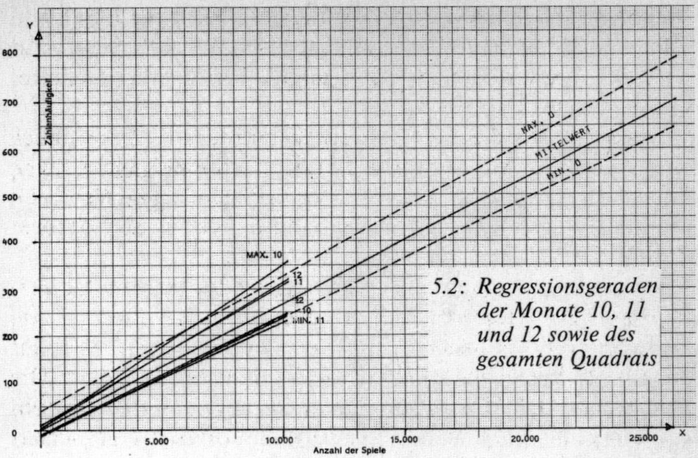

5.2: Regressionsgeraden der Monate 10, 11 und 12 sowie des gesamten Quadrats

anders sein – als Annäherung an sämtliche 87 MAX.- bzw. MIN.-Punkte aus Tabelle 10 berechnet und dargestellt. Sie »erfassen«, wenn man so will, das gesamte letzte Quartal 1982. Nur interessehalber sollen ihre Gleichungen und Korrelationskoeffizienten angegeben werden:

$$y_{Max.0} = 0{,}0289345 \times + 39{,}47$$
$$K.K. = 0{,}997546$$
$$y_{Min.0} = 0{,}0254103 \times - 14{,}81$$
$$K.K. = 0{,}999302$$

Anmerkung: Jeweils so viele Stellen nach dem Komma werden angegeben, wie für die Genauigkeit der jeweiligen Darstellung angemessen sind.

Nach diesen Gleichungen können wir die (theoretisch) maximalen und minimalen Häufigkeitswerte für jede Anzahl von Spielen ausrechnen. (Allerdings nur annähernd, weil unsere Werte nicht exakt auf diesen Geraden lagen bzw. liegen und die Regressionsgeraden für jeden Monat oder jeden sonstigen Zeitraum einen etwas anderen Verlauf zeigen.)

Trotzdem ein Beispiel: Wie groß sind die maximale und die minimale Zahlenhäufigkeit nach genau 7900 Spielen? (So viele erreicht nämlich auch der spielschwächste der betrachteten Monate, der Dezember.) Unsere 1. Gleichung ergibt

$$y_{Max.} = 0{,}0289345 * 7900 + 39{,}47 = 268{,}3$$

Für die geringste Häufigkeit erhalten wir

$$y_{Min.} = 0{,}0254103 * 7900 - 14{,}81 = 185{,}9$$

Der Vergleich mit den tatsächlichen Werten (Tabelle 3) zeigt, daß unsere Rechnung so falsch nicht sein kann.
Das gibt uns den Mut zu einem etwas gewagteren Experiment: Uns liegen die Zahlen eines Spielkasinos vor, das 12 Jahre lang die Spielverläufe aufgezeichnet hat. Dabei wurden für einen Tisch die Ergebnisse von insgesamt 1980407 Spielen notiert. Nebenher wurde unter anderem festgestellt, welche Zahl am häufigsten gefallen ist und wie oft. Die gleiche Ermittlung wurde auch für die geringste Zahlenhäufigkeit durchgeführt. Wenn wir nun behaupten, daß unsere Formeln für die Min.- und Max.-Geraden stichhaltig sind, dann müßten wir, als Beweis für unsere Hypothese, in der Lage sein, für die »Summe« 1980407 die entsprechenden MAX.-MIN.-Werte zu berechnen, und diese müßten mit einiger Genauigkeit den in der Praxis ermittelten Werten entsprechen. Wollen wir es wagen? Wir erhalten:

$$y_{max.} = 0{,}0289345 * 1980407 + 39{,}47 = 57341$$
$$y_{min.} = 0{,}0254103 * 1980407 - 14{,}81 = 48712$$

Die tatsächlichen Werte sind MAX. = 55131, MIN. = 52352. Der Fehler beträgt somit + 2210 bzw. –3640. Das sind ganze 4,01% bzw. 6,95%, bezogen auf den jeweils tatsächlichen Wert. Ob dieses Ergebnis gut oder schlecht ist, möge der Leser selbst beurteilen. Wir geben lediglich zu bedenken, daß wir bei dieser Rechnung eine sogenannte Extrapolation riskiert haben, ausge-

hend von den Werten von 3 Monaten, die wir auf den Zeitraum von 12 Jahren ausgedehnt haben, was einem Faktor von 1:48 entspricht. Zweifel darüber, daß hier eine Gesetzmäßigkeit vorliegt, dürften wohl kaum bestehen.
Doch berechnen wir noch die »Streubreite«, die Differenz zwischen den Werten MIN. und MAX. nach 1980407 Spielen. Sie beträgt 55131 – 52352 = 2779. Bezogen auf den Mittelwert, $\frac{1980407}{37} = 53524{,}51$, beträgt die Streubreite 5,19%.
Sogleich wollen wir den entsprechenden Wert nach 3 Monaten oder 26677 Spielen kontrollieren. Hier beträgt die Streubreite 796 – 669 = 127 oder, bezogen auf den Mittelwert 721, immerhin 13,87%.
Und wie sieht es nach nur einem Spielmonat aus? Bei 9868 Spielen, einem Mittelwert von 266,7 und einer Streubreite von 343 – 236 = 107 ergeben sich beträchtliche 40,12%. Aha, sagen wir, da ist er endlich, der Ausgleich nach sehr vielen Spielen! Er existiert aber nur als ein relativer, also bezogener Wert, während die absolute Differenz zwischen der maximalen und der minimalen Zahlenhäufigkeit mit zunehmender Zahl der betrachteten Spiele langsam, aber sicher wächst. Das also war des Pudels Kern!

Nach dieser neugewonnenen Erkenntnis wollen wir uns noch ein wenig mit den Bildern 5.1 und 5.2 beschäftigen und uns auch eine kleine Spekulation gestatten.
Zuerst zu Bild 5.1: Dem Leser ist wahrscheinlich eine krumme Linie aufgefallen, die bisher nicht erklärt worden ist. Sie ist mit (27) bezeichnet, weil sie den Häufigkeitsverlauf der Zahl 27 verfolgt, die am Ende des 1. Spieltags (1. 10.) mit der geringsten Zahlenhäufigkeit aufzuwarten hatte. Sie fiel an diesem Tag nur ein einziges Mal. Im Verlauf der nächsten Tage hat sie sich aber erholt und rangiert ab dem 3. Spieltag deutlich oberhalb der Mittelwertlinie.
Selbstverständlich könnte man für alle 37 Roulettenummern entsprechende Kurven – eigentlich sind es Polygonzüge – zeichnen, nur würde das Streuband zwischen den Geraden Min. und

Max. oder genauer zwischen den eingetragenen MIN.- und MAX.-Punkten dann starke Ähnlichkeit mit einem Schnittmusterbogen annehmen. Wer es dennoch probieren möchte – ein entsprechend vergrößerter Maßstab sei dringend empfohlen –, dem ist die Möglichkeit mit dem Zahlenmaterial der Tabellen 7–9 bzw. 10 gegeben.

An dieser Stelle sei aber ausdrücklich betont, daß die Darstellung nur die recht grobe »Auflösung« von jeweils 1 Spieltag hat. Eine Figur zu zeichnen, die den Häufigkeitsverlauf von Spiel zu Spiel berücksichtigt, wäre im Rahmen praktischer Gegebenheiten sehr aufwendig. Nur ein Rechner mit einem automatischen Zeichengerät, einem sogenannten Plotter, könnte ein solches Bild in annehmbarer Zeit zu Papier bringen.

Vielen Lesern ist vermutlich auch aufgefallen, daß das in Bild 5.1 durch die Geraden MAX. und MIN. begrenzte Streuband – fast wäre man geneigt, es als die »Einflugschneise der Roulettekugel« zu bezeichnen – von der Mittelwert-Geraden nicht symmetrisch geteilt wird. Das obere Band ist vielmehr breiter als das untere. Es bedeutet, daß höhere Häufigkeitswerte stärker vertreten sind als niedrigere. Diese Frage wird uns in den folgenden Kapiteln noch beschäftigen.

Bei Betrachtung der Grenzgeraden MIN. für den Monat Oktober (Bild 5.1) fällt ferner auf, daß sie die x-Achse bei etwa 300 (Spielen) schneidet. (Rechnerisch liegt der Schnittpunkt bei 341,36.) Diese Tatsache zeigt, daß (theoretisch und nur auf diese spezielle MIN.-Gerade bezogen) erst nach 342 Spielen alle Zahlen mindestens einmal gefallen sind. Andere fielen bis dahin entsprechend der Geraden MAX. bis zu 17mal, im Mittel immerhin 9,22mal. Die vorhin untersuchte Streubreite beträgt an dieser Stelle übrigens rechnerisch 16,7 oder 181% des Mittelwerts! Die oben erwähnte Zahl 27 ist am 1. 10. 82 tatsächlich erst im 257. Spiel gefallen; folglich liegt auch hier eine gewisse Regel- oder Gesetzmäßigkeit des Zufalls vor.

Ein Gedankenexperiment

Stellen wir uns vor, daß die maximalen und minimalen Zahlenhäufigkeiten aufeinanderfolgender Spiele exakt nach den für den Oktober berechneten Gleichungen verlaufen und daß wir in Bild 5.1 die Stelle suchen, bei der die Streubreite genau 36 beträgt. Man kann diesen Punkt auch mit einem Lineal ausmessen. Rechnerisch liegt er bei 2291 Spielen mit einer maximalen Häufigkeit von aufgerundet 85 und einer minimalen Häufigkeit von aufgerundet 49.

Da wir das Gedankenexperiment aber mit einer authentischen Häufigkeitsverteilung fortsetzen wollen, müssen wir den Punkt suchen, bei dem tatsächlich eine Streubreite von 37 vorliegt. Wir finden ihn in den Permanenzen vom 7. 10. 82 nach dem 200. Spiel bzw. dem insgesamt 1945. Spiel des Monats Oktober. Die 10 als häufigste Zahl ist dann insgesamt 72mal, die 17 als seltenste Zahl 36mal gefallen. Die Streubreite beträgt 72 – 36 = 36, da aber beide »Extremhäufigkeiten«, die 36 und die 72, mitzählen, haben wir den gesuchten Streubereich von 37.

Nun können wir wieder unsere 37 Glasröhren oder »Geldbarometer« mit der Numerierung 0–36 zur Hand nehmen und sie entsprechend den vorliegenden Zahlenhäufigkeiten mit Münzen füllen, ähnlich wie schon geübt. Wir werden dann ein Bild entsprechend nachstehender Tabelle 11 erhalten:

Tabelle 11

Rohr Nr.:	0	1	2	3	4	5	6	7	8	9	10
Münzen	47	63	48	51	56	51	60	52	55	45	72
Rohr Nr.	11	12	13	14	15	16	17	18	19	20	21
Münzen	54	56	50	56	57	44	36	48	60	45	51
Rohr Nr.	22	23	24	25	26	27	28	29	30	31	32
Münzen	51	49	51	50	49	60	56	50	47	48	60
Rohr Nr.	33	34	35	36							
Münzen	71	49	42	55							

Nach den »Füllständen« geordnet, würden die Geldsäulen folgendes Bild ergeben:

Tabelle 12

Füllstand:	Röhre Nr.:	Röhren insges.:
36	17	1
42	35	1
44	16	1
45	9, 20	2
47	0, 30	2
48	2, 18, 31	3
49	23, 26, 34	3
50	13, 25, 29	3
51	3, 5, 21, 22, 24	5
52	7	1
55	8, 11, 36	3
56	4, 12, 14, 28	4
57	15	1
60	6, 19, 27, 32	4
63	1	1
71	33	1
72	10	1
17mal	unterschiedlich	37

Dieses Ergebnis zeigt einige mehr oder weniger überraschende Fakten. Gewiß, niemand hat erwartet, daß sich die 1945 Münzen, die wir zum Zählen der Spiele verwenden, gleichmäßig auf die 37 Röhren verteilen, etwa derart, daß jede Röhre $\frac{1}{37} \times 1945 = 52{,}57$, also 52 oder 53 Münzen enthält. Eine gewisse Konzentration um den Mittelwert 52,57 mit Abfall nach den Randbereichen mit ihren Extremwerten 72 und 36 hin wäre also durchaus natürlich erschienen, ähnlich, wie sie auch bei der Gauß-Verteilung im Galtonschen Brett (Kapitel 4) vorliegt.
In der Tat gibt es auch die meisten Röhren, fünf an der Zahl, die

den Füllstand 51 aufweisen bzw. die Zahlenhäufigkeit 51 signalisieren. Diese Häufigkeit tritt mit guter Annäherung an den zuvor errechneten Mittelwert 52,57 auf.
Berechnen wir zum Vergleich die Mitte des Streubereichs, die sich als die Zahlenhäufigkeit 54 ergibt, dann ist die Übereinstimmung zwar nicht mehr ganz so gut, aber immerhin noch gut genug. Eigenartig ist, daß die an sich zentralen Zahlenhäufigkeiten 53 und 54 überhaupt nicht erscheinen und die Häufigkeit 52 nur mit einer Röhre vertreten ist.
Von den 37 möglichen Zahlenhäufigkeiten, die in dem gewählten Streubereich mit der Breite 37 liegen, sind überhaupt nur 17 vertreten, weniger als die Hälfte! Es fehlen die 37–41, die 43, 46, 53, 54, 58, 59, 61, 62 und 64–70. Gewiß, nachdem nur 37 Zahlen (des Roulettes) und ebenso viele Häufigkeiten zur Verfügung stehen, viele Häufigkeiten aber mit 2, 3, 4 und sogar 5 Zahlen besetzt sind, bleiben für die übrigen Häufigkeiten keine Zahlen mehr.
Diesen etwas schwerverdaulichen Sachverhalt wollen wir uns wieder mit Hilfe unserer großen, aus 37 Glasröhren bestehenden Panflöte anschaulich machen. Dazu numerieren wir die Röhren um. Sie heißen jetzt nicht mehr 0–36, sondern 36 (geringste Häufigkeit) bis 72 (höchste Häufigkeit). Ferner besorgen wir uns 37 Bälle mit den Nummern 0–36, wie wir sie von den Lottoziehungen her kennen, und legen sie entsprechend der Tabelle 12 in die 37 Röhren. Bild 5.3 zeigt schematisch das Ergebnis. Betrachten wir es einmal näher.
Das Feld 42–63 (21 Röhren) erscheint als einigermaßen geschlossen, auch wenn da und dort Lücken und unterdurchschnittlich »magere« Besetzungen vorliegen. In ihm sind 34 von den insgesamt 37 möglichen Roulettezahlen vertreten, also etwa 92%. Die 17 (Röhre 36), die 33 und die 10 (Röhren 71, 72) liegen als »Ausreißer« weit abseits. Die Verteilung der Häufigkeiten im Streubereich ist, wie man deutlich sieht, weder gleichmäßig noch geschlossen (lückenlos).
Nun gibt es bestimmt auch einen Streubereich (dessen Breite selbstverständlich kleiner als 37 sein muß), bei dem es weder Lücken noch Außenseiter gibt. Nichts spricht dagegen, ihn zu suchen, wozu der Leser sich durchaus ermutigt fühlen möge.

Zahlenverteilung im Streubereich der Breite 37 (nach 1945 Spielen)

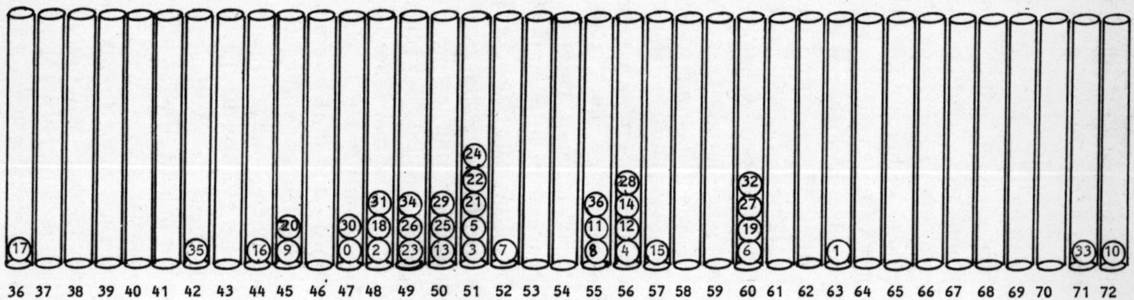

Bild 5.3

Zu diesem Zweck benötigt er allerdings die vollständigen Permanenzen der ersten 5 oder 6 Tage.
Daß bei größeren Streubereichen immer mehr Lücken auftreten müssen, ist klar. Betrachten wir doch als Extremfall das Ende des Gesamtquartals, dessen Zahlen uns als Basis für alle bisherigen Betrachtungen gedient haben. Am 31. 12. 1982 (Tabelle 10) umfaßt der Streubereich 128 Zahlenhäufigkeiten, von denen selbstverständlich auch wieder höchstens 37 besetzt sein können. In Wirklichkeit sind es nur 30, davon 3 zweifach und 2 dreifach besetzt. 98 gingen leer aus. Eine recht schüttere »Population« (ein in der Astronomie recht gebräuchlicher Begriff).
Hier zeigt sich ein weiteres Mal die Grenze zwischen Theorie und Praxis, die Tatsache, daß sich der Zufall höchstens eine sehr bequeme Zwangsjacke anlegen läßt. Obwohl die Theorie - wir werden sie bald näher erforschen - keine lückenbehafteten Wahrscheinlichkeitsverteilungen kennt, ist die Lückenhaftigkeit bei den authentischen Häufigkeitsverteilungen der Regelfall. Selbstverständlich gleicht kein Spieltag dem anderen und keine Häufigkeitsverteilung der des vorherigen Tages, Monats oder Jahres, aber an gewisse Regeln und Grenzen hält sich der Zufall durchaus, wie wir verschiedentlich gesehen haben. Allerdings bleibt ihm innerhalb dieser Grenzen ausreichender Spielraum, um uns an der Nase herumzuführen.
Zum Abschluß des Kapitels noch einige statistische Angaben aus dem mehrfach erwähnten Zeitraum von 12 Jahren:
Die Gesamtzahl der in diesem Zeitraum gelaufenen Spiele betrug, wie schon gesagt, 1980407. Dabei ist die Zahl 3 am häufigsten gefallen, nämlich 55131mal, während die 14 nur 52352mal erschienen ist. Ferner wurde notiert, daß die Verteilung auf die 3 Dutzende zwischen 640310 und 643282 lag, die auf die 3 Kolonnen zwischen 639486 und 654214. Schwarz und Rot verhalten sich wie 962201:963351, Gerade zu Ungerade wie 962546:962989 und Manque zu Passe wie 962246:963300.
Eine Auswertung dieser Angaben führt zu folgenden interessanten Resultaten: Die Division der Gesamtzahl von Spielen, nämlich 1980407, durch 37, die Anzahl der möglichen Zahlen oder Fälle, ergibt 53524,5. Diese Zahl ist der Mittelwert; so oft

müßte im Idealfall jede einzelne Nummer gefallen sein. Wir kennen aber zunächst nur die Häufigkeiten der 3 und der 14 als Höchst- bzw. Mindestwert.
Weiterhin können wir uns ausrechnen, wie oft die Null gefallen ist. Dieser Wert ergibt sich zum Beispiel aus der Differenz von 1980407 (Gesamtzahl der Spiele) und der Summe der roten und schwarzen Zahlen, nämlich 1925552 (die Null zählt weder zu Rot noch zu Schwarz und auch zu keiner der übrigen Gruppen der einfachen Chancen oder Zwölferchancen). Die Differenz beträgt 54855; so oft muß in dem betrachteten Zeitraum von 12 Jahren die Null gefallen sein.
Betrachten wir die einfachen Chancen: Bei Rot mit 963351 und Schwarz mit 962201 Gewinnen besteht eine gute Übereinstimmung. Beide Werte differieren um nur ±575 von ihrem Mittelwert (1925552 : 2 = 962776). Prozentual beträgt die Abweichung nur ±0,06%. Eine ähnliche Rechnung ergibt für die geraden und ungeraden Zahlen eine Streuung von nur ±0,023% und für die Manque- und Passezahlen eine solche von ±0,055%. Das Gleichgewicht der Chancen ist somit nahezu ideal.
Aus Gründen, die wir nicht mehr nachprüfen können, haben die Summen von Gerade + Ungerade und von Manque + Passe nicht, wie zu erwarten wäre, den gleichen Wert wie bei Rot + Schwarz (1925552). Vielmehr liegen Differenzen von 6 bzw. 17 vor, die wohl auf Additionsfehler zurückzuführen sind, bei derart großen Zahlen jedoch kaum ins Gewicht fallen und die festgestellte Gleichmäßigkeit nicht nennenswert stören können.
Bei den Zwölfergruppen, nämlich den 3 Kolonnen und den 3 Dutzenden, erhalten wir, bezogen auf den Durchschnittswert von (1925552 : 3) 641850,67, Abweichungen von 1540, 1431, 2364 und sogar 12363.
Die Symmetrie ist somit auch hier noch recht gut gewahrt, aber man sieht bereits deutlich, daß mit zunehmender Aufspaltung der Gesamtheit der 37 Zahlen in kleinere Gruppen (bei den einfachen Chancen in 2, bei den Dutzenden und Kolonnen in 3 usw.) der Einfluß der Streuung, von der hier so viel die Rede war, zunimmt, bis er bei den Einzelzahlen, dem Plein-Spiel, sein volles Ausmaß erreicht.

6. Analyse einer Spielnacht

Nach unserem Exkurs in die esoterischen Gefilde der unfaßbaren unendlichen Zahlen über die schon wesentlich realere Welt der statistischen Daten von 12 Jahren Spielbankbetrieb und die von 3 Monaten, sowohl insgesamt als auch getrennt betrachtet, gelangen wir nun zu einer Größenordnung, die für das eigentliche Spiel von Interesse ist, nämlich zu der Spanne eines Spieltags - besser einer Spielnacht.

An einem Abend - von 15 Uhr bis gewöhnlich 2, 3 oder 4 Uhr morgens - finden in einem Kasino pro Tisch etwa 440–520 Spiele statt. Diese Anzahl von Spielen bildet den äußersten Rahmen, in dem sich die Überlegungen hinsichtlich Statistik, Wahrscheinlichkeit und Gewinnchancen bewegen können.

Für den nächsten Tag muß ein neues Kalkül erstellt werden, denn die Roulettemaschinen wurden ausgetauscht, und neue Croupiers haben ihre Aufgaben übernommen, kurz: Die Konstellation aller Einflußfaktoren hat sich geändert.

Eine nahtlose Fortsetzung der Beobachtungen und Berechnungen des Vortags erscheint unter diesen Umständen als nicht gerechtfertigt, obwohl die in Kapitel 4 und 5 gewonnenen Erkenntnisse eine gewisse Kontinuität aufzeigen.

Die Annahme, daß bestimmte Zahlen, die an einem Tag besonders selten gefallen sind, schon am folgenden Tag durch um so häufigeres Erscheinen den Rückstand ausgleichen werden, steht auf sehr wackligen Beinen und ist eigentlich sinnlos. Gewiß erfolgt über längere Zeiträume ein Ausgleich, wie in den vorstehenden Kapiteln gezeigt wurde, aber wann und in welcher Form dies geschieht, ist unvorhersehbar.

Für unsere Analyse einer Spielnacht – eigentlich sind es 2 Nächte – haben wir diesmal die Zahlen vom 12. 10. und vom 28. 10. 1982 gewählt. Warum die Wahl ausgerechnet auf diese beiden Kalendertage fiel? Die Gesamtzahl der Spiele betrug in einem der Fälle 334, im anderen genau 333 oder 9 × 37. Wir werden sofort sehen, warum uns die Zahl 333 besonders angenehm ist.

Die Tabellen 13 und 14 zeigen die Folge der Gewinnzahlen an den betreffenden Tagen, entnommen den schon mehrfach erwähnten Permanenzen aus dem Kasino Baden-Baden. (Tabellen der dargestellten Form druckt der Rechner zur Kontrolle der richtigen Zahleneingabe aus.)

Tabelle 13

```
SPIELFOLGE BB1210

 12 / 35 / 18 / 4 / 10 / 21 / 2 / 3 / 27 / 30 / 36 / 16 / 31 / 21 / 2
 23 / 25 / 27 / 22 / 26 / 23 / 13 / 23 / 36 / 12 / 23 / 24 / 29 / 8 /
 / 12 / 28 / 32 / 26 / 27 / 22 / 26 // 11 / 3 / 19 / 20 / 26 / 2 / 12 /
 / 19 / 36 / 14 / 20 / 10 / 18 / 29 / 4 / 9 / 8 / 24 / 20 / 7 / 5 / 28
 11 / 3 / 31 / 5 / 35 / 29 / 29 / 20 / 8 / 19 / 23 / 11 / 10 / 17 / 33
 0 / 6 / 17 / 16 / 2 / 21 / 35 / 4 / 35 / 10 / 15 / 31 / 35 / 33 / 9 /
 18 / 8 / 22 / 14 / 7 / 22 / 23 / 7 / 16 / 7 / 20 / 17 / 20 / 2 / 5 /
 / 29 / 13 / 32 / 30 / 29 / 28 / 16 / 13 / 9 / 10 / 35 / 28 / 26 / 2 /
 / 12 / 0 / 30 / 28 / 11 / 11 / 10 / 23 / 16 / 28 / 20 / 3 / 4 / 25 /
 / 18 / 6 / 1 / 16 / 24 / 21 / 29 / 10 / 6 / 8 / 12 / 27 / 36 / 18 /
/ 5 / 5 / 3 / 13 / 16 / 28 / 35 / 31 / 12 / 2 / 29 / 15 / 36 / 14 / 6
 22 / 35 / 25 / 22 / 29 / 8 / 33 / 2 / 27 / 13 / 34 / 25 / 19 / 16 /
/ 6 / 29 / 17 / 30 / 19 / 6 / 22 / 30 / 4 / 14 / 11 / 25 / 14 / 11 /
/ 18 / 10 / 28 / 12 / 18 / 31 / 20 / 18 / 36 / 31 / 16 / 12 / 34 / 1 /
 / 5 / 33 / 20 / 13 / 1 / 10 / 34 / 17 / 3 / 29 / 17 / 15 / 36 / 27 /
 / 24 / 13 / 11 / 33 / 28 / 8 / 25 / 13 / 23 / 20 / 35 / 17 / 11 / 13
 36 / 35 / 25 / 35 / 14 / 4 / 10 / 32 / 14 / 5 / 5 / 4 / 24 / 10 / 33
 22 / 28 / 29 / 16 / 36 / 5 / 2 / 30 / 5 / 0 / 19 / 25 / 25 / 32 / 31
 1 / 17 / 15 / 5 / 34 / 36 / 14 / 34 / 7 / 3 / 24 / 32 / 13 / 23 / 35
 6 / 10 / 25 / 13 / 1 / 33 / 26 / 13 / 4 / 30 / 16 / 3 / 11 / 19 / 4 /
 19 / 35 / 35 / 1 / 36 / 36 / 32 / 10 / 4 / 14 / 14 / 34 / 26 / 9 / 33
 31 / 34 / 1 / 23 / 1 / 8 / 20 / 32 / 14 / 1 / 0 / 32 / 26 / 12 / 19 /
 28 / 3 / 34 / 20 /

INSGESAMT  334  WERTE
```

Tabelle 14

```
PIELFOLGE BB2810

30 / 10 / 24 / 11 / 10 / 5 / 5 / 30 / 10 / 14 / 22 / 28 / 33 / 32 / 30
 6 / 27 / 18 / 31 / 3 / 12 / 1 / 13 / 24 / 21 / 30 / 21 / 6 / 22 / 31 /
13 / 30 / 36 / 35 / 24 / 16 / 8 / 30 / 19 / 35 / 2 / 36 / 6 / 27 / 2 /
0 / 12 / 2 / 20 / 23 / 27 / 27 / 1 / 29 / 12 / 14 / 20 / 28 / 29 / 16 /
 / 10 / 14 / 34 / 28 / 33 / 28 / 34 / 34 / 29 / 14 / 23 / 31 / 2 / 17
 8 / 21 / 19 / 30 / 11 / 16 / 20 / 31 / 26 / 19 / 31 / 0 / 14 / 7 / 4 /
29 / 35 / 12 / 32 / 23 / 19 / 15 / 16 / 1 / 13 / 12 / 32 / 12 / 7 / 34
 24 / 35 / 17 / 18 / 5 / 25 / 13 / 7 / 7 / 12 / 30 / 27 / 13 / 4 / 12 /
 / 21 / 1 / 6 / 5 / 10 / 18 / 25 / 22 / 31 / 4 / 15 / 11 / 15 / 27 /
20 / 13 / 9 / 14 / 9 / 30 / 8 / 25 / 13 / 16 / 0 / 3 / 12 / 24 / 17 / 6
/ 33 / 30 / 27 / 13 / 33 / 21 / 28 / 8 / 22 / 27 / 15 / 33 / 35 / 22 /
5 / 5 / 26 / 14 / 22 / 24 / 1 / 15 / 2 / 25 / 27 / 21 / 9 / 19 / 33 /
22 / 5 / 26 / 0 / 26 / 24 / 20 / 13 / 32 / 8 / 28 / 0 / 1 / 33 / 31 /
24 / 32 / 18 / 32 / 13 / 2 / 8 / 21 / 18 / 25 / 28 / 3 / 25 / 3 / 1 /
19 / 12 / 24 / 32 / 22 / 17 / 17 / 27 / 4 / 0 / 33 / 30 / 16 / 21 / 10
 4 / 22 / 35 / 20 / 30 / 3 / 2 / 21 / 31 / 18 / 8 / 31 / 7 / 12 / 7 /
30 / 35 / 10 / 21 / 19 / 15 / 21 / 20 / 27 / 6 / 15 / 10 / 29 / 12 / 24
/ 2 / 1 / 10 / 9 / 30 / 8 / 16 / 21 / 18 / 3 / 32 / 36 / 31 / 8 / 16 /
33 / 0 / 21 / 30 / 7 / 10 / 16 / 25 / 20 / 20 / 2 / 5 / 34 / 2 / 27 /
31 / 5 / 22 / 35 / 33 / 22 / 22 / 6 / 16 / 18 / 19 / 9 / 11 / 10 / 32 /
33 / 3 / 19 / 22 / 26 / 36 / 13 / 0 / 31 / 25 / 14 / 8 / 30 / 26 / 10 /
24 / 6 / 27 / 27 / 33 / 20 / 12 / 10 / 22 / 29 / 13 / 8 / 27 / 34 / 12
 27 / 24 / 29 /

NSGESAMT   333   WERTE
```

Häufigkeit und Fälligkeit

Ein kleines, aber raffiniertes Rechnerprogramm wertet die Zahlenfolge eines Spieltags aus, entweder ganz oder in einem bestimmten Bereich, und liefert einen Ausdruck, wie ihn die Tabellen 15 und 16 zeigen.

In der 1. (linken) Spalte jeder Tabelle sind die Roulettezahlen von 0 bis 36 in ihrer numerischen Reihenfolge ausgedruckt, während Spalte 2 ihre Häufigkeit in dem analysierten Bereich angibt. Diese beiden Zahlenkolonnen sind identisch mit der Spalte »Zahlenhäufigkeit« aus den Permanenzen. Zum Vergleich wurde die analoge Computertabelle für den 27. 11. 1982 mit ausgedruckt (Tab. 17). Die entsprechenden Spalten für den 12. und den 28. 10. 1982 sind übrigens, mit Datum versehen, auch in Tabelle 4 wiederzufinden, ebenso die für den 27. 11. in Tabelle 5.

Was bedeuten aber die beiden anderen Spalten in den Tabellen 15–17?

Die 3. Spalte gibt an, seit wieviel Spielen die betreffende Roulettezahl nicht mehr gefallen ist. Manche Roulette-Experten spre-

Tabelle 15

ANALYSE BB1210 VON 1 BIS 334

Nr.	H	F	max. F
0	5	8	141
1	9	9	138
2	10	72	87
3	10	2	70
4	10	25	55
5	11	60	60
6	7	48	98
7	5	55	178
8	8	13	88
9	4	20	198
10	13	26	53
11	10	36	64
12	10	5	120
13	13	41	85
14	11	10	70
15	5	61	85
16	11	38	66
17	8	62	81
18	8	130	130
19	9	4	108
20	13	0	85
21	4	192	192
22	8	78	78
23	10	15	105
24	6	53	85
25	11	46	117
26	8	6	172
27	6	109	112
28	11	3	73
29	13	76	76
30	7	39	99
31	9	18	71
32	8	7	138
33	8	19	83
34	9	1	105
35	14	31	68
36	12	28	101

Tabelle 16

ANALYSE BB2810 VON 1 BIS 333

Nr.	H	F	max. F
0	8	25	58
1	10	76	76
2	10	49	99
3	7	31	126
4	5	107	107
5	9	46	102
6	8	16	98
7	7	58	123
8	11	6	65
9	5	36	137
10	13	10	98
11	4	35	164
12	14	3	67
13	12	7	106
14	8	22	141
15	7	82	96
16	10	39	77
17	5	116	116
18	8	38	90
19	9	30	82
20	10	12	53
21	13	60	60
22	14	9	99
23	3	238	238
24	12	1	70
25	8	23	110
26	6	19	119
27	16	2	64
28	7	127	127
29	7	0	161
30	16	20	68
31	12	24	64
32	9	33	86
33	12	13	85
34	6	4	177
35	8	44	63
36	4	27	224

Tabelle 17

ANALYSE BAB2711 VON 1 BIS

Nr.	H	F	max. F
0	10	2	65
1	12	5	145
2	7	59	105
3	8	45	79
4	7	92	92
5	12	38	56
6	10	19	68
7	8	13	106
8	3	22	154
9	4	52	89
10	6	17	78
11	10	11	64
12	12	10	119
13	11	0	112
14	8	42	105
15	6	54	160
16	4	32	135
17	12	49	52
18	7	48	159
19	9	46	88
20	11	27	123
21	14	39	51
22	7	103	103
23	8	29	69
24	2	4	185
25	8	14	80
26	11	66	79
27	6	100	100
28	7	107	107
29	8	3	72
30	9	25	68
31	13	6	61
32	5	41	95
33	8	89	89
34	7	58	85
35	13	7	54
36	4	55	119

chen auch von der *Fälligkeit* einer Nummer. Prüfen wir anhand der Tabelle 13 die Richtigkeit der Fälligkeiten aus Tabelle 15 einmal nach:

Als letzte Zahl des Tages fiel am 12. 10. die 20. Ihre Fälligkeit beträgt folglich 0. Davor war es die 34, ihre Fälligkeit beträgt somit 1. Stimmt es? – Auf diese Weise lassen sich alle Zahlen rückwärts weiterverfolgen, bis zu der 21 mit der Fälligkeit 192. Die 4. Spalte gibt an, welche höchste Fälligkeit jede Zahl innerhalb des Betrachtungsspielraums überhaupt erreicht hat. Bei manchen Zahlen sind die Werte in Spalte 3 und 4 gleich, bei anderen nicht, aber dann ist der Betrag in Spalte 4 stets höher. Die 9 überbietet zum Beispiel den Rekord der 21 um ganze 6 Punkte. Sie hat 198 Spiele lang ausgesetzt.

Ähnliche Kontrollen oder Vergleiche sind selbstverständlich auch zwischen Tabelle 14 und 16 bzw. Tabelle 17 und dem Bild auf Seite 43 möglich.

Analyse einer »Runde«

Da wir die Gesetzmäßigkeiten der Zahlenhäufigkeiten ergründen wollen, analysieren wir versuchsweise die ersten 37 Spiele des 12. 10. 1982, einen Bereich, in dem eigentlich jede der 37 Roulettezahlen die Chance gehabt hätte, einmal zu erscheinen. Dieser Bereich ist in Tabelle 13 durch einen doppelten Schrägstrich abgesetzt (3. Zeile, Mitte).

Wir wollen die Spanne von 37 Zahlen bzw. Spielen künftig als eine *Runde* bezeichnen. Dieser in der Roulettewelt an sich nicht gebräuchliche Ausdruck soll uns eine einfachere Sprachregelung ermöglichen. Bei dieser Gelegenheit wird der Leser auch um Verständnis gebeten, daß die gezeigten Tabellen und Diagramme vorwiegend einen senkrechten Aufbau zeigen oder um 90°, gedreht sind, im Gegensatz zu der sonst eher gewohnten horizontalen Darstellung. Die senkrechte Form ist durch die Verwendung von Druckwerken bedingt, wie sie in der Computertechnik gebräuchlich sind. Ein Umsetzen in waagerecht angeordnete Diagramme und Tabellen würde einen unverhältnismäßig hohen Programmieraufwand bedingen.

Tabelle 18 zeigt die Häufigkeiten der einzelnen Zahlen innerhalb dieser 1. Runde des 12. 10. Die Zahlen, die in dieser Runde nicht gefallen sind und folglich die Häufigkeit 0 aufweisen (Spalte 2), zeigen in Spalte 3 einheitlich die Fälligkeit 37.

Da eine derartige Tabelle aber nicht sonderlich übersichtlich ist, wurde aus Gründen, die im vorigen Kapitel erläutert worden sind, die Diagrammform gemäß Bild 6.1 gewählt. Die Länge der aus Kreuzchen gebildeten Linien gibt an, wie oft jede Zahl in der 1. Runde gefallen ist. Zum Beispiel hat eine Zahl, die zweimal gefallen ist, 2 Kreuzchen usw. Die Unregelmäßigkeit ist augenfällig. Einige Nummern sind bisher nicht gefallen, einige einmal, manche zwei- oder dreimal, die 23 sogar viermal. Die Summe der Kreuzchen muß der Anzahl der Spiele entsprechen; sie beträgt in einer Runde folglich 37.

Die Übersichtlichkeit einer Darstellung wie Bild 6.1 ist zwar nicht schlecht, jedenfalls besser, als die der Tabelle 18, aber sie ist durchaus noch verbesserungsfähig. Vor allem bieten uns die

ANALYSE BB1210 VON 1 BIS 37

Nr.	H	F	max. F
0	0	37	37
1	0	37	37
2	2	22	22
3	1	29	29
4	1	33	33
5	0	37	37
6	0	37	37
7	0	37	37
8	1	8	28
9	0	37	37
10	1	32	32
11	0	37	37
12	3	6	23
13	1	15	21
14	0	37	37
15	0	37	37
16	1	25	25
17	0	37	37
18	1	34	34
19	0	37	37
20	0	37	37
21	2	23	23
22	2	1	18
23	4	11	15
24	1	10	26
25	1	20	20
26	3	0	19
27	3	2	16
28	1	5	31
29	1	9	27
30	1	27	27
31	2	7	16
32	1	4	32
33	0	37	37
34	0	37	37
35	1	35	35
36	2	13	13

Tabelle 18

```
BB1210 1  BIS  37

0   I
1   I
2   I++
3   I+
4   I+
5   I
6   I
7   I
8   I+
9   I
10  I+
11  I
12  I+++
13  I+
14  I
15  I
16  I+
17  I
18  I+
19  I
20  I
21  I++
22  I++
23  I++++
24  I+
25  I+
26  I+++
27  I+++
28  I+
29  I+
30  I+
31  I++
32  I+
33  I
34  I
35  I+
36  I++
```

Bild 6.1

```
BB1210 1  BIS  37

0   I
1   I
5   I
6   I
7   I
9   I
11  I
14  I
15  I
17  I
19  I
20  I
33  I
34  I
3   I+
4   I+
8   I+
10  I+
13  I+
16  I+
18  I+
24  I+
25  I+
28  I+
29  I+
30  I+
32  I+
35  I+
2   I++
21  I++
22  I++
31  I++
36  I++
12  I+++
26  I+++
27  I+++
23  I++++
```

Bild 6.2

für diesen Zweck entwickelten Computerprogramme weitere Möglichkeiten, die nicht ungenutzt bleiben sollten. So kann zum Beispiel das Diagramm in Bild 6.1 so umgestellt werden, daß die Zahlen nicht in aufsteigender Reihenfolge, sondern nach ihrer Häufigkeit geordnet sind, wie in Bild 6.2 gezeigt.
Die Gruppen »nullmal«, »einmal« usw. sind ihrerseits in aufsteigender Reihenfolge der vertretenen Zahlen geordnet. Die Länge jeder Gruppe entlang der Basislinie ist einleuchtenderweise ein Maß dafür, wie viele Zahlen in dem betrachteten Zeitraum nullmal, einmal, zweimal usw. gefallen sind. Diese Tatsache wird hier, obwohl sie trivial erscheinen mag, besonders erwähnt, da sie später noch von Interesse sein wird.
Auf jeden Fall wird bei dem Häufigkeitsdiagramm eine Rechnung als Kontrolle, ob die Anzahl der Kreuzchen mit der der betrachteten Spiele übereinstimmt, wesentlich vereinfacht. Wir brauchen die Kreuzchen nicht einzeln abzuzählen, sondern können statt dessen wie folgt rechnen:

$$\begin{aligned} 14 \times 1 \text{ Kreuzchen} &= 14 \\ 5 \times 2 \text{ Kreuzchen} &= 10 \\ 3 \times 3 \text{ Kreuzchen} &= 9 \\ 1 \times 4 \text{ Kreuzchen} &= \underline{4} \\ & 37 \end{aligned}$$

(Die 14 × 0 Kreuzchen interessieren bei dieser Addition verständlicherweise nicht.)
Wenn man so will, dann berechnen wir auf diese Weise sozusagen den Flächeninhalt der einzelnen rechteckigen »Kreuzchenfelder«. Bei der Analyse von Zahlenbereichen, die größer als eine Runde sind, wird dieser Vergleich noch augenfälliger. Wir werden es bald sehen.

Ungeordnete und geordnete Häufigkeitsdiagramme

Wir wollen zwecks besserer Verständigung eine Darstellung gemäß Bild 6.1 künftig als *ungeordnetes Häufigkeitsdiagramm* und die nach Bild 6.2 als *geordnetes Häufigkeitsdiagramm* bezeichnen.

Das Häufigkeitsdiagramm für die 1. Runde des 12. 10. 1982, wie es in Bild 6.2 dargestellt ist, zeigt uns zwar, daß innerhalb der ersten 37 Spiele von den 37 möglichen Zahlen 14 einmal, 5 zweimal, 3 dreimal, 1 viermal und 14 überhaupt nicht gefallen sind bzw. ist; diese Aussage ist aber recht uninteressant, solange man nicht zeigen kann, daß sie für die Verteilung der Häufigkeiten innerhalb einer Runde charakteristisch oder typisch ist. Statistiker gebrauchen hier auch gern den Ausdruck »repräsentativ«. Es fiele uns gewiß viel leichter, an eine Gesetzmäßigkeit zu glauben, wenn die Häufigkeitsverteilung in einer anderen Runde gleich oder zumindest ähnlich aussähe. Um uns in dieser Hinsicht entgegenzukommen, hat unser fleißiger Computer die 334 Spiele des 12. 10. in 9 Runden aufgeteilt und für jede davon die gleiche Analyse vorgenommen wie für die erste. Da 9 × 37 allerdings nur 333 ergibt, bleibt das letzte Spiel dieser Nacht zum 13. 10. unberücksichtigt, was unseren Überlegungen aber keinen Abbruch tut.

Die »geordneten Häufigkeitsdiagramme« der erwähnten 9 Runden sind in Bild 6.3 zusammengestellt, jeweils mit Angabe des Spielbereichs. In der untersten Zeile finden wir das Diagramm aus Bild 6.2 wieder, diesmal um 90°, gedreht. Darüber befindet sich das Diagramm für die 2. Runde, also für die Spiele 38–74. Ein Vergleich der beiden Diagramme bringt die erstaunliche Tatsache an den Tag, daß auch in der 2. Runde genau 14 Zahlen nullmal, weitere 14 Zahlen einmal, 5 Zahlen zweimal, 3 dreimal und 1 viermal gefallen sind bzw. ist. Die Lager oder Teilmengen »nullmal«, »einmal« usw. sind zwar in der 2. Runde größtenteils mit anderen Zahlen besetzt, aber die anteilige Belegung ist exakt gleich. Ob es wohl bei den restlichen Runden weiterhin so bleibt?

BB1210 1	BIS 37	BB1210 38	BIS 74	BB1210 75	BIS 111	BB1210 112	BIS 148	BB1210 149	BIS 185	BB1210 186	BIS 222	BB1210 223	BIS 259	BB1210 260	BIS 296	BB1210 297	BIS 333
0	I	0	I	1	I	5	I	0	I	0	I	0	I	8	I	2	I
1	I	1	I	3	I	7	I	1	I	2	I	1	I	9	I	5	I
5	I	6	I	11	I	14	I	4	I	7	I	2	I	11	I	6	I
6	I	13	I	12	I	17	I	7	I	8	I	3	I	12	I	7	I
7	I	15	I	19	I	19	I	9	I	9	I	6	I	18	I	13	I
9	I	16	I	24	I	22	I	10	I	15	I	7	I	20	I	15	I
11	I	21	I	25	I	31	I	11	I	21	I	9	I	21	I	16	I
14	I	22	I	26	I	32	I	20	I	23	I	12	I	22	I	17	I
15	I	25	I	27	I	33	I	21	I	24	I	18	I	27	I	18	I
17	I	27	I	28	I	34	I	23	I	26	I	19	I	28	I	21	I
19	I	30	I	36	I	36	I	24	I	27	I	21	I	29	I	22	I
20	I	32	I	0	I+	1	I+	26	I	32	I	26	I	0	I+	24	I
33	I	33	I	4	I+	2	I+	32	I	35	I	30	I	2	I+	25	I
34	I	34	I	5	I+	3	I+	3	I+	4	I+	31	I	3	I+	27	I
3	I+	4	I+	6	I+	4	I+	8	I+	5	I+	34	I	4	I+	29	I
4	I+	7	I+	8	I+	8	I+	12	I+	6	I+	8	I+	6	I+	30	I
8	I+	9	I+	9	I+	9	I+	14	I+	13	I+	15	I+	7	I+	0	I+
10	I+	12	I+	10	I+	13	I+	15	I+	16	I+	16	I+	10	I+	8	I+
13	I+	14	I+	13	I+	15	I+	17	I+	19	I+	17	I+	14	I+	9	I+
16	I+	17	I+	14	I+	18	I+	18	I+	22	I+	22	I+	15	I+	10	I+
18	I+	18	I+	15	I+	20	I+	19	I+	28	I+	23	I+	16	I+	11	I+
24	I+	23	I+	18	I+	21	I+	27	I+	29	I+	27	I+	17	I+	12	I+
25	I+	24	I+	21	I+	23	I+	28	I+	30	I+	29	I+	19	I+	20	I+
28	I+	26	I+	23	I+	24	I+	30	I+	33	I+	32	I+	23	I+	23	I+
29	I+	28	I+	30	I+	25	I+	31	I+	36	I+	4	I++	24	I+	28	I+
30	I+	31	I+	31	I+	26	I+	33	I+	1	I++	5	I++	26	I+	31	I+
32	I+	35	I+	32	I+	27	I+	34	I+	3	I++	10	I++	31	I+	33	I+
35	I+	36	I+	34	I+	29	I+	2	I++	10	I++	11	I++	33	I+	3	I++
2	I++	2	I++	2	I++	30	I+	5	I++	11	I++	14	I++	35	I+	4	I++
21	I++	3	I++	16	I++	35	I+	6	I++	12	I++	20	I++	1	I++	26	I++
22	I++	5	I++	17	I++	0	I++	16	I++	14	I++	24	I++	30	I++	35	I++
31	I++	8	I++	20	I++	6	I++	22	I++	17	I++	25	I++	32	I++	36	I++
36	I++	10	I++	22	I++	11	I++	25	I++	20	I++	28	I++	34	I++	14	I+++
12	I+++	11	I+++	29	I++	12	I++	35	I++	25	I++	33	I++	36	I++	19	I+++
26	I+++	19	I+++	33	I++	10	I+++	36	I++	31	I++	36	I++	5	I+++	32	I+++
27	I+++	29	I+++	7	I+++	16	I+++	13	I+++	34	I++	13	I+++	13	I+++	34	I+++
23	I++++	20	I++++	35	I+++	28	I++++	29	I++++	18	I+++	35	I+++	25	I+++	1	I++++

Bild 6.3

Schon die Betrachtung des nächsten Diagramms für die Spiele 75–111 zerstört diese Illusion. Die Menge der nullmal gefallenen Zahlen ist diesmal um 3 Zahlen geschrumpft, wovon die Teilmenge »einmal« profitiert hat. Die Teilmenge »fünfmal« ist verschwunden und »dreimal« hat einen Punkt verloren, beide zugunsten von »zweimal«.
Auf die Dauer ist es langweilig, die Belegungen der einzelnen Gruppen oder Teilmengen mit Worten darzulegen. Viel übersichtlicher stellen sich die Verhältnisse in der Tabelle 19 dar. Sie faßt die Belegungen der Häufigkeitsgruppen aus allen 9 Rundendiagrammen des Bildes 6.3 zusammen. Da die Statistik aber – und schließlich betreiben wir hier auch nichts anderes – von der Auswertung möglichst großer Informationsmengen lebt, haben wir dem Computer keine Ruhe gegönnt und ihn veranlaßt, auch die 9 Runden des 28. 10. auf ähnliche Weise zu analysieren sowie schließlich auch die (leider nur) 8 vollständigen Runden des 27. 11., den wir als 1. Musterbeispiel für unsere Überlegungen und Beobachtungen gewählt hatten.
Um eine globale Auswertung zu erleichtern, wurde in die Tabelle 19 für jede der 3 analysierten Spielnächte eine Zeile mit MAX.- und MIN.-Werten sowie Mittelwerten aufgenommen, ähnlich denen, die schon aus der Tabelle 10 bekannt sind. Außerdem wurden die MAX.-, MIN.- und die Mittelwerte in der Tabelle 19 ganz unten auch noch für alle 3 analysierten Tage (als für die größte in diesem Einzelfall verfügbare Informationsmenge) berechnet und angegeben.
Was uns besonders interessieren würde, sind aber die maximalen und minimalen Abweichungen von den Durchschnittswerten, wie sie in den einzelnen Runden vorkommen, und die Frage, ob diese Werte innerhalb einer betrachteten Spielnacht charakteristische Züge aufweisen, verglichen mit den anderen Nächten.
Selbstverständlich ließe sich Tabelle 19 in diesem Sinn noch erweitern, allerdings auf Kosten der Übersichtlichkeit, weshalb davon Abstand genommen wurde. Der Leser kann diese einfachen Rechnungen schließlich problemlos selbst vollziehen, als gute Übung im Umgang mit den Roulettezahlen.

Tabelle 19: Vergleich der Häufigkeiten nach 37 Spielen

Spiel-tag	Spiele von	bis	Häufigkeiten 0×	1×	2×	3×	4×	5×
12. 10. 1982	1	37	14	14	5	3	1	0
	38	74	14	14	5	3	1	0
	75	111	11	17	7	2	0	0
	112	148	11	19	4	2	1	0
	149	185	13	14	8	1	1	0
	186	222	13	12	11	1	0	0
	223	259	15	9	11	2	0	0
	260	296	11	18	5	3	0	0
	297	333	16	11	5	4	1	0
	MAX		16	19	11	4	1	0
	MIN		11	9	4	1	0	0
	MITTELW.		13,11	14,22	6,78	2,33	0,56	0
28. 10. 1982	1	37	14	14	6	2	0	1
	38	74	17	10	4	5	1	0
	75	111	10	19	6	2	0	0
	112	148	13	14	8	1	1	0
	149	185	15	14	3	3	2	0
	186	222	15	10	10	1	1	0
	223	259	14	13	8	0	2	0
	260	296	14	12	9	1	1	0
	297	333	13	14	8	1	1	0
	MAX		17	19	10	5	2	1
	MIN		13	10	3	0	0	0
	MITTELW.		13,89	13,33	6,89	1,78	1,0	0,11
27. 11. 1982	1	37	14	12	9	1	1	0
	38	74	16	9	8	4	0	0
	75	111	11	18	5	3	0	0
	112	148	13	15	5	4	0	0
	149	185	15	13	3	6	0	0
	186	222	12	14	10	1	0	0
	223	259	15	14	2	5	1	0
	260	296	16	10	6	5	0	0
12. 10.	MAX		16	18	10	6	1	0
	MIN		11	9	2	1	0	0
	MITTELW.		14,0	13,13	6,0	3,63	0,25	0
	18	54	14	13	7	2	1	0
	278	314	15	10	9	3	0	0
			Gesamtergebnisse					
	MAX		17	19	11	6	6	1
	MIN		11	9	2	0	0	0
	SUMME		374	376	187	71	17	1
	MITTELW.		13,36	13,43	6,68	2,54	0,61	0,034

Allgemeiner Fall oder Sonderfall?

Wenn auch eine Gesetzmäßigkeit bei der Häufigkeitsverteilung von Runde zu Runde nicht zu bestreiten ist, so könnte es doch sein, daß sie auf die von uns willkürlich gewählten Grenzen zurückzuführen ist. 37 Roulettezahlen und 37 ausgewertete Spiele – sollte hier nicht ein besonderer Fall vorliegen, dessen Resultate von denen des »allgemeinen Falles« deutlich abweichen?

Um diese Zweifel zu zerstreuen, wurde bei der Spielserie des 12. 10. auch noch eine Analyse von der Mitte der 1. Runde zur Mitte der 2. durchgeführt, nämlich von Spiel 18 bis Spiel 54, und in den Morgenstunden noch einmal von Spiel 278 bis Spiel 314, zwischen der Mitte der vorletzten und der letzten Runde des Tages. Die geordneten Häufigkeitsdiagramme dieser beiden »verschobenen« Runden zeigt Bild 6.4. Die Werte sind außerdem ebenfalls in Tabelle 19 aufgenommen worden. Man sieht: Die Gesetzmäßigkeit ist unverändert geblieben.

Die nähere Betrachtung der Tabelle 19 zeigt uns vor allem, daß die Mittelwerte der Häufigkeiten bei den 3 analysierten Spieltagen nur gerinfügig voneinander und auch von dem Gesamtmittelwert (letzte Zeile) abweichen. Gerade diese Mittelwerte werden uns in den Kapiteln 7 und 8 noch sehr interessieren.

Unsere Zweifel sind aber immer noch nicht ausgeräumt. Es wäre doch denkbar, daß bei Betrachtung einer größeren Anzahl von Spielen als nur 37 die offensichtliche, bisher beobachtete Gesetzmäßigkeit immer verschwommener wird, um schließlich ganz zu verschwinden. Wir müßten daher, um konsequent vorzugehen, zumindest auch die Verhältnisse bei jeweils 2 Runden (74 Spielen) untersuchen, dann bei 3 Runden, 4, 5 Runden usw. Andererseits kann aber als sehr wahrscheinlich angenommen werden, daß – falls offensichtliche Gesetzmäßigkeiten vorliegen – bei Betrachtung von Einzelrunden *und* von je 3 Runden (111 Spielen) auch die dazwischenliegende Anzahl von 2 Runden nicht aus der Reihe tanzt.

Um den Leser nicht zu sehr zu ermüden, haben wir diese induktive Beweisführung herangezogen, die Doppelrunden

```
BB1210 278  BIS  314

0  I
2  I
5  I
8  I
12 I
15 I
17 I
18 I
20 I
21 I
22 I
27 I
28 I
29 I
31 I
6  I+
7  I+
9  I+
11 I+
16 I+
23 I+
24 I+
25 I+
30 I+
33 I+
1  I++
3  I++
10 I++
14 I++
19 I++
26 I++
32 I++
34 I++
36 I++
4  I+++
13 I+++
35 I+++
```

```
BB1210 18  BIS  54

0  I
1  I
5  I
6  I
7  I
15 I
16 I
17 I
21 I
25 I
30 I
33 I
34 I
35 I
3  I+
4  I+
8  I+
9  I+
10 I+
11 I+
13 I+
14 I+
18 I+
24 I+
28 I+
31 I+
32 I+
2  I++
19 I++
20 I++
22 I++
27 I++
29 I++
36 I++
12 I+++
23 I+++
26 I++++
```

Bild 6.4

übersprungen und die Untersuchung erst bei 3 Runden oder 111 Spielen fortgesetzt. Nun wird wohl auch klar, warum Spieltage mit genau oder fast genau 333 Spielen so sympathisch sind. Bild 6.5 zeigt das Ergebnis dieser Auswertungen. Hier sind die 3 Dreierrunden des 12. 10. und die 3 Dreierrunden des 28. 10. dargestellt sowie 2 Dreierrunden des 27. 11., bei dem es zu einer 3. nicht ganz reichte. Auch hier sind wieder unübersehbare Ähnlichkeiten festzustellen, gleichzeitig aber auch die unvermeidlichen Abweichungen, mit denen wir aufgrund der bisherigen Erfahrungen schon gerechnet haben. Tabelle 20, die das Gegenstück zu Tabelle 19 darstellt, erleichtert die Übersicht.

Tabelle 20: Vergleich der Häufigkeiten nach 111 Spielen

Spiel-	Spiele		Häufigkeiten								
tag	von	bis	0×	1×	2×	3×	4×	5×	6×	7×	8×
12. 10.	1	111	1	5	8	11	7	1	4	0	0
	112	222	2	5	7	12	2	6	3	0	0
	223	333	2	8	7	7	3	4	6	0	0
28. 10.	1	111	1	5	9	7	11	2	1	1	0
	112	222	4	4	7	7	8	3	3	1	0
	223	333	3	4	10	8	3	5	3	0	1
27. 11.	1	111	2	4	8	10	5	7	1	0	0
	112	222	2	7	8	5	7	4	3	1	0
	MAX		4	8	10	12	11	7	6	1	1
	MIN		1	4	7	5	2	1	1	0	0
	MITTELW.		2,12	5,25	8,9	8,38	5,75	4,0	3,0	0,38	0,125

Betrachten wir in Bild 6.3 die geordneten Häufigkeitsdiagramme der 3 ersten Runden und picken dabei als Beispiel die Nummer 22 heraus. In der 1. Runde fiel sie zweimal, in der 2. nullmal und in der 3. wieder zweimal, insgesamt also viermal. Sie muß sich folglich in der untersten Zeile der Abbildung 6.5 in der Gruppe »viermal« befinden, was auch zutrifft.

Diese Kontrollrechnung muß selbstverständlich für jede der 37 Zahlen stimmen. Noch eine 2. Kontrolle? Nehmen wir die 29: In der 1. Runde erschien sie nur einmal, in der 2. dafür gleich dreimal und in der 3. zweimal. So gelangte sie in das Führungsfeld mit 6 Gewinnen innerhalb von 3 Runden.

BB1210 1 BIS 111	BB1210 112 BIS 222	BB1210 223 BIS 333	BB2810 1 BIS 111	BB2810 112 BIS 222	BB2810 223 BIS 333	BAB2711 1 BIS 111	BAB2711 112 BIS 222
1 I	7 I	18 I	9 I	23 I	17 I	16 I	18 I
0 I+	32 I	21 I	3 I+	29 I	23 I	24 I	20 I
6 I+	9 I+	2 I+	4 I+	34 I	28 I	8 I+	7 I+
15 I+	21 I+	6 I+	15 I+	36 I	1 I+	9 I+	8 I+
25 I+	23 I+	7 I+	25 I+	10 I+	4 I+	22 I+	10 I+
34 I+	24 I+	9 I+	26 I+	11 I+	11 I+	26 I+	13 I+
9 I++	26 I+	12 I+	0 I++	16 I+	14 I+	0 I++	24 I+
13 I++	0 I++	22 I+	7 I++	35 I+	0 I++	1 I++	32 I+
14 I++	4 I++	27 I+	8 I++	2 I++	5 I++	2 I++	36 I+
24 I++	8 I++	29 I+	11 I++	6 I++	9 I++	15 I++	2 I++
28 I++	15 I++	0 I++	17 I++	7 I++	13 I++	29 I++	9 I++
30 I++	19 I++	8 I++	18 I++	14 I++	15 I++	32 I++	11 I++
32 I++	27 I++	15 I++	22 I++	19 I++	25 I++	34 I++	12 I++
33 I++	33 I++	16 I++	33 I++	20 I++	26 I++	36 I++	15 I++
3 I+++	1 I+++	17 I++	36 I++	31 I++	32 I++	4 I+++	23 I++
4 I+++	2 I+++	30 I++	5 I+++	3 I+++	34 I++	6 I+++	25 I++
5 I+++	5 I+++	31 I++	6 I+++	4 I+++	36 I++	7 I+++	27 I++
11 I+++	14 I+++	3 I+++	13 I+++	9 I+++	3 I+++	10 I+++	3 I+++
16 I+++	17 I+++	11 I+++	20 I+++	17 I+++	6 I+++	13 I+++	16 I+++
17 I+++	20 I+++	20 I+++	21 I+++	18 I+++	7 I+++	14 I+++	19 I+++
18 I+++	22 I+++	23 I+++	23 I+++	26 I+++	18 I+++	23 I+++	29 I+++
19 I+++	30 I+++	24 I+++	32 I+++	28 I+++	19 I+++	25 I+++	30 I+++
21 I+++	31 I+++	26 I+++	1 I++++	0 I++++	24 I+++	28 I+++	1 I++++
27 I+++	34 I+++	28 I+++	2 I++++	5 I++++	29 I+++	33 I+++	4 I++++
36 I+++	35 I+++	10 I++++	10 I++++	8 I++++	35 I+++	3 I++++	14 I++++
7 I++++	36 I+++	19 I++++	16 I++++	12 I++++	2 I++++	17 I++++	28 I++++
8 I++++	3 I++++	33 I++++	19 I++++	15 I++++	12 I++++	18 I++++	31 I++++
10 I++++	11 I++++	4 I+++++	24 I++++	21 I++++	33 I++++	27 I++++	34 I++++
12 I++++	6 I+++++	5 I+++++	27 I++++	30 I++++	8 I+++++	31 I++++	35 I++++
22 I++++	10 I+++++	25 I+++++	28 I++++	32 I++++	16 I+++++	5 I+++++	5 I+++++
26 I++++	12 I+++++	34 I+++++	29 I++++	1 I+++++	20 I+++++	11 I+++++	6 I+++++
31 I++++	13 I+++++	1 I++++++	34 I++++	24 I+++++	30 I+++++	12 I+++++	17 I+++++
35 I+++++	18 I+++++	13 I++++++	35 I++++	25 I+++++	31 I+++++	19 I+++++	33 I+++++
2 I++++++	25 I+++++	14 I++++++	14 I+++++	22 I++++++	21 I++++++	20 I+++++	0 I++++++
20 I++++++	16 I++++++	32 I++++++	31 I+++++	27 I++++++	22 I++++++	30 I+++++	21 I++++++
23 I++++++	28 I++++++	35 I++++++	12 I++++++	33 I++++++	27 I++++++	35 I+++++	22 I++++++
29 I++++++	29 I++++++	36 I++++++	30 I+++++++	13 I+++++++	10 I++++++++	21 I++++++	26 I+++++++

Bild 6.5

Unsere vergleichenden Betrachtungen wären nicht vollständig, wenn wir die beiden ausgewerteten Spielnächte, die vom 12. auf den 13. 10. und die vom 28. auf den 29. 10., nicht auch noch als Ganzes untersuchten. Tabelle 21 zeigt die Häufigkeitsanalysen, wie wir sie aus den Tabellen 15–18 schon kennen, für diese beiden Nächte. In Bild 6.6 sind die ungeordneten Häufigkeitsdiagramme dargestellt, in Bild 6.7 sind die Diagramme geordnet, und Tabelle 22 verschafft uns eine übersichtliche Gegenüberstellung. Auf eine Kommentierung der Darstellungen wird im übrigen verzichtet, denn der verehrte Leser hat sich inzwischen die einschlägigen Gedankengänge in ausreichendem Maße zu eigen gemacht und benötigt keine Führung mehr.
Als triviale Ergänzung sei nur noch erwähnt, daß die Summierung der Häufigkeiten von Runde zu Runde oder von Dreierrunde zu Dreierrunde aus Bild 6.3 bzw. 6.5 für einen Spieltag bei jeder Zahl insgesamt die Häufigkeit liefern muß, die in den Tabellen 21 und 22 angegeben ist.
An dieser Stelle soll noch einmal auf den einige Seiten vorher erwähnten »Flächeninhalt der Kreuzchenfelder« zurückgekommen werden. Betrachten wir dazu das 1. Diagramm in Bild 6.5 (die Spiele 1–111 vom 12. 10. 1982). Das Diagramm ist äußerst augenfällig aus rechteckigen »Kreuzchenfeldern« zusammengesetzt, mit 5 × 1, 8 × 2, 11 × 3, 7 × 4, 1 × 5 und 4 × 6 Kreuzen. Jedes der vorstehenden Produkte kann auch als Flächeninhalt des jeweiligen Feldes aufgefaßt werden und gibt somit die Anzahl der in ihm enthaltenen Kreuzchen an. Wenn wir diese Produkte addieren, dann müssen wir selbstverständlich die Anzahl der ausgewerteten Spiele erhalten, im vorliegenden Beispiel 111. Bitte nachrechnen. Richtig?
Die gleiche Kontrolle kann auch für jede Zeile der Tabellen 19, 20 und 22 durchgeführt werden und muß jeweils als Ergebnis 37, 111 bzw. 333 haben. Daß das Ermitteln der Zahlenhäufigkeiten aus einem geordneten Diagramm wesentlich bequemer ist als aus einem ungeordneten, bedarf wohl keiner besonderen Begründung. Die Diagramme sprechen für sich.

Tabelle 21

ANALYSE BB1210 VON 1 BIS 333

Nr.	H	F	max. F
0	8	25	58
1	10	76	76
2	10	49	99
3	7	31	126
4	5	107	107
5	9	46	102
6	8	16	98
7	7	58	123
8	11	6	65
9	5	36	137
10	13	10	98
11	4	35	164
12	14	3	67
13	12	7	106
14	8	22	141
15	7	82	96
16	10	39	77
17	5	116	116
18	8	38	90
19	9	30	82
20	10	12	53
21	13	60	60
22	14	9	99
23	3	238	238
24	12	1	70
25	8	23	110
26	6	19	119
27	16	2	64
28	7	127	127
29	7	0	161
30	16	20	68
31	12	24	64
32	9	33	86
33	12	13	85
34	6	4	177
35	8	44	63
36	4	27	224

ANALYSE BB2810 VON 1 BIS 333

Nr.	H	F	max. F
0	5	7	141
1	9	8	138
2	10	71	87
3	10	1	70
4	10	24	55
5	11	59	59
6	7	47	98
7	5	54	178
8	8	12	88
9	4	19	198
10	13	25	53
11	10	35	64
12	10	4	120
13	13	40	85
14	11	9	70
15	5	60	85
16	11	37	66
17	8	61	81
18	8	129	129
19	9	3	108
20	12	11	85
21	4	191	191
22	8	77	77
23	10	14	105
24	6	52	85
25	11	45	117
26	8	5	172
27	6	108	112
28	11	2	73
29	13	75	75
30	7	38	99
31	9	17	71
32	8	6	138
33	8	18	83
34	9	0	105
35	14	30	68
36	12	27	101

Das »natürliche« Häufigkeitsdiagramm

Abschließend soll noch eine Variante unserer bereits vertrauten Computerdiagramme vorgestellt werden, die zwar eher wie eine Spielerei anmutet, uns aber unter anderem die Möglichkeit gibt, zu beurteilen, ob ein Roulettekessel bevorzugte oder/und benachteiligte Bereiche aufweist. Der Computer muß lediglich veranlaßt werden, die in einem bestimmten Spielzeitraum gefallenen Gewinnzahlen in der gleichen Reihenfolge zu ordnen, wie sie auf dem Roulettekessel angebracht sind. Ein bevorzugter oder benachteiligter Sektor würde sich dann durch eine

```
BB1210 1  BIS  333

 0  I+++++
 1  I+++++++++
 2  I++++++++++
 3  I++++++++++
 4  I++++++++++
 5  I+++++++++++
 6  I+++++++
 7  I+++++
 8  I++++++++
 9  I++++
10  I+++++++++++++
11  I++++++++++
12  I++++++++++
13  I+++++++++++++
14  I+++++++++++
15  I+++++
16  I+++++++++++
17  I++++++++
18  I++++++++
19  I+++++++++
20  I++++++++++++
21  I++++
22  I++++++++
23  I++++++++++
24  I++++++
25  I+++++++++++
26  I++++++++
27  I++++++
28  I+++++++++++
29  I+++++++++++++
30  I+++++++
31  I+++++++++
32  I++++++++
33  I++++++++
34  I+++++++++
35  I++++++++++++++
36  I++++++++++++
```

```
BB2810 1  BIS  333

 0  I++++++++
 1  I++++++++++
 2  I++++++++++
 3  I+++++++
 4  I+++++
 5  I+++++++++
 6  I++++++++
 7  I+++++++
 8  I+++++++++++
 9  I+++++
10  I+++++++++++++
11  I++++
12  I++++++++++++++
13  I++++++++++++
14  I++++++++
15  I+++++++
16  I++++++++++
17  I+++++
18  I++++++++
19  I+++++++++
20  I++++++++++
21  I+++++++++++++
22  I++++++++++++++
23  I+++
24  I++++++++++++
25  I++++++++
26  I++++++
27  I++++++++++++++++
28  I+++++++
29  I+++++++
30  I++++++++++++++++
31  I++++++++++++
32  I+++++++++
33  I++++++++++++
34  I++++++
35  I++++++++
36  I++++
```

Bild 6.6

```
BB1210 1  BIS  333                BB2810 1  BIS  333


 9   I++++                         23  I+++
 21  I++++                         11  I++++
 0   I+++++                        36  I++++
 7   I+++++                        4   I+++++
 15  I+++++                        9   I+++++
 24  I++++++                       17  I+++++
 27  I++++++                       26  I++++++
 6   I+++++++                      34  I++++++
 30  I+++++++                      3   I+++++++
 8   I++++++++                     7   I+++++++
 17  I++++++++                     15  I+++++++
 18  I++++++++                     28  I+++++++
 22  I++++++++                     29  I+++++++
 26  I++++++++                     0   I++++++++
 32  I++++++++                     6   I++++++++
 33  I++++++++                     14  I++++++++
 1   I+++++++++                    18  I++++++++
 19  I+++++++++                    25  I++++++++
 31  I+++++++++                    35  I++++++++
 34  I+++++++++                    5   I+++++++++
 2   I++++++++++                   19  I+++++++++
 3   I++++++++++                   32  I+++++++++
 4   I++++++++++                   1   I++++++++++
 11  I++++++++++                   2   I++++++++++
 12  I++++++++++                   16  I++++++++++
 23  I++++++++++                   20  I++++++++++
 5   I+++++++++++                  8   I+++++++++++
 14  I+++++++++++                  13  I++++++++++++
 16  I+++++++++++                  24  I++++++++++++
 25  I+++++++++++                  31  I++++++++++++
 28  I+++++++++++                  33  I++++++++++++
 20  I++++++++++++                 10  I+++++++++++++
 36  I++++++++++++                 21  I+++++++++++++
 10  I+++++++++++++                12  I++++++++++++++
 13  I+++++++++++++                22  I++++++++++++++
 29  I+++++++++++++                27  I++++++++++++++++
 35  I++++++++++++++               30  I++++++++++++++++
```

Bild 6.7

Tabelle 22: Vergleich der Häufigkeiten nach 333 Spielen

Spiel-tag	Spiele von	bis	Häufigkeiten 3×	4×	5×	6×	7×	8×	9×	10×	11×	12×	13×	14×	15×	16×
12. 10.	1	333	0	2	3	2	2	7	4	6	5	2	3	1	0	0
28. 10.	1	333	1	2	3	2	5	6	3	4	1	4	2	2	0	2

auffallende Häufung beziehungsweise durch besonders dürftige Bestückung mit Gewinnzahlen verraten.
In Bild 6.8 sind derartige Auswertungen der Spielserien vom 12. 10. und 28. 10. 1982 dargestellt. Wir wollen diese Diagrammform als *natürliches Häufigkeitsdiagramm* bezeichnen, weil die Reihenfolge der Zahlen der natürlichen, weltweit einheitlichen Folge der Zahlen auf dem Roulettekreisel entspricht. Hinter der 37. Zahl, der 26, wurden in dieser Darstellung allerdings 11 Zahlen – nicht ganz ein Drittel von 37 – wiederholt (von der 0 bis zur 6), um auch das Gebiet in der Umgebung der Null übersichtlicher zu machen.
Wie ersichtlich, sind keine auffallenden Häufungen besonders hoher oder besonders geringer Gewinnwiederholungen feststellbar. Dem betreffenden Roulettekessel oder den Roulettekesseln, denn sehr wahrscheinlich war es nicht in beiden Fällen derselbe, kann getrost ein neutrales Verhalten zugebilligt werden.
Welche Erkenntnisse konnten wir aus dem vorliegenden Kapitel gewinnen?
Einmal die Einsicht, daß sich nach einer größeren Anzahl von Spielen ein gewisser Ausgleich aller Nummern und Chancen untereinander einstellt, der aber niemals vollkommen sein wird.
Die 2. Erkenntnis besagt, daß die scheinbar völlige Regellosigkeit, die nach einer geringen Zahl von Spielen festzustellen ist, etwa nach einer oder zwei Runden, in Wirklichkeit strengen Gesetzmäßigkeiten zu gehorchen scheint, deren Ergründung das folgende Kapitel gewidmet ist.

```
BB1210 1  BIS  333

0   I*****
32  I********
15  I*****
19  I*********
4   I**********
21  I****
2   I**********
25  I***********
17  I********
34  I*********
6   I*******
27  I******
13  I*************
36  I************
11  I**********
30  I*******
8   I********
23  I**********
10  I*************
5   I***********
24  I******
16  I***********
33  I********
1   I*********
20  I************
14  I***********
31  I*********
9   I****
22  I********
18  I********
29  I*************
7   I*****
28  I***********
12  I**********
35  I**************
3   I**********
26  I********
0   I*****
32  I********
15  I*****
19  I*********
4   I**********
21  I****
2   I**********
25  I***********
17  I********
34  I*********
6   I*******
```

```
BB2810 1  BIS  333

0   I********
32  I*********
15  I*******
19  I*********
4   I*****
21  I*************
2   I**********
25  I********
17  I*****
34  I******
6   I********
27  I****************
13  I************
36  I****
11  I****
30  I****************
8   I***********
23  I***
10  I*************
5   I*********
24  I************
16  I**********
33  I************
1   I**********
20  I**********
14  I********
31  I************
9   I*****
22  I**************
18  I********
29  I*******
7   I*******
28  I*******
12  I**************
35  I********
3   I*******
26  I******
0   I********
32  I*********
15  I*******
19  I*********
4   I*****
21  I*************
2   I**********
25  I********
17  I*****
34  I******
6   I********
```

Bild 6.8: ›Natürliche‹ Häufigkeitsdiagramme

7. Was hat es mit der Wahrscheinlichkeit auf sich?

Obwohl die Wahrscheinlichkeit unserem Sprachempfinden nach gewissermaßen eine Stiefschwester der Ungewißheit ist, spielt sie als exakt definierter mathematischer Begriff in allen erdenklichen Bereichen unseres Lebens eine wichtige Rolle. Wir denken dabei sofort an die Statistik, die in breiten Schichten der Bevölkerung zu Unrecht in einen Topf mit Demagogie und Bauernfängerei geworfen wird. Der Kalauer »Lügner – Erzlügner – Statistiker« zeigt diese Tendenz deutlich.

In Wirklichkeit ist die Statistik ein Zweig der Mathematik, der sich in weitem Umfang der sogenannten Wahrscheinlichkeitsrechnung bedient und ein wertvolles Hilfsmittel für viele andere Bereiche der Wissenschaft, der Technik und des Handels in deren weitestem Sinn bildet. Chemie, Biologie und Astronomie, aber auch Medizin und Psychologie können auf moderne statistische Methoden ebensowenig verzichten wie die Qualitätskontrolle fast aller Industriezweige, das Versicherungs- und das Verkehrswesen.

In unserer Auseinandersetzung mit dem Problemkomplex Roulette werden wir nicht umhin können, uns mit einigen Grundbegriffen der Wahrscheinlichkeitsrechnung und der Statistik vertraut zu machen. Schon vorweg aber sei das Versprechen gegeben, daß diese mathematischen Exkurse auf das unbedingt Notwendige beschränkt bleiben und keineswegs zum Selbstzweck erhoben werden sollen.

Zuallererst stellt sich die Frage: *Was ist Wahrscheinlichkeit?* Mit dieser Frage verhält es sich ähnlich wie mit einer anderen: Was ist eine Wurzel? Stellen Sie sie einem Gärtner, einem Mathematiker und einem Zahnarzt, und jeder von ihnen wird eine andere Antwort bereit haben.

Von Immanuel Kant (1724–1804) soll folgende Formulierung stammen: »Wahrscheinlich heißt dasjenige, das, für wahr gehalten, mehr als die Hälfte der Gewißheit auf seiner Seite hat.«

Eine astreine Definition zwar insofern, als sie nicht das zu definierende Wort enthält, im übrigen aber – zumindest für unsere Zwecke – nicht sehr aussagekräftig (bei allem Respekt, Herr Kant!).

Immerhin können wir aus dieser Begriffserklärung einiges über das Thema lernen. Da ist zunächst von Gewißheit die Rede. *Gewiß* nennen wir ein Ereignis dann, wenn wir von ihm wissen, daß es in jedem Fall eintreten wird, »100prozentig«, wie gern gesagt wird.

Aber da ist auch schon die 2. Erkenntnis, die der selige Herr Kant vermittelt: Wir sagten soeben ». . . eintreten *wird* . . .« und akzeptierten damit mehr oder weniger unbewußt die Tatsache, daß sich die ganze Wahrscheinlichkeitsrechnung vorwiegend mit Ereignissen befaßt, die in der Zukunft liegen. Wie sollte es auch anders sein? Bei Ereignissen, die bereits stattgefunden haben, ist uns das Resultat bekannt. Wahrscheinlichkeitsbetrachtungen sind dann nicht mehr so sehr wichtig (wohl aber unter Umständen statistische Auswertungen, wie wir sie in den Kapiteln 5 und 6 betrieben haben).

Als 3. Aussage des Zitats fällt uns auf, daß Kant von »mehr als der Hälfte der Gewißheit« spricht. Eine quantisierende Aussage folglich. Demnach ist die Wahrscheinlichkeit gewissermaßen portionierbar, in Stufen sozusagen oder vielleicht sogar kontinuierlich? Gewiß doch! Hat irgend etwas weniger als »die Hälfte der Gewißheit auf seiner Seite«, dann wird es wohl als nicht wahrscheinlich oder unwahrscheinlich bezeichnet. Fällt etwa nur ein Viertel oder gar nur ein Zehntel in diese ideelle Waagschale, dann ist dasjenige wohl »sehr« oder »höchst« unwahrscheinlich. Bleibt schließlich von der Gewißheit gar nichts üb-

rig, dann ist das betrachtete Ereignis wohl als »ausgeschlossen« oder »unmöglich« zu bezeichnen.
Doch überlassen wir das Philosophieren den gelernten Philosophen und die Wortspiele jenen, denen sie über jedes andere Vergnügen gehen, und wenden uns der exakten Definition der Wahrscheinlichkeit zu:

> Die Wahrscheinlichkeit ist das Verhältnis der Anzahl aller günstigen Fälle zu der Anzahl aller möglichen Fälle.

Das fängt ja gut an, meinen Sie? – Konkretisieren wir diese abstrakte Aussage anhand eines Beispiels: Sehr beliebt ist für dererlei Überlegungen ein gewöhnlicher Spielwürfel (der selbstverständlich, genau wie unser Roulettekessel, exakt symmetrisch und ausgewogen sein muß, damit jede seiner Augenzahlen die gleichen Chancen hat, ein strenggenommen nur theoretisch herstellbarer sogenannter »Pascal-Würfel«). Uns interessiert zunächst die Wahrscheinlichkeit, mit der bei einem Wurf eine bestimmte Augenzahl fällt, z. B. die 6, die meistens eine Sonderrolle spielt.
Die Anzahl der »möglichen Fälle« (siehe oben) beträgt 6, denn der Würfel kann auf jeder seiner 6 Flächen zum Stehen kommen. Die Zahl der »günstigen Fälle«, der Fälle also, die wir wünschen, beträgt dagegen nur 1, da nur eine der 6 Würfelseiten die begehrte 6 trägt.
Die Wahrscheinlichkeit gemäß obiger Definition ergibt sich wie folgt:

$$p_{(6)} = 1/6 = 0{,}16\overline{6}$$

(Zur Bezeichnung der Wahrscheinlichkeit wird allgemein der Buchstabe p verwendet, vom lateinischen probabilitas oder englischen probability = Wahrscheinlichkeit.)
Der obige Wert von $0{,}16\overline{6}$ hat gewiß nicht »die Hälfte der Gewißheit auf seiner Seite«. Wir können aber einen anderen Würfel basteln oder uns einen vorstellen, der z. B. 3 rote und

3 schwarze Seiten hat (als kleine Verbeugung vor dem Roulette). Berechnen wir für diesen Würfel die Wahrscheinlichkeit, mit der eine rote Fläche oben sein wird (sein *wird!*), dann beträgt die Anzahl der möglichen Fälle nach wie vor 6, die der günstigen aber 3, und unser p erhält den Wert

$$\begin{aligned} p_{(rot)} &= 3/6 \\ &= 1/2 \\ &= 0{,}5 \end{aligned}$$

In diesem Fall haben wir »die Hälfte der Gewißheit« genau getroffen! Wir sind aber immer noch nicht zufrieden und nehmen einen weiteren Würfel, der 6 rote Seiten haben soll. Die Rechnung sieht dann so aus:

$$\begin{aligned} p_{(rot)} &= 6/6 \\ &= 1{,}0 \end{aligned}$$

Die Wahrscheinlichkeit für Schwarz beträgt bei dem gleichen Würfel

$$\begin{aligned} p_{(schwarz)} &= 0/6 \\ &= 0 \end{aligned}$$

Aus diesem Gedankenexperiment folgt fast automatisch:

> Die Wahrscheinlichkeit eines Ereignisses stellt sich als eine Zahl zwischen 0 und 1,0 dar, die das Verhältnis der Anzahl aller günstigen Fälle zu der Anzahl aller möglichen Fälle angibt.

Zusätzlich kann noch gesagt werden, daß eine Wahrscheinlichkeit von 1,0, manchmal auch als 100% ausgedrückt, *Gewißheit* heißt und eine Wahrscheinlichkeit von 0 (%) als *Unmöglichkeit* bezeichnet wird, wie bereits angedeutet.

Kehren wir noch einmal zu unserem normalen Würfel zurück, der die Zahlen 1–6 trägt. Die rechnerische Wahrscheinlichkeit für jede dieser 6 Zahlen ist gleich und beträgt 1/6. Folglich können wir schreiben:

$$p_{(1)} = 1/6$$
$$p_{(2)} = 1/6$$
$$p_{(3)} = 1/6$$
$$p_{(4)} = 1/6$$
$$p_{(5)} = 1/6$$
$$p_{(6)} = 1/6$$

Mehr Möglichkeiten gibt es nicht. Wollen wir die einzelnen Wahrscheinlichkeiten einmal versuchsweise addieren? Das Ergebnis beträgt 6/6 oder 1, was aber nicht sonderlich überrascht, denn irgendeine der 6 Seiten zeigt mit Gewißheit nach oben, und für die Gewißheit hat, wie wir wissen, p den Wert 1.
Diese sozusagen nebenbei getroffene Feststellung sollten wir nicht einfach abtun, denn sie zeigt uns, daß
1. die Summe der Einzelwahrscheinlichkeiten aller möglichen Fälle immer gleich 1 ist und
2. Wahrscheinlichkeiten auch addiert werden können.

Man kann Wahrscheinlichkeitswerte übrigens auch multiplizieren und sonstigen Rechenoperationen unterziehen, darf dabei aber nicht erwarten, daß das Ergebnis einen größeren Wert hat, als 1. Dieser Höchst- oder Grenzwert bietet sogar eine einfache Kontrollmöglichkeit dafür, ob durchgeführte Berechnungen richtig sind.
Es ist auch möglich, die Wahrscheinlichkeiten für einzelne Ereignisse graphisch darzustellen, wie z. B. im nachstehenden Bild 7.1 für den normalen Würfel gezeigt.
An der senkrechten Achse kann der Betrag von $p_{(n)}$ abgelesen werden, der für jede der 6 Zahlen 1/6 beträgt. Würde man die 5 und die 6 auf dem Würfel durch eine 1 bzw. 2 ersetzen, dann hätte der Würfel je 2 Seiten mit einer 1 und einer 2, und es würde das folgende Bild 7.2 entstehen.
Die Summe der Einzelwahrscheinlichkeiten beträgt auch hier selbstverständlich wieder 1,0, wie leicht nachzurechnen ist.
Bereits mit diesem einfachen, soeben erworbenen Rüstzeug können wir Wahrscheinlichkeitsbetrachtungen für das Roulette anstellen, wenn sie zunächst auch kaum einen Nutzeffekt ha-

Bild 7.1

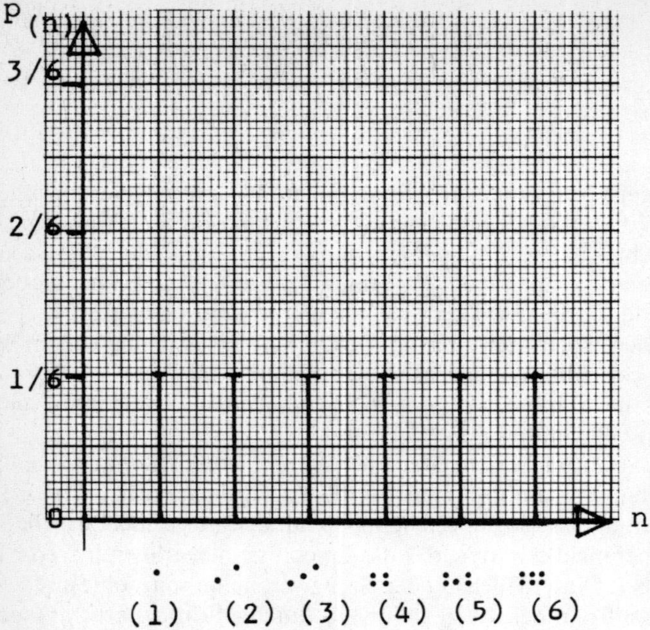

ben. Ohne große Beweisführung dürfte klar sein, daß jede der 37 Zahlen der Roulettescheibe mit der Wahrscheinlichkeit

$$p = 1/37$$

fällt.

Wir könnten uns in Anlehnung an Bild 7.1 als graphische Darstellung wieder einen aus 37 Latten bestehenden Zaun zeichnen, sparen uns aber diese Mühe und rechnen statt dessen die Wahrscheinlichkeiten für eine der sogenannten einfachen Chancen aus, z. B. für eine gerade Zahl (pair). Diese Wahrscheinlichkeit beträgt nicht etwa 18/36 bzw. 1/2, sondern 18/37 oder 0,4865 (gerundet). Die 0 geht nämlich durchaus in die Zahl der möglichen Fälle ein, nicht aber in die der günstigen!

Auf diese Weise lassen sich die Wahrscheinlichkeiten für alle spielbaren Chancen berechnen. In der nachstehenden Tabelle

Bild 7.2

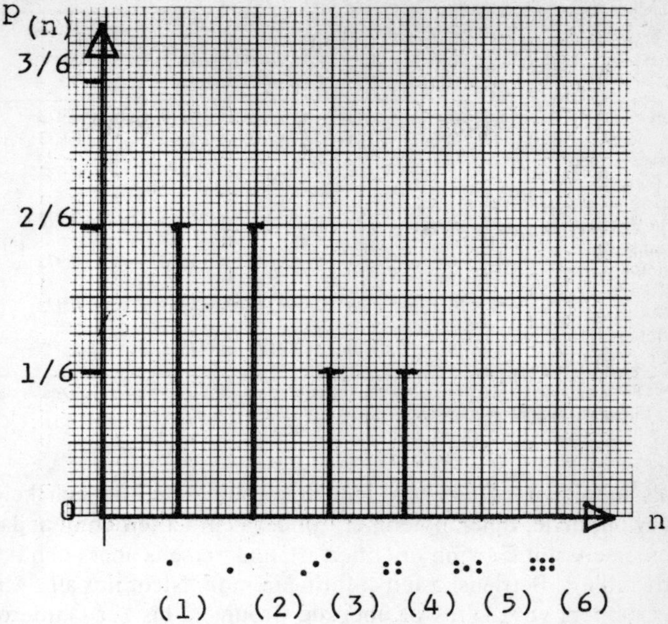

23 sind sie dargestellt, zusammen mit den zugehörigen Gewinnauszahlungen.

Bei näherer Betrachtung dieser Tabelle fällt folgendes auf: Das Produkt aus dem Gewinnfaktor (Spalte 3) und der Gewinnwahrscheinlichkeit (Spalte 4) müßte bei einem fairen Spiel 1 betragen, erreicht aber in jedem der Fälle nur 0,973 = 36/37, wie in Spalte 5 der Tabelle ausgerechnet. Was bedeutet das?

Nehmen wir an, von 37 Spielern um einen Roulettetisch hätte jeder eine der 37 Zahlen »en plein« mit dem gleichen Einsatz belegt. Sobald die Kugel die Gewinnzahl bestimmt hat, vereinnahmt die Bank 36 Einsätze, zahlt aber nur 35 an den Gewinner aus. Ein Einsatz ist folglich Gewinn für die Bank. Bei allen anderen Einsatzarten sieht es ähnlich aus.

Es wäre nicht gerecht, diese etwas schiefe Chancenverteilung

Tabelle 23

1 Einsatz	2 belegte Zahlen	3 Gewinn-faktor*	4 Gewinnwahr-scheinlichkeit	5 Spalte 3 × 4
en plein	1	35+1	1/37 = 0,0270	0,973
à cheval	2	17+1	2/37 = 0,0541	0,973
transversale pleine	3	11+1	3/37 = 0,0811	0,937
carré die ersten 4	4	8+1	4/37 = 0,1081	0,973
transversale simple	6	5+1	6/37 = 0,1622	0,973
Kolonne Dutzend	12	2+1	12/37 = 0,3243	0,973
einfache Chancen	18	1+1	18/37 = 0,4865	0,973

* Die Schreibweise »35+1« usw. bedeutet, daß das 35fache des Einsatzes + der Einsatz selbst ausgezahlt wird.

als unfair zu bezeichnen. Die Spielbank ist schließlich kein gewöhnlicher Spielteilnehmer, sondern ein Unternehmen, das einerseits auf Gewinn orientiert ist, andererseits aber auch beträchtliche Betriebskosten aufbringen muß. Nicht nur alle Angestellten, vom Direktor über die Croupiers bis zur Garderobenfrau und dem keineswegs unwichtigen Pförtner, haben Anspruch auf angemessene Entlohnung, auch die Räume des Kasinos müssen beleuchtet, geheizt und instand gehalten werden. Ebenso müssen die oft sehr schönen und weitläufigen Außenanlagen und das Gebäude selbst gepflegt und teilweise erneuert werden. So viel und nicht mehr zu diesem Thema.

Kehren wir zu der begonnenen Wahrscheinlichkeitsrechnung und zu unseren Würfeln zurück. Wir haben schon eingangs festgestellt, daß kein Mensch einen Spielwürfel einmal werfen, das Ergebnis zur Kenntnis nehmen und sich dann einer anderen Beschäftigung zuwenden würde. Aus diesem Grund wollen wir untersuchen, was geschieht, wenn mehrere Würfel gleichzeitig geworfen werden oder auch ein Würfel mehrmals nacheinander fällt. (Später werden wir sehen, daß diese beiden Fälle aus der Sicht der Wahrscheinlichkeitsrechnung nicht getrennt

betrachtet zu werden brauchen.) Vor allem aber wollen wir uns über diese Würfelspielereien den Weg zur statistischen Analyse des Roulettes bahnen.
Nehmen wir diesmal 4 normale Würfel mit den Augenzahlen 1–6. Die 4 Würfel werden gleichzeitig geworfen, und wir wollen die Wahrscheinlichkeit berechnen, mit der 1, 2, 3 oder gar alle 4 Würfel die Augenzahl 6 zeigen, die bei den meisten dieser Spiele besonders begehrt ist, oder mit welcher Wahrscheinlichkeit überhaupt keine Sechs erscheint.
Wie schon zuvor geübt, müssen wir zuerst die Zahl der »möglichen Fälle« ermitteln. 4 Würfel, jeder mit 6 Seiten – $4 \times 6 = 24$. Stimmt das? Leider nicht. Diese Rechnung liefert uns lediglich die Anzahl der Würfelflächen insgesamt, die uns aber nicht weiterbringt.
Um korrekt zu sein, müssen wir folgende Überlegung anstellen: Der 1. Würfel – wir stellen uns die 4 Würfel zweckmäßigerweise in einer Reihe vor – kann 6 verschiedene Lagen einnehmen, um die Augenzahlen 1–6 zu zeigen. Zu jeder dieser Augenzahlen kann der 2. Würfel wiederum 6 Lagen einnehmen. Bereits mit 2 Würfeln beträgt die Zahl der möglichen Fälle $6 \times 6 = 36$. Nehmen wir den 3. Würfel dazu, dann erhalten wir $6 \times 6 \times 6$ oder 6^3, mit 4 Würfeln 6^4. Die Mathematiker drücken derartige Zusammenhänge gern auf allgemeine Art aus und sagen, daß die Anzahl der möglichen Fälle bei n Würfeln 6^n beträgt, wobei n jede beliebige ganze Zahl zwischen 1 und ∞ (unendlich) sein kann.
Für unsere 4 Würfel ergibt sich eine Anzahl von 1296 möglichen Fällen. Versuchen wir unser Glück weiter. Wir möchten ermitteln, mit welcher Wahrscheinlichkeit *einer* der 4 Würfel die Sechs zeigen wird, und nennen den Betrag dieser Wahrscheinlichkeit $p_{(1)}$. Die 3 anderen Würfel können beliebige andere Augenzahlen sehen lassen. Beträgt dann die »Anzahl der günstigen Fälle« 1 und hat $p_{(1)}$ damit den Wert $1/6^4 = 1/1296 = 0{,}0007716$?
Bestenfalls beim ersten Hinsehen! Bei genauerer Überlegung stellen wir fest, daß der 1. Würfel zwar nur eine Lage einnehmen darf, bei jedem der übrigen Würfel aber jeweils 5 Stellun-

gen möglich sind. Nur die mit der Augenzahl 6 ist verboten; andernfalls hätten wir nicht nur eine Sechs, wie gefordert, sondern mehrere. Was folgt daraus?

Die Zahl der günstigen Fälle beträgt nicht 1, sondern $1 \times 5 \times 5 \times 5 = 125$, und unser $p_{(1)}$ erhält den schon viel gefälligeren Wert von $125/1296 = 0{,}096$ (wir begnügen uns mit 3 Stellen hinter dem Komma).

Wie sieht es dann mit 2 Sechsen aus, mit $p_{(2)}$? Nach obiger Rechnung ergibt sich $p_{(2)}$ zu $1 \times 1 \times 5 \times 5 /1296 = 0{,}019$; für 3 Sechsen folgt auf gleiche Weise $p_{(3)} = 5/1296 = 0{,}004$ und für 4 Sechsen $p_{(4)} = 1/1296 = 0{,}001$. Bleibt nur noch die Kombination mit 4 beliebigen Zahlen ohne die Sechs. Die Zahl der günstigen Fälle beträgt hier, wie leicht einzusehen, $5^4 = 625$ und unser $p_{(0)} = 625/1296 = 0{,}482$. Fertig!

Nun addieren wir noch die errechneten Wahrscheinlichkeiten, um unser Ergebnis zu kontrollieren:

$$\begin{aligned} p_{(0)} &= 0{,}482 \\ p_{(1)} &= 0{,}096 \\ p_{(2)} &= 0{,}019 \\ p_{(3)} &= 0{,}004 \\ p_{(4)} &= 0{,}001 \\ \hline p_{(gesamt)} &= 0{,}602 \end{aligned}$$

Etwas scheint nicht zu stimmen, aber was?

Der Leser möge die bewußte Irreführung verzeihen. Sie entspricht der gutgemeinten Absicht, ihn desto sicherer zum Verständnis der Zusammenhänge und der richtigen Lösung zu lenken.

Die obige Rechnung ist nur im Fall von $p_{(0)}$ und $p_{(4)}$ richtig. Bei den übrigen p-Werten haben wir dagegen etwas übersehen. Zum Beispiel bei $p_{(1)}$ die Tatsache, daß nicht nur der 1., sondern ebensogut der 2., 3. oder 4. Würfel die gewünschte Sechs zeigen kann. Der berechnete Wert von $p_{(1)}$ muß folglich mit 4 malgenommen werden, und wir erhalten

$$p_{(1)} = 125 \times 4 /1296 = 0{,}386$$

Bei $p_{(2)}$ wird es noch komplizierter. In diesem Fall können die Würfel 1 und 2, 1 und 3 sowie 1 und 4 die Sechs zeigen, außerdem aber auch die Würfel 2 und 3, 2 und 4 und schließlich 3 und 4. Die Zahl der günstigen Fälle erhöht sich folglich entsprechend der Anzahl der angeführten Kombinationen. Wir müssen also den Faktor 6 einsetzen und erhalten

$$p_{(2)} = 25 \times 6 / 1296 = 0{,}116$$

Den Multiplikationsfaktor für $p_{(3)}$ können wir auf ähnliche Art durch Kombinieren der gegebenen Möglichkeiten erhalten. Wir können aber auch ein wenig nachdenken und gelangen dann zu der Erkenntnis, daß der Faktor den gleichen Betrag haben muß wie bei $p_{(1)}$, weil sich die gleiche Anzahl von Kombinationen, nämlich 4, ergibt, wenn wir überlegen, welcher Würfel jeweils *keine* Sechs zeigt. Die Wahrscheinlichkeit für 3 Sechsen errechnet sich dann:

$$p_{(3)} = 5 \times 4 / 1296 = 0{,}015$$

Wir versuchen unsere Kontrollrechnung von vorhin noch einmal und erhalten:

$$\begin{aligned} p_{(0)} &= 0{,}482 \\ p_{(1)} &= 0{,}386 \\ p_{(2)} &= 0{,}116 \\ p_{(3)} &= 0{,}015 \\ p_{(4)} &= 0{,}001 \\ \hline p_{(gesamt)} &= 1{,}000 \end{aligned}$$

Ein großes Aufatmen: Die Summe aller Einzelwahrscheinlichkeiten beträgt tatsächlich 1! Die (diesmal korrekte) Wahrscheinlichkeit, daß bei einem Wurf (aller 4 Würfel gleichzeitig) *keine* Sechs fällt, beträgt, wie soeben errechnet, fast 50%, die für *eine* Sechs etwa 40%, die für 2 Sechsen noch etwa 11%, für 3 Sechsen nur etwa 1,5% und für 4 Sechsen schließlich ganze 0,1%. (Bitte

nicht daran stoßen, daß die Summe der gerundeten Prozentzahlen größer als 100 ist.)
Im 1. Teil dieses Kapitels haben wir die Wahrscheinlichkeit für das Werfen eines Würfels als »Lattenzaun« dargestellt. Einen ähnlichen Zaun können wir auch für die soeben berechneten Wahrscheinlichkeitswerte zeichnen. Bild 7.3 zeigt das Ergebnis. Wie aber ist das Bild zu interpretieren? Es stellt etwas wesentlich anderes dar als die Bilder 7.1 und 7.2.
Wir sagen, es zeigt die *Wahrscheinlichkeitsverteilung* dafür, wie oft bei einem bestimmten Sachverhalt oder einer gegebenen Versuchsanordnung, in unserem Fall beim gleichzeitigen Werfen von 4 Würfeln, eine bestimmte Zahl (hier die Sechs) fallen wird.
Wie wir aber schon wissen, stellt sich der sogenannte statistische Ausgleich bei der praktischen Durchführung des einschlägigen Versuchs erst nach einer größeren Zahl von Wieder-

Bild 7.3

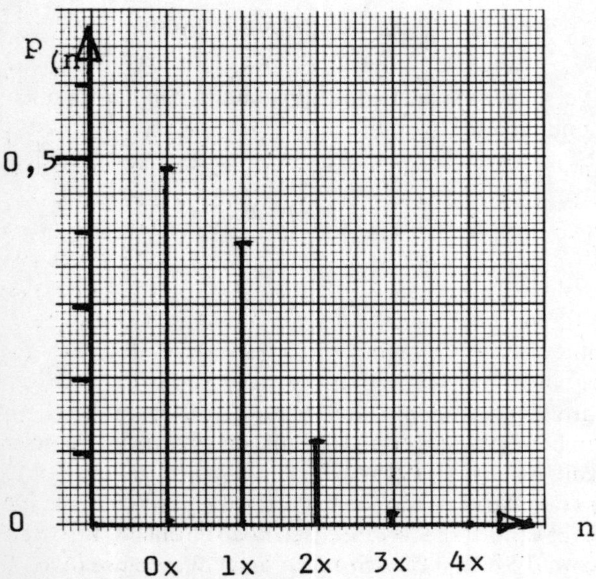

holungen ein. Der experimentierfreudige Leser wird hiermit ermuntert, den Versuch selbst durchzuführen und 20-, 30- oder auch 100mal 4 Würfel aus einem Becher auf den Tisch zu kippen, selbstverständlich nach jeweils gründlichem Schütteln. Dabei ist eine Strichliste für die Fälle von 0, 1, 2, 3 oder 4 Sechsen je Wurf zu führen. Nach dem Würfeln werden die Striche addiert, in Prozentwerte umgerechnet (bei 100 Würfen besonders einfach) und in ein Diagramm eingetragen, ähnlich Bild 7.3. Sollte sich keine gute Übereinstimmung zeigen, sind entweder die Würfel nicht einwandfrei, oder der Experimentator hat parapsychologische Fähigkeiten oder einfach Pech.
Sicherlich ist Ihnen, verehrter Leser, spätestens jetzt klargeworden, warum unsere Überlegungen bisher so oft von dem noblen Roulette zu den simplen Würfeln abgeglitten sind: Die Berechnungen sind einfacher, und wer die Theorie anhand praktischer Versuche nachprüfen möchte, kann sich gewiß einen Satz guter Würfel leichter beschaffen als eine hinreichend präzise Roulettemaschine.
Ich habe meinen Sohn veranlaßt, gegen ein kleines Zusatztaschengeld den oben beschriebenen Versuch durchzuführen. Bild 7.4 zeigt die Strichliste, Bild 7.5 die zugehörige Verteilung, eingetragen in das Diagramm aus Bild 7.3.
Die Übereinstimmung ist gewiß nicht ideal, doch durchaus augenfällig. Immerhin handelt es sich um den ersten und einzigen Ansatz und nicht etwa um einen sogenannten »gekitzelten« Versuch. Im übrigen wird dem Leser noch einmal empfohlen, das Experiment nachzuvollziehen, vielleicht sogar mit 200 oder mehr Würfen, oder als Übung die Wahrscheinlichkeitsverteilung für beispielsweise 3 oder 5 Würfel zu berechnen und anschließend experimentell zu überprüfen. Der Aufwand ist gering im Verhältnis zu dem Vergnügen, das ein richtiges Ergebnis bereitet.
Bevor wir uns wieder dem Roulette zuwenden, sind noch 2 wichtige Fragen zu klären:
Zum einen wurde oben die Behauptung aufgestellt, das gleichzeitige Werfen von 4 Würfeln und das viermalige Werfen eines einzelnen Würfels wären aus der Sicht der angestellten Wahr-

Bild 7.4

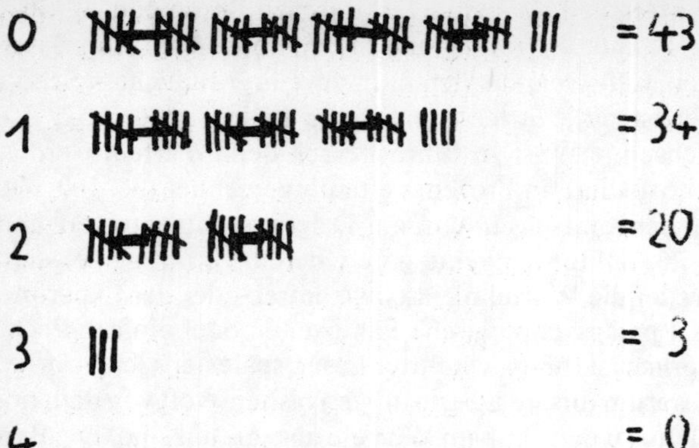

Bild 7.5

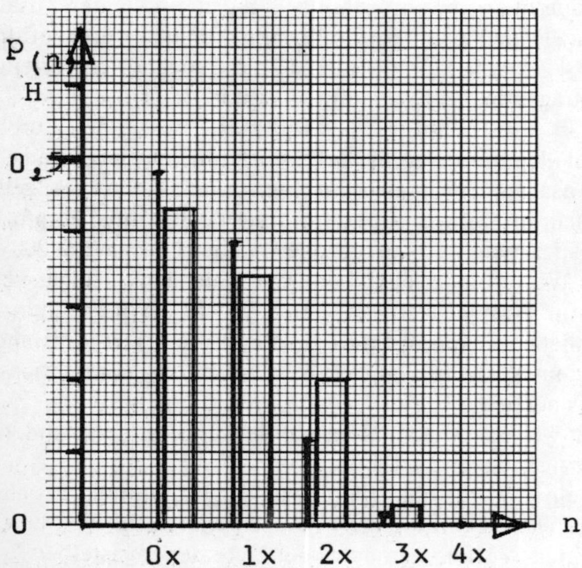

scheinlichkeitsüberlegungen gleichwertig. Diese Aussage muß noch bewiesen oder zumindest glaubhaft gemacht werden. Zum anderen wurde vorstehend die Einschränkung gemacht, daß die Betrachtungen für das Fallen einer bestimmten Zahl, in unserem Beispiel der Sechs, gültig sind. Wie aber steht es mit den anderen Zahlen?

Beginnen wir mit der 2. Frage. Bisher wurde berechnet, wie oft in einer bestimmten Anzahl von Würfen die Sechs fällt, und zwar jeweils einmal, zweimal, dreimal oder viermal innerhalb eines Wurfs. Die gleiche Rechnung stimmt selbstverständlich auch für die 5 übrigen Augenzahlen, aber wir müssen uns entscheiden, welche wir betrachten wollen. (Beim Roulette setzen wir schließlich auch auf eine von 37 Zahlen; bei allen anderen Chancen addieren sich die Wahrscheinlichkeiten entsprechend der Anzahl der belegten Nummern.)

Wie aber verhält es sich mit dem Nebeneinander der gewürfelten Augenzahlen? Kann man auch die Frage stellen, wie oft die Fünf, wie oft die Vier, die Drei, Zwei und Eins fällt, wenn entsprechend häufig gewürfelt wird?

Natürlich, die Frage kann durchaus gestellt werden (wie schließlich jede andere denkbare Frage auch), und sie läßt sich auch beantworten, sogar mit unseren bisher erworbenen Kenntnissen und vielleicht ein bißchen Nachhilfe. Dazu müssen wir aber das bisher bevorzugte Modell des gleichzeitigen Würfelns verlassen – es war ohnehin nur als Leitfaden oder Vorstufe gedacht – und uns der Serie von mehreren Würfen nacheinander zuwenden. Damit sind wir automatisch an der 1. Frage angelangt.

Die Beantwortung ist nicht sonderlich schwierig. Wir brauchen uns nur vorzustellen, daß wir unsere 4 Würfel nicht gleichzeitig werfen, sondern nacheinander, den 1., dann den 2., 3. und 4. Würfel, bis alle vier mit ihren zufälligen Augenzahlen vor uns liegen. Soweit besteht gegenüber dem gleichzeitigen Werfen der Würfel noch kein Unterschied, denn genaugenommen fallen die 4 Würfel ohnehin nicht absolut gleichzeitig auf den Tisch und kommen auch nicht gleichzeitig zur Ruhe.

Gehen wir einen kleinen Schritt weiter: Wir werfen den 1. Würfel, notieren die Augenzahl, legen den Würfel beiseite, werfen den 2., notieren, den 3., notieren und werfen schließlich den 4. Würfel. Wenn wir aber die Ergebnisse ohnehin aufschreiben, sind wir nicht mehr darauf angewiesen, mit 4 einzelnen Würfeln zu arbeiten, sondern uns genügt eigentlich einer. Solange wir eine Serie von 4 Würfen als Einheit betrachten, gilt die gleiche Rechnung und Wahrscheinlichkeitsverteilung wie für das gleichzeitige Werfen einer Vierergruppe. Und dies galt es zu beweisen.

Das Werfen eines einzelnen Würfels in Viererserien ist allerdings ungewöhnlich und gewissermaßen widernatürlich. Beim Roulette wird schließlich auch ein Spiel nach dem anderen abgewickelt, ohne irgendeine Gruppenunterteilung, und wenn wir mit unseren Würfelspielen die Gesetzmäßigkeiten des Roulettes ergründen wollen, dann müssen wir wohl oder übel ebenfalls eine kontinuierliche Folge von Einzelwürfen betrachten. Man kann sich schließlich auch einen besonderen »Würfel« vorstellen, einen Vielflächner oder einen Polyeder mit 37 Seiten, numeriert von 0 bis 36. Mit einem solchen 37flächner könnte man durchaus richtiges Roulette betreiben; besonders schön wäre das Spiel aber vermutlich nicht.

Immer noch ungeklärt ist indessen die schon in Kapitel 4 angeschnittene Frage, welche Zahlen wie oft fallen, denn bisher wurden alle Überlegungen und Untersuchungen immer nur auf die Sechs bezogen. Die Lösung können wir rein überlegungsmäßig finden, am besten noch einmal mit der schon vertrauten Gruppe von 4 Würfeln, bevor wir sie endgültig verlassen. Unsere Überlegungen können wir auf folgenden, bereits akzeptierten Erkenntnissen aufbauen:

1. Die Wahrscheinlichkeiten für das einmalige, zweimalige, dreimalige und viermalige Auftreten einer Sechs in einem Wurf und für ihr völliges Fehlen sind bereits bekannt.
2. Die für die Sechs berechnete Wahrscheinlichkeitsverteilung gilt auch für jede der übrigen 5 Augenzahlen.
3. Die Wahrscheinlichkeit, mit der ein Würfel eine bestimmte Augenzahl zeigt, beträgt für jede der 6 Augenzahlen 1/6.

Wagen wir uns mit diesen Kenntnissen frisch an die Aufgabe. Gemäß berechneter Wahrscheinlichkeitsverteilung ist unter den

100 Würfen (von je 4 Würfeln) die Sechs 38,6mal auf einem der 4 Würfel erschienen. Auf den übrigen 3 Würfeln war folglich eine andere Zahl zu sehen. Wir können schreiben:

die 6	*die 1 bis 5*
0,386 × 100 × 1 = 38,6	0,386 × 3 × 100 = 115,8

Für 2 Sechsen gleichzeitig gilt:

0,116 × 100 × 2 = 23,2	0,116 × 2 × 100 = 23,2

Insgesamt entsteht bei Durchrechnung des Beispiels nach diesem Schema folgende Tabelle:

Die Sechs erscheint	die Sechs insgesamt	andere Zahlen insgesamt
0 ×	0,482 × 0 × 100 = 0,0	0,482 × 4 × 100 = 192,8
1 ×	0,386 × 1 × 100 = 38,6	0,386 × 3 × 100 = 115,8
2 ×	0,116 × 2 × 100 = 23,2	0,116 × 2 × 100 = 23,2
3 ×	0,015 × 3 × 100 = 4,5	0,015 × 1 × 100 = 1,5
4 ×	0,001 × 4 × 100 = 0,4	0,001 × 0 × 100 = 0,0
	66,7	333,3

Diese Aufstellung zeigt, das die Sechs bei den 100 Vierfachwürfen, somit auf 400 gedachten Würfeln, 66,7mal erschienen ist. (Bei unserem praktischen Versuch war sie insgesamt 83mal oben. Vielleicht hatte der junge Experimentator gerade eine glückliche Hand.) Die restlichen 333,3 Würfel-Oberseiten stünden folglich für die Zahlen 1 . . .5 zur Verfügung. Die Addition von 66,7 und 333,3 ergibt genau 400, was auch nicht anders sein darf. (Mit Dezimalbrüchen von Häufigkeiten zu rechnen ist hier an sich widersinnig, denn die Sechs zum Beispiel kann entweder 66mal oder 67mal fallen, aber nicht 66,7mal. Die Dezimalbrüche wurden jedoch beibehalten, um die Genauigkeit der Ergebnisse besser zu veranschaulichen.)
66,7 ist aber außerdem (fast) genau ein Sechstel von 400 und ein Fünftel von 333,3. Demnach besteht zwischen der Sechs und den übrigen 5 Augenzahlen zumindest theoretisch die erwartete (und auch der Rechnung zugrunde gelegte) Chancengleichheit, und es ist nicht einzusehen, warum sich die noch nicht näher untersuchten 333,3 Würfelpositionen nicht ebenfalls

gleichmäßig auf die Augenzahlen 1–5 verteilen sollten. Theoretisch, wohl gemerkt.
Weitergebracht hat uns die vorstehende Rechnerei vorläufig nicht, denn wir wollten an sich wissen, wieviel von den 6 möglichen Augenzahlen nach einer bestimmten Anzahl von Würfen voraussichtlich einmal, zweimal oder häufiger beziehungsweise überhaupt nicht erscheinen werden.
Um es noch deutlicher auszudrücken: Wir suchen die Antwort auf die Frage: Wie viele Seiten des Würfels werden nach beispielsweise 12 Würfen genau einmal gefallen sein? Zwei – etwa die 3 und die 5? Oder nur eine, vielleicht die 6? Wird eine Augenzahl überhaupt nicht fallen oder werden es zwei sein?
Eine ähnliche Analyse der gefallenen Nummern beim Roulette haben wir in Kapitel 4 bereits kennengelernt (Bild auf S. 47). Dabei handelt es sich, wie gesagt, um eine Analyse eines bereits stattgefundenen Vorgangs. Was wir nun zustande bringen möchten, ist gewissermaßen das Gegenstück zur Analyse, nämlich die Synthese, der Aufbau einer zufallsabhängigen Verteilung mittels der Wahrscheinlichkeitsrechnung.
Bei der Analyse haben wir bisher 2 Darstellungsarten verwendet, wie sie in den folgenden Bildern 7.6 und 7.7 noch einmal in Erinnerung gerufen werden. Wir bezeichnen Bild 7.6, wie schon erwähnt, als *ungeordnetes Häufigkeitsdiagramm,* Bild 7.7 als *geordnetes Häufigkeitsdiagramm.* Ähnlich wie wir am Anfang dieses Kapitels eine Wahrscheinlichkeitsverteilung berechnet, gezeichnet (Bild 7.3) und dann mit einer durch den Versuch ermittelten Häufigkeitsverteilung (Bild 7.5) verglichen haben, können wir auch für die Roulettezahlen aus Bild 7.7 eine Häufigkeitsverteilung ähnlich Bild 7.5 zeichnen. Die Werte liefert uns die Tabelle 19.
Unter Umkehrung des bisherigen Vorgehens wollen wir jetzt für eine bereits bekannte Häufigkeitsverteilung eine Berechnungsmethode finden, die eine möglichst gut angepaßte Wahrscheinlichkeitsverteilung ergibt. Dabei dürfen wir 2 Tatsachen nicht übersehen:
1. Die Werte der Wahrscheinlichkeitsverteilung sind Dezimalbrüche, deren Summe 1,0 ergeben muß. Die Werte der Häu-

```
BB1210 1  BIS  334

 0   I+++++
 1   I+++++++++
 2   I++++++++++
 3   I++++++++++
 4   I++++++++++
 5   I+++++++++++
 6   I+++++++
 7   I+++++
 8   I++++++++
 9   I++++
 10  I+++++++++++++
 11  I++++++++++
 12  I++++++++++
 13  I+++++++++++++
 14  I+++++++++++
 15  I+++++
 16  I+++++++++++
 17  I++++++++
 18  I++++++++
 19  I+++++++++
 20  I+++++++++++++
 21  I++++
 22  I++++++++
 23  I++++++++++
 24  I++++++
 25  I+++++++++++
 26  I++++++++
 27  I++++++
 28  I+++++++++++
 29  I+++++++++++++
 30  I+++++++
 31  I+++++++++
 32  I++++++++
 33  I++++++++
 34  I+++++++++
 35  I++++++++++++++
 36  I++++++++++++
```

Bild 7.6

```
BB1210 1  BIS  334

 9   I++++
 21  I++++
 0   I+++++
 7   I+++++
 15  I+++++
 24  I++++++
 27  I++++++
 6   I+++++++
 30  I+++++++
 8   I++++++++
 17  I++++++++
 18  I++++++++
 22  I++++++++
 26  I++++++++
 32  I++++++++
 33  I++++++++
 1   I+++++++++
 19  I+++++++++
 31  I+++++++++
 34  I+++++++++
 2   I++++++++++
 3   I++++++++++
 4   I++++++++++
 11  I++++++++++
 12  I++++++++++
 23  I++++++++++
 5   I+++++++++++
 14  I+++++++++++
 16  I+++++++++++
 25  I+++++++++++
 28  I+++++++++++
 36  I++++++++++++
 10  I+++++++++++++
 13  I+++++++++++++
 20  I+++++++++++++
 29  I+++++++++++++
 35  I++++++++++++++
```

Bild 7.7

nach bestimmten Regeln zu berechnen ist und einen gegebenen Wert erreichen muß. Um die beiden Verteilungen in bestmögliche Übereinstimmung zu bringen, ist ein Anpassungsverfahren erforderlich.

2. Die Anzahl der Augenmöglichkeiten beim Würfel und die der Nummern beim Roulette ist eindeutig vorgegeben und beträgt in einem Fall 6, im anderen 37.

Die zweitgenannte Tatsache begrenzt zwar unseren Bewegungsspielraum, hilft uns aber andererseits beim Finden der Lösung. Stellen wir uns zur Erläuterung eine frei erdachte Häufigkeitsverteilung eines Würfelexperiments vor, wie sie das Bild 7.8a zeigt. Dieses Diagramm besagt, daß es keine Augenzahl gibt, die nullmal gefallen ist, daß 2 Augenzahlen je einmal, 4 Augenzahlen je zweimal, 3 Augenzahlen je dreimal und 1 Augenzahl viermal gefallen sind bzw. ist. Eine solche Verteilung ist für den klassischen Würfel nicht möglich, denn er hat nur 6 verschie-

Bild 7.8a

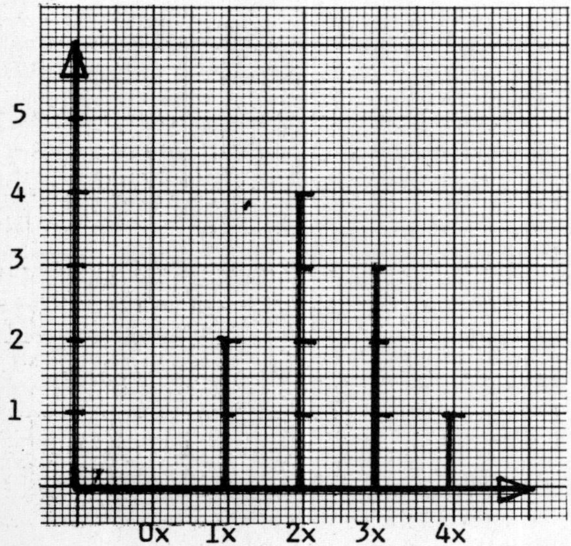

dene Augenzahlen aufzuweisen, während unsere Häufigkeitsverteilung deren 10 fordert.
Würden wir die senkrechte Linie »2x« aus der Verteilung entfernen, so, daß sich Bild 7.8b ergibt, dann wäre die Darstellung für einen normalen Spielwürfel richtig. Bei dem Versuch, den Bild 7.8b beschreibt, wären 2 Möglichkeiten je einmal gefallen (z. B. die 2 und die 4), 3 Augenzahlen wären je dreimal aufgetreten (z. B. die 3, die 5 und die 6) und die verbleibende 1 hätte sich sogar viermal gezeigt. Nichts spricht dagegen, die zugehörigen Augenzahlen zur Verdeutlichung der Zusammenhänge in das Diagramm einzutragen, wie in Bild 7.8b geschehen.
Die Häufigkeitsverteilung bietet uns aber noch eine 2. Information bzw. Kontrollmöglichkeit: die Anzahl der Würfel bzw. Würfel. Wenn die 2 und die 4 je einmal erschienen sind, dann wurde genau zweimal gewürfelt. (Den Umstand, daß ebensogut ein Wurf mit 2 Würfeln gleichzeitig erfolgt sein kann, betrachten wir von nun an als selbstverständlich und erwähnen ihn nicht

Bild 7.8b

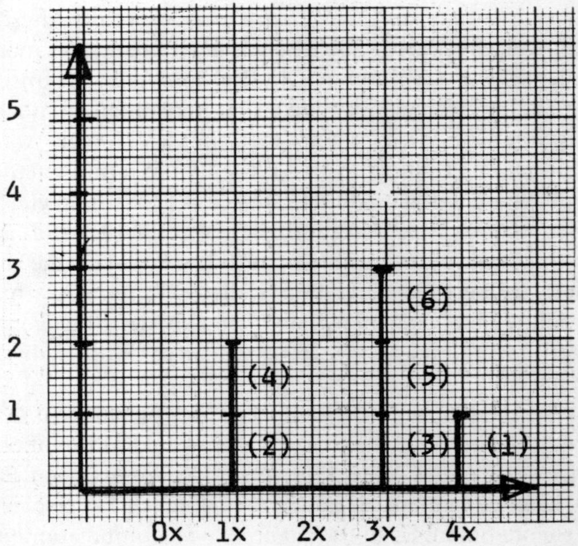

mehr.) Um die 3, die 5 und die 6 je dreimal zu erhalten, mußten wir neunmal würfeln, und für die vierfache 1 noch weitere viermal, insgesamt somit 15mal ($2 \times 1 + 3 \times 3 + 1 \times 4 = 2 + 9 + 4 = 15$). Wäre in Wirklichkeit zum Beispiel 16mal gewürfelt worden, dann wären wir durch diese kleine Kontrollrechnung auf den Fehler aufmerksam gemacht worden.

Versuchen wir nun eine Synthese, wie vorstehend erwähnt, und zwar für das 12malige Werfen eines Würfels. Die Zahl Zwölf bietet sich insofern an, als dann jede der 6 Augenzahlen theoretisch zweimal erscheinen kann. Selbstverständlich wird in der Praxis diese Verteilung 2:2:2:2:2:2 niemals eintreten, sondern es werden einige Zahlen einmal, einige zweimal, einige dreimal und manche überhaupt nicht fallen, wie bereits anhand der obigen Häufigkeitsverteilung erläutert. Nur die Summe wird und muß 12 betragen.

Betrachten wir zunächst wieder die 6. Wie hoch ist die Wahrscheinlichkeit, daß sie nach 12 Würfen bzw. einem Wurf mit 12 Würfeln gleichzeitig nullmal erscheint?

Die Zahl der möglichen Fälle ist, wie wir schon wissen, $6^{12} = 2{,}176 \times 10^9$, also etwa 2 Milliarden. Aber keine Angst. Die Anzahl der günstigen Fälle ist auch nicht eben klein, nämlich 5^{12} oder etwa 244 Millionen. Die Division ergibt für unser $p_{(0)}$ den recht handlichen Wert von 0,112. Berechnen wir noch den Betrag von $p_{(12)}$. Wir erhalten den lächerlich kleinen Wert von $4{,}6 \times 10^{-10}$, den Kehrwert von $2{,}176 \times 10^{10}$. Wir müßten theoretisch 2milliardenmal würfeln (jeweils mit 12 Würfeln gleichzeitig), um einmal 12 Sechsen zu erhalten. Wer alle 10 Sekunden einmal würfeln würde, der müßte sich 690 Jahre rund um die Uhr abmühen, um diese Konfiguration (vielleicht) einmal zu erhalten.

Wie sieht es bei unserem $p_{(1)}$ aus? Die Zahl der günstigen Fälle beträgt 12×5^{11} und $p_{(1)} = 0{,}269$. Auch dieser Wert ist durchaus handlich.

Für $p_{(2)}$ müssen wir bedenken, daß die beiden Würfel, bei denen die 6 oben liegt, beliebige Plätze in der Reihe einnehmen können (siehe auch Seite 128). Während der erste auf Platz 1 steht, kann der andere die Plätze 2–12, folglich 11 verschiedene Plätze einnehmen. Es gibt somit bereits 11 Kombinationen. Für

den Platz 2 des 1. Würfels gibt es noch 10, für den 3. Platz 9 usw. Insgesamt sind es $1+2+3+4+5+6+7+8+9+10+11=66$ Kombinationen, die mit 5^{10} zu multiplizieren sind, um die Zahl der günstigen Fälle zu erreichen.
Ohne die ganze Rechnung wiederzugeben, erhalten wir für $p_{(2)} =$ 0,296. Für $p_{(3)}$ (= 0,197) beträgt die Zahl der Kombinationen 220, die der günstigen Fälle 220×5^9, $p_{(4)}$ beträgt 0,074 und $p_{(5)}$ 0,028. Die Summe von $p_{(0)}$ bis $p_{(5)}$ beträgt 0,976.
Das bedeutet, daß für die restlichen Möglichkeiten, nämlich daß die 6 sechsmal, siebenmal oder häufiger erscheint, nur noch eine Wahrscheinlichkeit von insgesamt 0,024 übrigbleibt. Das sind aber immerhin von 2,4%. Um ein einigermaßen ruhiges Gewissen zu haben, berechnen wir noch $p_{(6)}$ und erhalten 0,007, womit wir uns schließlich begnügen wollen.
Stellen wir die vorstehenden Einzelergebnisse zusammen, dann erhalten wir die Spalten 1 und 2 der Tabelle 24. In der 3. Spalte sind die Werte aus Spalte 2 in Prozent umgerechnet, da diese Darstellungsweise etwas »handlicher« und eher gewohnt ist.

Tabelle 24

1 i	2 $P_{(i)}$	3 $P_{(i)}$%	4 H	5 Nummern	6 H(%)	7 Abweichg.
0	0,112	11,2	0	–	0,0	–11,2
1	0,269	26,9	2	2,3	33,3	+ 6,4
2	0,296	29,6	2	4,6	33,3	+ 3,7
3	0,197	19,7	2	1,5	33,3	+13,6
4	0,074	7,4	0	-	0,0	– 7,4
5	0,028	2,8	0	-	0,0	– 2,8
6	0,007	0,7	0	-	0,0	– 0,7
Summe	0,983	98,3	6		100,0	+ 1,6

Spalte 4 der Tabelle 24 enthält die Ergebnisse eines einmaligen und zufälligen Versuchs, bei dem 1 Würfel 12mal nacheinander geworfen wurde. (Die Strichliste dazu schenken wir uns diesmal.) In Spalte 5 ist angegeben, um welche Augenzahlen es sich bei den einzelnen Häufigkeiten gehandelt hat. Spalte 6 enthält die Häufigkeiten in % und Spalte 7 die Abweichungen zwischen den Prozentwerten der Spalten 3 und 6.

Die graphische Darstellung dieses Würfelexperiments zeigt Bild 7.9a. Es ist das »authentische Äquivalent« zu Bild 7.8b, denn letzteres entstammt lediglich einem Gedankenexperiment. Es sollte trotz starker Ähnlichkeiten auf keinen Fall mit Bild 7.1 oder 7.2 verwechselt werden, denn diese zeigen rechnerisch ermittelte Wahrscheinlichkeitswerte, während Bild 7.9a die durch einen Versuch ermittelten Häufigkeiten der einzelnen Augenzahlen oder Nummern darstellt.
Etwas ganz anderes dagegen ist Bild 7.9b, das zu dem erwähnten Würfelexperiment gehörende Häufigkeitsdiagramm. Es zeigt an, wie oft jede der 6 Augenzahlen bei dem Experiment mit 12 Würfen gefallen ist. Wir kennen es bereits aus dem Kapitel 6 vom Roulette her (Bild 7.6) als sogenanntes »ungeordnetes Häufigkeitsdiagramm«. Zum Vergleich zeigt Bild 7.10 auch noch das »geordnete« Häufigkeitsdiagramm zu Bild 7.9b, ähnlich dem für das Roulette berechneten und ausgedruckten Bild 7.7.

Bild 7.9a

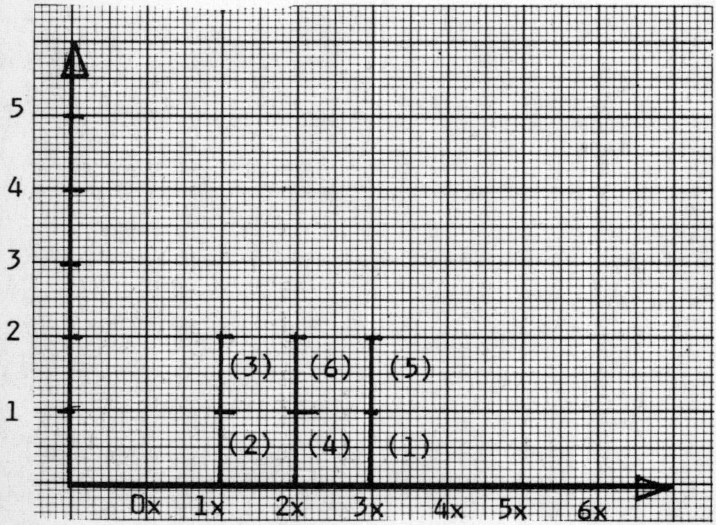

Bild 7.9b

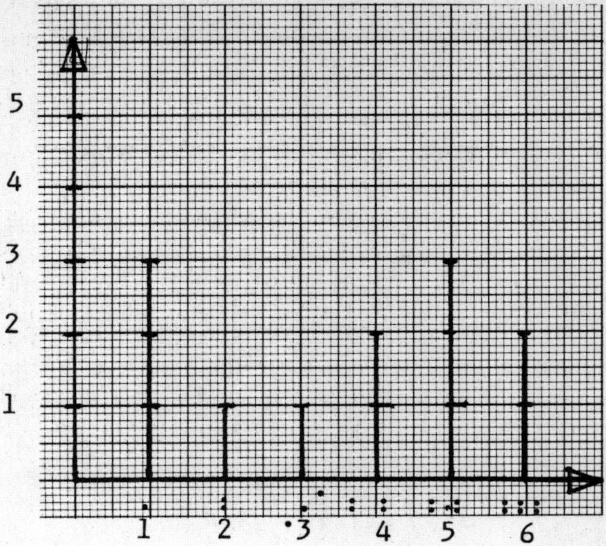

Bild 7.10

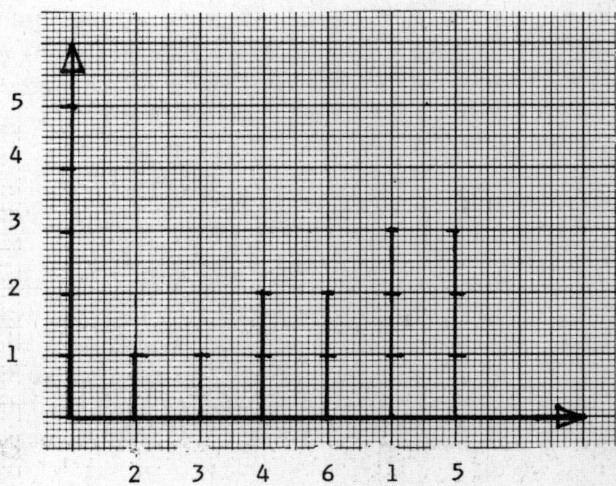

Bild 7.11

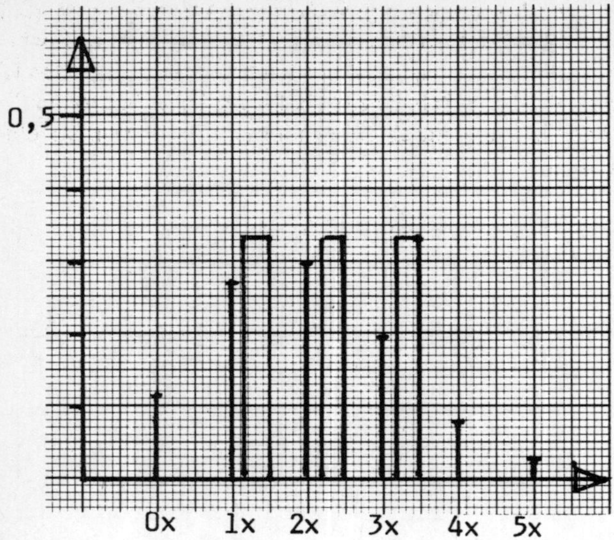

In Bild 7.11 schließlich ist der Vergleich der Spalten 3 und 6 der Tabelle 24 noch einmal graphisch dargestellt, ähnlich Bild 7.5. Die rechnerischen Wahrscheinlichkeitswerte sind als senkrechte Linien, die authentischen Häufigkeitswerte als Rechtecke eingezeichnet. Mit derartigen Vergleichen werden wir uns in den Kapiteln 9 und 10 noch eingehender beschäftigen.

Als letzte Darstellung zu diesem Kapitel zeigt die Tabelle 25 die vom Computer ermittelten und auf 3 Dezimalstellen gerundeten Wahrscheinlichkeitswerte für einen normalen Spielwürfel mit 6 Augenzahlen (N = 6) und für 1–60 Würfe. (I = 1 bedeutet, daß immer nur 1 Würfel geworfen wird.) In Zeile 12 finden wir beispielsweise die Werte aus Spalte 2 der Tabelle 24 wieder.

In Zeile 1, Spalte P (1), erscheint die in diesem Kapitel so häufig erwähnte Wahrscheinlichkeit für das Fallen einer bestimmten Augenzahl bei einmaligem Würfeln ($1/6 = 0{,}16\overline{6}$, gerundet 0,167). In der Zeile für n = 4 schließlich werden die Werte bestätigt, die wir auf Seiten 128/129 so mühsam für das null- bis viermalige Erscheinen der Sechs bei 4 Würfen berechnet haben. Ob 4 Würfel auf einmal oder 1 Würfel viermal geworfen werden bzw. wird, das ist, wie wir schon wissen, unerheblich. Wie die Werte für Tabelle 25 oder für ähnliche Wahrscheinlichkeitstabellen berechnet werden können, erfahren wir im folgenden Kapitel.

Tabelle 25

WAHRSCHEINLICHKEITSTABELLE FÜR I = 1 UND N = 6

n:	P(0)	P(1)	P(2)	P(3)	P(4)	P(5)	P(6)	P(7)	P(8)	P(9)	P(10)	P(11)
1	.833	.167	.000	.000	.000	.000	.000	.000	.000	.000	.000	.000
2	.694	.278	.028	.000	.000	.000	.000	.000	.000	.000	.000	.000
3	.579	.347	.069	.005	.000	.000	.000	.000	.000	.000	.000	.000
4	.482	.386	.116	.015	.001	.000	.000	.000	.000	.000	.000	.000
5	.402	.402	.161	.032	.003	.000	.000	.000	.000	.000	.000	.000
6	.335	.402	.201	.054	.008	.001	.000	.000	.000	.000	.000	.000
7	.279	.391	.234	.078	.016	.002	.000	.000	.000	.000	.000	.000
8	.233	.372	.260	.104	.026	.004	.000	.000	.000	.000	.000	.000
9	.194	.349	.279	.130	.039	.008	.001	.000	.000	.000	.000	.000
10	.162	.323	.291	.155	.054	.013	.002	.000	.000	.000	.000	.000
11	.135	.296	.296	.178	.071	.020	.004	.001	.000	.000	.000	.000
12	.112	.269	.296	.197	.089	.028	.007	.001	.000	.000	.000	.000
13	.093	.243	.292	.214	.107	.038	.010	.002	.000	.000	.000	.000
14	.078	.218	.284	.227	.125	.050	.015	.003	.001	.000	.000	.000
15	.065	.195	.273	.236	.142	.062	.021	.005	.001	.000	.000	.000
16	.054	.173	.260	.242	.158	.076	.028	.008	.002	.000	.000	.000
17	.045	.153	.245	.245	.172	.089	.036	.011	.003	.001	.000	.000
18	.038	.135	.230	.245	.184	.103	.045	.015	.004	.001	.000	.000
19	.031	.119	.214	.243	.194	.116	.054	.020	.006	.001	.000	.000
20	.026	.104	.198	.238	.202	.129	.065	.026	.008	.002	.000	.000
21	.022	.091	.183	.231	.208	.142	.075	.032	.011	.003	.001	.000
22	.018	.080	.167	.223	.212	.153	.086	.040	.015	.005	.001	.000
23	.015	.069	.153	.214	.214	.163	.098	.047	.019	.006	.002	.000
24	.013	.060	.139	.204	.214	.171	.108	.056	.024	.008	.003	.001
25	.010	.052	.126	.193	.212	.178	.119	.064	.029	.011	.004	.001
26	.009	.045	.114	.182	.209	.184	.129	.074	.035	.014	.005	.001
27	.007	.039	.102	.170	.204	.188	.138	.083	.041	.017	.006	.002
28	.006	.034	.092	.159	.199	.191	.146	.092	.048	.021	.008	.003
29	.005	.029	.082	.148	.192	.192	.154	.101	.056	.026	.010	.004
30	.004	.025	.073	.137	.185	.192	.160	.110	.063	.031	.013	.005
31	.004	.022	.065	.126	.177	.191	.165	.118	.071	.036	.016	.006
32	.003	.019	.058	.116	.168	.189	.170	.126	.079	.042	.019	.008
33	.002	.016	.051	.106	.160	.185	.173	.133	.087	.048	.023	.010
34	.002	.014	.046	.097	.151	.181	.175	.140	.094	.055	.027	.012
35	.002	.012	.040	.089	.142	.176	.176	.146	.102	.061	.032	.014
36	.001	.010	.036	.081	.133	.170	.176	.151	.109	.068	.037	.017
37	.001	.009	.031	.073	.124	.164	.175	.155	.116	.075	.042	.021
38	.001	.007	.028	.066	.116	.157	.173	.158	.123	.082	.047	.024
39	.001	.006	.024	.060	.107	.150	.170	.161	.129	.089	.053	.028
40	.001	.005	.021	.054	.099	.143	.167	.162	.134	.095	.059	.032
41	.001	.005	.019	.048	.092	.136	.163	.163	.139	.102	.065	.037
42	.000	.004	.016	.043	.085	.129	.159	.163	.143	.108	.071	.041
43	.000	.003	.014	.039	.078	.121	.154	.162	.146	.114	.077	.046
44	.000	.003	.012	.035	.071	.114	.148	.161	.149	.119	.083	.052
45	.000	.002	.011	.031	.065	.107	.143	.159	.151	.124	.089	.057
46	.000	.002	.009	.028	.059	.100	.137	.156	.152	.129	.095	.062
47	.000	.002	.008	.025	.054	.093	.130	.153	.153	.132	.101	.068
48	.000	.002	.007	.022	.049	.087	.124	.149	.153	.136	.106	.073
49	.000	.001	.006	.019	.045	.080	.118	.145	.152	.139	.111	.079
50	.000	.001	.005	.017	.040	.075	.112	.140	.151	.141	.116	.084
51	.000	.001	.005	.015	.037	.069	.106	.136	.149	.143	.120	.089
52	.000	.001	.004	.013	.033	.063	.099	.131	.147	.144	.124	.094
53	.000	.001	.004	.012	.030	.058	.093	.125	.144	.144	.127	.099
54	.000	.001	.003	.011	.027	.054	.088	.120	.141	.144	.130	.104
55	.000	.000	.003	.009	.024	.049	.082	.115	.138	.144	.132	.108
56	.000	.000	.002	.008	.022	.045	.076	.109	.134	.143	.134	.112
57	.000	.000	.002	.007	.019	.041	.071	.104	.130	.141	.136	.116
58	.000	.000	.002	.006	.017	.037	.066	.098	.125	.139	.137	.119
59	.000	.000	.001	.006	.016	.034	.061	.093	.121	.137	.137	.122
60	.000	.000	.001	.005	.014	.031	.057	.088	.116	.134	.137	.125

8. Der Biß in den sauren Apfel oder das notwendige bißchen Mathematik

Der Gesamtumfang des mathematischen Stoffes, mit dem der Leser dieses Buches bekannt gemacht oder behelligt werden soll, beschränkt sich auf eine einzige Formel. Sie ist zwar nicht ausgesprochen einfach, aber auch nicht sonderlich kompliziert. Jeder, der irgendwann einmal den Umgang mit Brüchen und Potenzen kennengelernt hat, wird sie ohne Schwierigkeiten »verdauen« können.

Die Formel geht auf das von Sir Isaac Newton (1643–1727) erstmals definierte sogenannte Binomium zurück und ermöglicht uns sämtliche Berechnungen, die wir für unsere Analysen und Synthesen im Zusammenhang mit dem Roulette brauchen, einschließlich der vorbereitenden Spielchen mit Würfeln. Allerdings liegen dem Versuch weder Würfel noch das Roulette zugrunde, sondern ein anderes Modell von gewissermaßen klassischer Art, wie es für mathematisch-statistische Überlegungen typisch ist:

Man denke sich ein Gefäß passender Größe, in das man zwar bequem mit der Hand hineingreifen kann, dessen Inneres aber nicht einzusehen ist. In diesem Gefäß befinden sich Kugeln, die sich nur durch ihre Farben unterscheiden, ansonsten völlig gleich sind. Es mögen nur Kugeln in den Farben des Roulettes vorhanden sein, schwarze und rote. Für die weiße Null soll es keine Entsprechung geben.

Greift nun jemand »blind« in das Gefäß hinein - man spricht auch gern von einer Urne -, dann kann er keinesfalls erkennen, welche Farbe die einzelne Kugel hat, die er berührt oder herauszunehmen beabsichtigt - solange die Kugel nicht ans Tageslicht gebracht und durch Augenschein als schwarz oder rot identifiziert worden ist.

Die Gesamtzahl der Kugeln in der Urne wollen wir mit N bezeichnen, die Zahl der roten Kugeln mit I. (Die Anzahl der schwarzen Kugeln ergibt sich dann selbstverständlich aus N–I.) Im Gegensatz zum Roulette sollen aber nicht gleichviel schwarze wie rote Kugeln vorhanden sein. Schwarz sei vielmehr die »Normalfarbe« und Rot die »Ausnahmefarbe«.

Die Prozedur, die durch unsere Formel beschrieben wird, sieht nun wie folgt aus: Man entnimmt (ohne hinzusehen) eine Kugel, notiert ihre Farbe, *legt die Kugel in die Urne zurück,* entnimmt erneut eine Kugel, notiert wieder ihre Farbe usw. Die Zahl der bei einem Versuch insgesamt entnommenen und notierten Kugeln sei n, die Zahl der dabei gefundenen roten Kugeln sei i. Selbstverständlich ist die Anzahl der schwarzen Kugeln in der Probe dann n–i.

Mit unserer Formel, die sich auf dieses »Urnenmodell« bezieht, können wir nun für beliebige Werte von N, I und n die Wahrscheinlichkeiten berechnen, mit welchen unter den n gezogenen Kugeln eine, zwei, drei oder i rote Kugeln sein werden.

Bevor wir der Formel selbst zu Leibe rücken, sollen noch 3 (aller guten Dinge sind schließlich drei) Anmerkungen gestattet sein:

1. Es gibt verschiedene Varianten der beschriebenen Prozedur. Zum Beispiel kann man ebensogut n Kugeln gleichzeitig aus der Urne nehmen und dann nachsehen, wieviel rote darunter sind. Für dieses Modell muß aber, will man exakt vorgehen, eine andere Formel angewendet werden, auch wenn sich die Ergebnisse bei geeigneten Werten von N, I, n und i nur ab der 3. Stelle nach dem Komma unterscheiden. Für die Roulettestatistik müssen wir aber bei unserer *Binomialformel* bleiben.

   (An dieser Stelle sei kurz erwähnt, daß derartige Spielchen mit zufälliger Entnahme einzelner Elemente aus einer größeren Menge in der Praxis eine wichtige Rolle spielen, unter anderem bei der Qualitätskontrolle gelieferter Güter. Bei einer Lieferung von z. B. 10000 vernickelten Schrauben wird eine Stichprobe von etwa 120 Stück entnommen und untersucht. Sind unter diesen 120 Schrauben 3 Stück fehlerhaft, dann lassen sich rechnerisch genaue Rückschlüsse auf die Mängelanzahl in der Gesamtlieferung ziehen, um entsprechende Maßnahmen zu ergreifen.)

2. Eine gute Übereinstimmung zwischen berechneten Wahrscheinlichkeitswerten und experimentell ermittelten Zahlen ergibt sich bei dem Kugel-Urnen-Versuch, ähnlich wie bei den Würfeln und beim Roulette, ebenfalls erst nach mehrfacher Wiederholung des Versuchs.
3. Zur Begründung, warum das Kugelmodell auf das Roulette übertragbar ist: In der Urne mögen sich 37 Kugeln befinden, von denen nur 1 rot ist. Die rote Kugel soll der Zahl entsprechen, auf die ein Spieler en plein gesetzt hat. Daß diese Kugel schon beim 1. Griff in die Urne in der Hand liegt, ist recht unwahrscheinlich. Wir haben schließlich 37 mögliche Fälle und nur einen günstigen Fall. Mit der Zahl der Versuche nimmt aber die Wahrscheinlichkeit zu, und nach beispielsweise 150 Versuchen wird die rote Kugel möglicherweise auch zwei-, drei- oder viermal aufgetaucht sein.
   Unsere Formel versetzt uns in die Lage, die Wahrscheinlichkeiten für das einmalige und mehrmalige Erscheinen der roten Kugel nach einer gegebenen Anzahl von Versuchen zu berechnen. Wir brauchen nur für N die Zahl 37, für I die Zahl 1 und für n die Anzahl der vorgenommenen oder vorgesehenen Versuche einzusetzen und für i die Häufigkeit, mit der die Kugel erscheint.

Nun ist es aber an der Zeit, die Formel, deren Auftritt fast ebenso dramatisch vorbereitet wurde wie der des Weißen Hais in dem entsprechenden Film, endlich vorzustellen. Einen Tusch! – Die Formel ist da; sie lautet

$$P_{(i\ \text{in}\ n)} = \binom{n}{i} \times \left(\frac{I}{N}\right)^{i} \times \left(\frac{N-I}{N}\right)^{(n-i)}$$

Wir gehen sofort ans Erklären, noch bevor sich da oder dort Frustration auszubreiten beginnt.
Was I, N, i und n bedeuten, wurde schon gesagt. Was p ist, wissen wir auch schon: der Betrag der Wahrscheinlichkeit für ein bestimmtes Ereignis, eine Zahl zwischen 0 und 1. Und $P_{(i \text{ in } n)}$ ist nichts anderes als die Wahrscheinlichkeit, unter n gezogenen Kugeln i rote zu finden.
Wer seine Schulmathematik noch nicht völlig vergessen hat, dem ist vielleicht schon aufgefallen, daß der Ausdruck in der mittleren Klammer das Verhältnis der günstigen Fälle (I) zu den möglichen Fällen (N) beschreibt und somit die Wahrscheinlichkeit, bei *einem* Versuch die rote Kugel zu ziehen.
Wenn aber N die Anzahl aller Kugeln und I die Anzahl der roten Kugeln in der Urne ist, dann ist N – I die Anzahl der schwarzen Kugeln und der Bruch in der rechten Klammer das Verhältnis der *ungünstigen* Fälle zu den möglichen. Über dieses Verhältnis wurde bisher zwar noch nicht ausdrücklich gesprochen, aber wir kennen es bereits.
Bleiben nur noch die Potenzen oder Hochzahlen bei den zwei Klammerausdrücken in der Mitte und rechts sowie die erste, linke Klammer zu erklären. Letztere bedarf eines kleinen Anlaufs, weshalb wir sie zuerst erledigen wollen (ein Verfahren, das lebenserfahrene Menschen für jede Art von Unannehmlichkeit empfehlen).
Daß die 1. Klammer im Gegensatz zu den beiden anderen keinen Bruchstrich zwischen dem n und dem i enthält, ist kein Druckfehler, sondern eine Schreibweise, die in der Schulmathematik früher nur selten oder überhaupt nicht erwähnt worden ist. Man liest und spricht diesen Ausdruck auch nicht etwa »n durch i«, wie bei einem Bruch, sondern »n über i«. Hinter dieser Kurzform oder diesem »Kürzel« – um auch einmal einen Begriff aus der Stenografie heranzuziehen – verbirgt sich in »Langschrift« die Formel

$$\frac{n!}{i! \times (n-i)!}$$

Soll das wirklich die Langschrift sein, oder wurde lediglich ein Kryptogramm durch ein anderes ersetzt? Beides trifft zu. Die (ebenfalls nicht sehr gebräuchliche) Schreibweise X!, gesprochen »X Fakultät«, bezeichnet das Produkt aller ganzen Zahlen von 1 bis einschließlich X. »3!« ist somit $1 \times 2 \times 3 = 6$. »5!« ist $1 \times 2 \times 3 \times 4 \times 5 = 120$. Klar? Für gebrochene oder/und negative Zahlen gibt es keine Fakultäten, nur für ganze, positive. 1! ist außerdem = 1, 0! durch Definition ebenfalls = 1. Mehr brauchen wir darüber vorläufig nicht zu wissen.
Die Erläuterung der Potenzen oder Hochzahlen bei den Klammerausdrücken in der Mitte und rechts können wir recht schnell abhandeln. Schon in Kapitel 7 haben wir festgestellt, daß die Zahl der möglichen Fälle bei 3 Würfeln 6^3, bei 4 Würfeln 6^4, bei n Würfeln 6^n beträgt. Die Zahl der günstigen Fälle muß zwar gemäß unserer Formel ebenfalls entsprechend potenziert werden, aber da uns immer nur *eine* Zahl von den 37 des Roulettes interessiert und wir deshalb auch beim Würfel nur eine Augenzahl betrachten, steht im Zähler des mittleren Bruchs immer eine Eins, nach der Regel $1^n = 1$.
Die 2. Klammer drückt die Wahrscheinlichkeit aus, bei (nur) einem Griff in die Urne eine schwarze Kugel herauszuholen, also *nicht* die rote. Warum auch hier potenziert werden muß, wurde bereits in Kapitel 7 begründet.
An dem Würfelmodell wurde ebenfalls deutlich, daß die Zahl dieser ungünstigen Fälle mit der Zahl der Sechser, die wir erwarten, abnimmt. Eigentlich könnte die Binomialformel auch so geschrieben werden, daß nur die Zähler der beiden Brüche mit i bzw. (n–i) potenziert werden, während der Nenner in jedem Fall mit n potenziert wird, unabhängig von i. (Für mathematisch Interessierte kurz die Begründung: $a^b \times a^c = a^{(b+c)}$. Deshalb auch: $a^i \times a^{(n-i)} = a^{(i+n-i)} = a^n$, wobei a unser Nenner sein soll.)
Mehr als viele Worte zeigt stets das Beispiel. Nehmen wir uns gleich eins vor, wählen aber, um nicht mit zu großen Zahlen operieren zu müssen, wieder einmal unseren Würfel mit den Augenzahlen 1–6. Wie in Kapitel 7 soll nun berechnet werden, mit welcher Wahrscheinlichkeit bei einem Wurf von 4 Würfeln,

nacheinander oder gleichzeitig, eine bestimmte Augenzahl – nehmen wir wieder die Sechs – nullmal, einmal, zweimal, dreimal oder gar viermal erscheint.

Für den 1. Fall suchen wir das $P_{(0 \text{ in } 4)}$. Die Variablen nehmen dann folgende Werte an:

$$I = 1$$
$$N = 6$$
$$i = 0$$
$$n = 4$$

In die obige Binomialformel eingesetzt, ergibt sich:

$$P_{(0 \text{ in } 4)} = \binom{4}{0} \times \left(\frac{1}{6}\right)^{0} \times \left(\frac{6-1}{6}\right)^{(4-0)}$$

Wenn wir uns erinnern, daß $X^0 = 1$ ist und ein Bruch potenziert wird, indem man Zähler und Nenner für sich potenziert, dann erhalten wir:

$$P_{(0 \text{ in } 4)} = \frac{4!}{0! \times (4-0)!} \times 1 \times \frac{5^4}{6^4} \text{ oder}$$

$$= \frac{24}{1 \times 24} \times 1 \times \frac{625}{1296} = 0{,}4822$$

(Der 1. Bruch hat den Wert 1, da Zähler und Nenner gleich sind.)

An diesem Rechenexempel müßte uns einiges bekannt vorkommen, vor allem das Ergebnis für $P_{(0 \text{ in } 4)}$, das wir, wenn auch ohne die Binomialformel, bereits in Kapitel 7 ausgerechnet haben. Dabei haben wir als Zahl der günstigen Fälle, in denen keine Sechs vorkommt (oder null Sechsen vorkommen), mit $5^4 = 625$ eingesetzt und $P_{(0)}$ durch Division dieser Zahl mit der Anzahl der möglichen Fälle berechnet, die 6^4 oder 1296 beträgt. Genau das gleiche steht aber auch im 3. Glied der Binomialformel, und da die Glieder 1 und 2 jeweils den Wert 1 haben, entspricht das Gesamtergebnis der Formel dem rechten Ausdruck.

Für $P_{(4)}$ haben wir auf ähnlich einfache Art den Wert 1/1296 = 0,00077, gerundet 0,001, ausgerechnet. Die Zahl der günstigen Fälle (4 Sechsen) beträgt hier nämlich 1, da es nur eine einzige Kombination gibt, bei der alle 4 Würfel die Sechs zeigen. Unsere »Universalformel« nimmt dann folgende Form an:

$$P_{(4 \text{ in } 4)} = \binom{4}{4} \times \left(\frac{1}{4}\right)^4 \times \left(\frac{5}{6}\right)^{(4-4)}$$

oder

$$= 1 \times \frac{1}{1296} \times 1$$

Auch hier haben wieder 2 Terme den Wert 1, jedoch wird der Betrag von p diesmal von dem mittleren Ausdruck bestimmt. Beide vorstehenden Fälle sind allerdings Grenzfälle, zumal es nicht weniger Sechsen geben kann als null und nicht mehr Sechsen als vier. Dies kommt eben dadurch zum Ausdruck, daß ein oder mehrere Faktoren den Wert 1 annehmen.
Deshalb ist zu erwarten, daß bei $p_{(1)}$, $p_{(2)}$ und $p_{(3)}$ jedes Glied der Gleichung einen von 1 verschiedenen Wert annimmt. Probieren wir gleich einmal alle 3 Fälle durch.

$$P_{(1 \text{ in } 4)} = \binom{4}{1} \times \left(\frac{1}{6}\right)^1 \times \left(\frac{5}{6}\right)^{(4-1)}$$

$$= \frac{4!}{1! \times 3!} \times \frac{1}{6} \times \left(\frac{5}{6}\right)^3$$

$$= \frac{24}{1 \times 6} \times \frac{1}{6} \times \frac{125}{216}$$

Etwas umgeformt können wir auch schreiben:

$$P_{(1 \text{ in } 4)} = \frac{24}{6} \times \frac{125}{6 \times 216} = \frac{24}{6} \times \frac{125}{1296} = 0{,}3858$$

Der rechte Bruch in der letzten Zeile zeigt wieder im Nenner die Zahl der möglichen Fälle, während der Zähler die Anzahl der günstigen Fälle angibt, wie schon in Kapitel 7 berechnet und begründet. Der 1. Bruch mit dem Wert $\frac{24}{6} = 4$ liefert dagegen den Faktor, den wir in Kapitel 7 zunächst vergessen hatten und demzufolge falsche Werte erhielten. Dieser Faktor berücksichtigt die Tatsache, daß der (einzige) Würfel mit der Sechs entweder an 1. oder an 2., 3. oder 4. Stelle erscheinen kann.

Bei $p_{(2 \text{ in } 4)}$ sieht es ähnlich aus:

$$P_{(2 \text{ in } 4)} = \binom{4}{2} \times \left(\frac{1}{6}\right)^2 \times \left(\frac{5}{6}\right)^2$$

$$= \frac{4!}{2! \times 2!} \times \frac{5^2}{6^4}$$

$$= \frac{24}{2 \times 2} \times \frac{25}{1296} = \frac{6 \times 25}{1296}$$

$$P_{2 \text{ in } 4)} = \frac{150}{1296} = 0{,}1157$$

$p_{(3 \text{ in } 4)}$ ergibt sich schließlich folgendermaßen:

$$P_{3 \text{ in } 4)} = \binom{4}{3} \times \left(\frac{1}{6}\right)^3 \times \left(\frac{5}{6}\right)^1$$

$$= \frac{4!}{3! \times 1!} \times \frac{5}{6^4}$$

$$= \frac{24}{6} \times \frac{5}{1296} = \frac{20}{1296} = 0{,}0154$$

Bei der Berechnung von $p_{(2 \text{ in } 4)}$ ergab der Ausdruck 4 den Wert 6. Der gleiche Betrag entstand auch bei unserer Überlegung (Kapitel 7), daß von den 4 betrachteten Würfeln die zwei, die eine Sechs zeigen, die Stellen 1 und 2, 1 und 3, 1 und 4, 2 und 3, 3 und 4 und schließlich 3 und 4 einnehmen können.

Es gibt somit insgesamt 6 Kombinationen der günstigen Fälle. Um nicht auf halbem Wege stehenzubleiben, soll diese Berechnung noch kurz erläutert werden, bevor wir dem Kapitel Mathematik wieder den Rücken kehren. Dazu ist ein kleiner Abstecher in die sogenannte Kombinationslehre erforderlich:
Haben wir eine Anzahl von n ungleichen Elementen, z. B. die Buchstaben a, b und c, dann errechnet sich die Zahl der möglichen Kombinationen, genauer: Permutationen, in denen diese Elemente angeordnet werden können, als n!. Im vorstehenden Beispiel mit den 3 Buchstaben ist n = 3, und die möglichen Permutationen sehen so aus:

abc	bac	cab
acb	bca	cba.

Es sind 6 Permutationen, und 3! ist tatsächlich ebenfalls = 6.
Bei unseren Überlegungen gibt es nur zweierlei Elemente, nämlich die günstigen (roten) und die ungünstigen (schwarzen). Ihre Gesamtzahl ist aber im allgemeinen größer als etwa 2 (siehe obiges Beispiel mit n = 3). In einer betrachteten Menge von n Elementen können folglich von jeder Sorte mehrere vertreten sein, z. B. i rote und j schwarze. Die Formel zum Berechnen der Anzahl X der möglichen Permutationen lautet in diesem Fall

$$X = \frac{n!}{i! \times j!}$$

Da aber, wie wir wissen, $j = n - i$ ist, ergibt sich

$$X = \frac{n!}{i! \times (n-i)!} \quad \text{oder} \quad \binom{n}{i}$$

Dieser Ausdruck ist uns bereits bestens bekannt.
Noch ein kurzer Satz zu den Fakultäten: Die Berechnungsvorschrift ist eigentlich einfach. Insofern gibt es keine Probleme. Es ist auch nicht sonderlich schwierig, einen programmierbaren Computer zum Berechnen von Fakultäten zu veranlassen. Etwas

bessere Taschenrechner, wie sie zum Beispiel heute an fast allen höheren Schulen zugelassen sind, haben sogar eine eigene Funktionstaste »n!«.

Die Schwierigkeit bei den Fakultäten liegt darin, daß ihre Beträge sehr schnell ansteigen. Die folgende Tabelle 26 zeigt einen Computerausdruck mit den berechneten Fakultäten der Zahlen 0–30. Die Schreibweise »2.65253E+32 (letzte Zeile der Tabelle) benutzt der Rechner für »2,65253 × 10^{+32}. »30!« ist somit bereits eine 32stellige Zahl.

Es dürfte klar sein, daß sich mit Zahlen, wie sie uns beim Roulette interessieren, um z. B. Wahrscheinlichkeitswerte nach 400 Spielen (gegen Ende eines Spieltags) zu berechnen, für n! = 400! astronomische Werte ergeben würden, bei denen auch ein recht leistungsfähiger Rechner »aussteigt«. Glücklicherweise brauchen wir für unsere Binomialformel aber nicht die Fakultäten der großen Zahlen an sich, sondern nur ihre Quotienten. Damit ist der Sachverhalt schon wesentlich günstiger. Versuchen wir doch als Beispiel $^{20}_{3}$ zu berechnen. Ohne Zuhilfenahme irgendwelcher Kniffe müßten wir schreiben:

$$\binom{20}{3} = \frac{20!}{3! \times 17!} = \frac{2{,}4329 \times 10^{18}}{6 \times 3{,}55687 \times 10^{14}}$$

Die Werte für 3!, 17! und 20! sind der Tabelle 26 entnommen. Wir können noch ein wenig kürzen und erhalten dann:

$$\binom{20}{3} = \frac{2{,}4329 \times 10^{6}}{6 \times 3{,}55687} = 1140$$

Es geht aber auch anders, wenn wir die Fakultäten in ihrer ursprünglichen Form schreiben (die 3! lassen wir allerdings unverändert stehen):

$$\binom{20}{3} = \frac{1 \times 2 \times 3 \times \ldots \times 17 \times 18 \times 19 \times 20}{1 \times 2 \times 3 \times \ldots \times 17 \times 3!}$$

Tabelle 26: Fakultäten der Zahlen 0–30

X	X!
0	1
1	1
2	2
3	6
4	24
5	120
6	720
7	5040
8	40320
9	362880
10	3.6288E+06
11	3.99168E+07
12	4.79002E+08
13	6.22702E+09
14	8.71783E+10
15	1.30767E+12
16	2.09228E+13
17	3.55687E+14
18	6.40237E+15
19	1.21645E+17
20	2.4329E+18
21	5.10909E+19
22	1.124E+21
23	2.5852E+22
24	6.20448E+23
25	1.55112E+25
26	4.03292E+26
27	1.08889E+28
28	3.04888E+29
29	8.84176E+30
30	2.65253E+32

Nach allgemein bekannten Rechenregeln können wir die Faktoren 1, 2, 3,. . .17 in Zähler und Nenner gegeneinander kürzen und erhalten dann

$$\binom{20}{3} = \frac{18 \times 19 \times 20}{6} = 3 \times 19 \times 20 = 1140$$

Derartige Berechnungen kann man sogar mit Papier und Bleistift durchführen, ohne die Mikroelektronik zu bemühen.
Es gibt übrigens auch eine Näherungsformel für das Berechnen von Fakultäten, die sogenannte *Stirlingsche Formel:* Wir wollen sie der Vollständigkeit halber ohne weitere Erläuterungen anführen; sie lautet:

$$n! \sim \sqrt{2 \times \pi \times n} \times n^n \times e^{-n}$$

(»e« ist die Basis der sogenannten natürlichen Logarithmen und hat den Wert 2,7182818.)
Nun aber genug der Mathematik! Wir werden die vorstehend behandelten Rechenoperationen ohnehin noch häufig genug heranziehen müssen. Was uns vorrangig interessiert, ist nicht die Theorie, sondern die Praxis, deren Gesetzmäßigkeiten anhand der Theorie lediglich analysiert und ergründet werden sollen. Bitte folgen Sie mir zu diesem Zweck zu den nächsten Kapiteln.

9. Die geheimnisvollen Schwingungen der Wahrscheinlichkeitswellen

Um es gleich vorweg zu sagen: Wahrscheinlichkeitswellen sind ein Begriff aus der Quantenmechanik. Wir wollen uns beileibe nicht in diese hehren Bereiche hoher Wissenschaft wagen, nehmen uns aber immerhin die Freiheit, diesen so vielversprechend klingenden Begriff auch für unsere Gedankenexperimente und Berechnungen auszuleihen. Der Grund dafür soll bald klarwerden. Zunächst aber wollen wir mit der im vorigen Kapitel vorgestellten Binomialformel ein wenig experimentieren und dabei lernen, wie sie am zweckmäßigsten anzuwenden ist.
Eine bedeutende Vereinfachung unserer Arbeit ergibt sich dadurch, daß der Faktor $\frac{I}{N}$ immer den Betrag $\frac{1}{37}$ hat, denn wir wollen uns künftig ausschließlich dem Roulette widmen. Der Faktor $\frac{N-I}{N}$ heißt dann $\frac{36}{37}$. Die Binomialformel weist nach dem Einsetzen dieser konstanten Größen nur noch die Variablen oder Veränderlichen i und n auf und lautet

$$P_{(i\,\text{in}\,n)} = \binom{n}{i} \times \left(\frac{1}{37}\right)^{i} \times \left(\frac{36}{37}\right)^{(n-i)}$$

Noch einfacher kann man schreiben (wie auch schon in Kapitel 8 erläutert):

$$P_{(i \text{ in } n)} = \binom{n}{i} \times \frac{36^{(n-i)}}{37^n}$$

oder

$$= \frac{n!}{i! \times (n-i)!} \times \frac{36^{(n-i)}}{37^n}$$

Eigentlich ganz einfach, nicht wahr? Trotzdem wäre es eine Plage, die nachfolgenden Kalküle ohne einen elektronischen Rechner, und sei es ein noch so einfacher Taschenrechner, in Angriff nehmen zu wollen. Nur wer ausgesprochene Freude am Zahlenschaufeln hat, sollte es tun.
Bei programmierbaren Taschenrechnern - man erhält sie heute schon für rund 50 DM - ist es nicht schwierig, ein Programm zu finden, bei dem nur die Größen i und n einzugeben sind, worauf der Rechner gleich $p_{(i \text{ in } n)}$ ausspuckt. Das Programm selbst hängt selbstverständlich von der Art des Rechners ab, und wir wollen den Leser keineswegs um das Vergnügen bringen, es selbst zu entwickeln.
Hat man nur einen einfachen Rechner ohne Programmiermöglichkeit zur Verfügung, dann empfiehlt es sich, ein Schema ähnlich Tabelle 27 aufzustellen, das die Rechenarbeit erheblich erleichtert. Den Möglichkeiten des Rechners entsprechend (mit oder ohne Speicher, Austausch der Werte zwischen Arbeits- und Pufferspeicher, Berechnung von Fakultäten, Potenzen usw.) wird die Tabelle erstellt werden müssen. Der Phantasie sind hier keine Grenzen gesetzt.
Machen wir nun die Probe aufs Exempel und berechnen, mit welcher Wahrscheinlichkeit nach 37 Spielen (einer Runde, wie wir uns auszudrücken pflegen), eine bestimmte Zahl nullmal, einmal, zweimal oder möglicherweise noch häufiger erscheint. Unser n hat dann den Wert 37, das i ist nacheinander mit 0, 1, 2 oder mehr einzusetzen. (Selbstverständlich darf i nie größer

Tabelle 27

n	i	(n–i)	i!	n!	(n–i)!	$36^{(n-i)}$	37^n	$\frac{n!}{i = (n-i)!}$	$\frac{36^{(n-i)}}{37n}$	$P_{(1)}$
1	0	1	1	1	1	36	37	1	0,977	0,973
1	1	0	1	1	1	1	37	1	0,227	0,027
2	0	2	1	2	2	1296	1369	1	0,947	0,947
2	1	1	1	2	1	36	1369	2	0,026	0,093
2	2	0	2	2	1	1	1369	1	0,00073	0,001
3	0	3	1	6	6	46656	50653	1	0,921	0,921
3	1	2	1	6	2	1296	50653	3	0,0256	0,077
3	2	1	2	6	1	36	50653	3	0,0007	0,002
3	3	0	6	6	1	1	50653	1	0,00002	0,000
4	0	4	1	24	24	1679616	1879161	1	0,896	0,896
4	1	3	1	24	6	46656	1874161	4	0,02489	0,100

sein als n, weil dann (n–i) negativ wird und $\frac{n}{i}$ nicht definiert ist.)

Das Rechnen bleibt diesmal dem Leser überlassen; wir geben nachstehend nur die Ergebnisse bekannt, wobei wir statt $p_{(i \text{ in } n)}$ nur abgekürzt $p_{(i)}$ schreiben, da n für einen Rechengang immer gleich sein soll.

$$p_{(0)} = 0{,}363$$
$$p_{(1)} = 0{,}373$$
$$p_{(2)} = 0{,}186$$
$$p_{(3)} = 0{,}060$$
$$p_{(4)} = 0{,}014$$
$$p_{(5)} = 0{,}003$$

Die berechneten Wahrscheinlichkeitswerte können wir wieder als »Lattenzaun« in das Diagramm eintragen und erhalten Bild 9.1 – die schon aus Kapitel 8 bekannte Wahrscheinlichkeitsverteilung, diesmal nicht für Würfel, sondern für das Roulette. Die Wahrscheinlichkeiten, daß die betrachtete Zahl nullmal und daß sie einmal fällt, sind fast gleich und betragen etwa 0,37. Zweimal fällt die Zahl mit der Wahrscheinlichkeit 0,186, dreimal mit der Wahrscheinlichkeit 0,060 und viermal mit $p_{(4)}$ = 0,014. Die Wahrscheinlichkeiten für noch häufigeres Erscheinen wollen wir vorerst vernachlässigen.

Bild 9.1

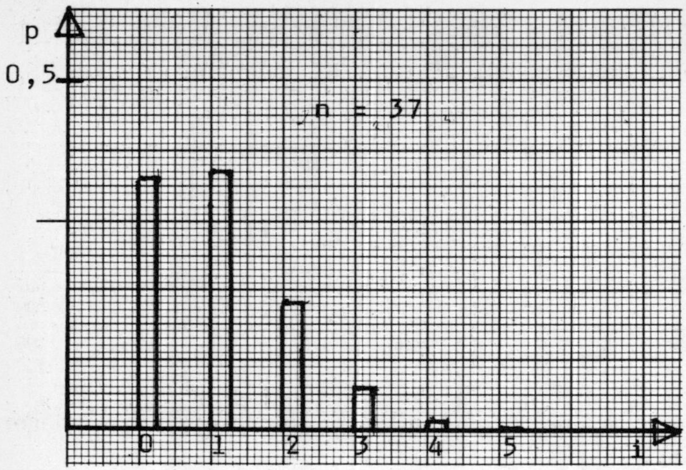

Wiederholen wir die gleiche Berechnung für 2 Runden (74 Spiele), dann sieht die Situation wesentlich anders aus (Bild 9.2).

Diesmal sind die Wahrscheinlichkeiten für einmaliges und für zweimaliges Erscheinen annähernd gleich und betragen je etwa 0,27. Die Wahrscheinlichkeit dafür, daß die Zahl nullmal fällt, ist auf 0,13 abgesunken. $p_{(3)}$ und $p_{(4)}$ sind auf stattliche 0,18 bzw. 0,09 angestiegen, und selbst $p_{(5)}$ und $p_{(6)}$ unterscheiden sich deutlich von Null.

Nach dem bereits früher gewürdigten Motto, aller guten Dinge seien drei, zeigt Bild 9.3 noch die Wahrscheinlichkeitsverteilung für 3 Runden (111 Spiele). Weiter wollen wir das »Spiel« aber nicht treiben. Nachdem unser vielseitiger und hilfsbereiter Computer nach einigem Zureden, das man allgemein als *Programmieren* bezeichnet, die interessierenden Wahrscheinlichkeitswerte für uns berechnet hat, braucht der Leser lediglich einen Blick in die Tabelle 28 zu werfen, um jeden gewünschten Wert zu finden und gegebenenfalls eigene Wahrscheinlichkeitsverteilungen nach dem Muster der Bilder 9.1–9.3 zu zeichnen.

Bild 9.2

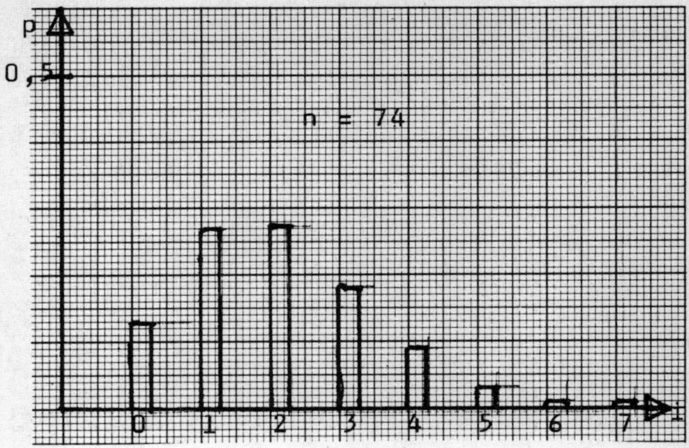

Bild 9.3

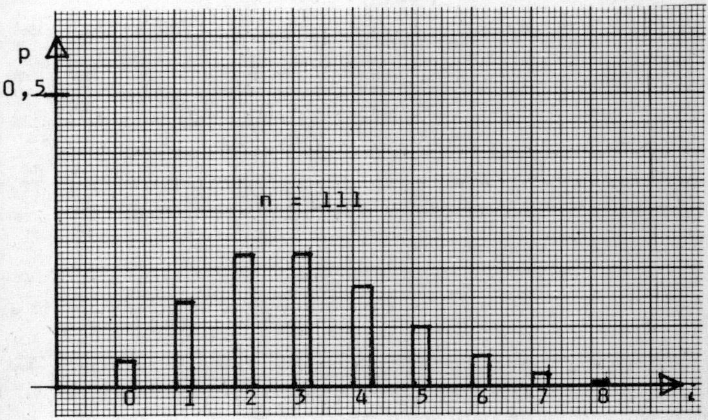

Um dem Leser Irrtümer zu ersparen, dürfen wir ihn darauf hinweisen, daß die Tabelle 28 nicht ganz gleich aufgebaut ist und daß die Wahrscheinlichkeitswerte auf 3 Stellen nach dem Komma gerundet wurden, um die Übersicht zu verbessern. Das

(Fortsetzung Seite 175)

Tabelle 28

WAHRSCHEINLICHKEITSTABELLE FÜR I = 1 UND N = 37

n:	P(0)	P(1)	P(2)	P(3)	P(4)	P(5)	P(6)	P(7)	P(8)	P(9)	P(10)	P(11)
1	.973	.027	.000	.000	.000	.000	.000	.000	.000	.000	.000	.000
2	.947	.053	.001	.000	.000	.000	.000	.000	.000	.000	.000	.000
3	.921	.077	.002	.000	.000	.000	.000	.000	.000	.000	.000	.000
4	.896	.100	.004	.000	.000	.000	.000	.000	.000	.000	.000	.000
5	.872	.121	.007	.000	.000	.000	.000	.000	.000	.000	.000	.000
6	.848	.141	.010	.000	.000	.000	.000	.000	.000	.000	.000	.000
7	.825	.161	.013	.001	.000	.000	.000	.000	.000	.000	.000	.000
8	.803	.178	.017	.001	.000	.000	.000	.000	.000	.000	.000	.000
9	.781	.195	.022	.001	.000	.000	.000	.000	.000	.000	.000	.000
10	.760	.211	.026	.002	.000	.000	.000	.000	.000	.000	.000	.000
11	.740	.226	.031	.003	.000	.000	.000	.000	.000	.000	.000	.000
12	.720	.240	.037	.003	.000	.000	.000	.000	.000	.000	.000	.000
13	.700	.253	.042	.004	.000	.000	.000	.000	.000	.000	.000	.000
14	.681	.265	.048	.005	.000	.000	.000	.000	.000	.000	.000	.000
15	.663	.276	.054	.006	.001	.000	.000	.000	.000	.000	.000	.000
16	.645	.287	.060	.008	.001	.000	.000	.000	.000	.000	.000	.000
17	.628	.296	.066	.009	.001	.000	.000	.000	.000	.000	.000	.000
18	.611	.305	.072	.011	.001	.000	.000	.000	.000	.000	.000	.000
19	.594	.314	.078	.012	.001	.000	.000	.000	.000	.000	.000	.000
20	.578	.321	.085	.014	.002	.000	.000	.000	.000	.000	.000	.000
21	.562	.328	.091	.016	.002	.000	.000	.000	.000	.000	.000	.000
22	.547	.334	.098	.018	.002	.000	.000	.000	.000	.000	.000	.000
23	.532	.340	.104	.020	.003	.000	.000	.000	.000	.000	.000	.000
24	.518	.345	.110	.022	.003	.000	.000	.000	.000	.000	.000	.000
25	.504	.350	.117	.025	.004	.000	.000	.000	.000	.000	.000	.000
26	.490	.354	.123	.027	.004	.001	.000	.000	.000	.000	.000	.000
27	.477	.358	.129	.030	.005	.001	.000	.000	.000	.000	.000	.000
28	.464	.361	.135	.033	.006	.001	.000	.000	.000	.000	.000	.000
29	.452	.364	.142	.035	.006	.001	.000	.000	.000	.000	.000	.000
30	.440	.366	.148	.038	.007	.001	.000	.000	.000	.000	.000	.000
31	.428	.368	.153	.041	.008	.001	.000	.000	.000	.000	.000	.000
32	.416	.370	.159	.044	.009	.001	.000	.000	.000	.000	.000	.000
33	.405	.371	.165	.047	.010	.002	.000	.000	.000	.000	.000	.000
34	.394	.372	.171	.051	.011	.002	.000	.000	.000	.000	.000	.000
35	.383	.373	.176	.054	.012	.002	.000	.000	.000	.000	.000	.000
36	.373	.373	.181	.057	.013	.002	.000	.000	.000	.000	.000	.000
37	.363	.373	.186	.060	.014	.003	.000	.000	.000	.000	.000	.000
38	.353	.373	.192	.064	.016	.003	.000	.000	.000	.000	.000	.000
39	.344	.372	.196	.067	.017	.003	.001	.000	.000	.000	.000	.000
40	.334	.371	.201	.071	.018	.004	.001	.000	.000	.000	.000	.000
41	.325	.370	.206	.074	.020	.004	.001	.000	.000	.000	.000	.000
42	.316	.369	.210	.078	.021	.004	.001	.000	.000	.000	.000	.000
43	.308	.368	.214	.081	.023	.005	.001	.000	.000	.000	.000	.000
44	.300	.366	.219	.085	.024	.005	.001	.000	.000	.000	.000	.000
45	.291	.364	.223	.089	.026	.006	.001	.000	.000	.000	.000	.000
46	.284	.362	.226	.092	.028	.006	.001	.000	.000	.000	.000	.000
47	.276	.360	.230	.096	.029	.007	.001	.000	.000	.000	.000	.000
48	.268	.358	.234	.100	.031	.008	.002	.000	.000	.000	.000	.000
49	.261	.355	.237	.103	.033	.008	.002	.000	.000	.000	.000	.000
50	.254	.353	.240	.107	.035	.009	.002	.000	.000	.000	.000	.000
51	.247	.350	.243	.110	.037	.010	.002	.000	.000	.000	.000	.000
52	.241	.347	.246	.114	.039	.010	.002	.000	.000	.000	.000	.000
53	.234	.345	.249	.118	.041	.011	.002	.000	.000	.000	.000	.000
54	.228	.342	.251	.121	.043	.012	.003	.001	.000	.000	.000	.000
55	.222	.339	.254	.125	.045	.013	.003	.001	.000	.000	.000	.000
56	.216	.335	.256	.128	.047	.014	.003	.001	.000	.000	.000	.000
57	.210	.332	.258	.132	.049	.015	.003	.001	.000	.000	.000	.000
58	.204	.329	.260	.135	.052	.015	.004	.001	.000	.000	.000	.000
59	.199	.325	.262	.138	.054	.016	.004	.001	.000	.000	.000	.000
60	.193	.322	.264	.142	.056	.017	.004	.001	.000	.000	.000	.000

WAHRSCHEINLICHKEITSTABELLE FÜR I = 1 UND N = 37

n:	P(0)	P(1)	P(2)	P(3)	P(4)	P(5)	P(6)	P(7)	P(8)	P(9)	P(10)	P(11)
61	.188	.319	.265	.145	.058	.018	.005	.001	.000	.000	.000	.000
62	.183	.315	.267	.148	.061	.020	.005	.001	.000	.000	.000	.000
63	.178	.311	.268	.151	.063	.021	.006	.001	.000	.000	.000	.000
64	.173	.308	.269	.155	.066	.022	.006	.001	.000	.000	.000	.000
65	.168	.304	.270	.158	.068	.023	.006	.001	.000	.000	.000	.000
66	.164	.301	.271	.161	.070	.024	.007	.002	.000	.000	.000	.000
67	.159	.297	.272	.164	.073	.025	.007	.002	.000	.000	.000	.000
68	.155	.293	.273	.167	.075	.027	.008	.002	.000	.000	.000	.000
69	.151	.289	.273	.170	.078	.028	.008	.002	.000	.000	.000	.000
70	.147	.286	.274	.172	.080	.029	.009	.002	.000	.000	.000	.000
71	.143	.282	.274	.175	.083	.031	.009	.002	.001	.000	.000	.000
72	.139	.278	.274	.178	.085	.032	.010	.003	.001	.000	.000	.000
73	.135	.274	.274	.180	.088	.034	.011	.003	.001	.000	.000	.000
74	.132	.271	.274	.183	.090	.035	.011	.003	.001	.000	.000	.000
75	.128	.267	.274	.185	.093	.037	.012	.003	.001	.000	.000	.000
76	.125	.263	.274	.188	.095	.038	.013	.003	.001	.000	.000	.000
77	.121	.259	.274	.190	.098	.040	.013	.004	.001	.000	.000	.000
78	.118	.256	.273	.192	.100	.041	.014	.004	.001	.000	.000	.000
79	.115	.252	.273	.195	.103	.043	.015	.004	.001	.000	.000	.000
80	.112	.248	.272	.197	.105	.044	.015	.005	.001	.000	.000	.000
81	.109	.245	.272	.199	.108	.046	.016	.005	.001	.000	.000	.000
82	.106	.241	.271	.201	.110	.048	.017	.005	.001	.000	.000	.000
83	.103	.237	.270	.203	.113	.049	.018	.005	.001	.000	.000	.000
84	.100	.234	.269	.204	.115	.051	.019	.006	.002	.000	.000	.000
85	.097	.230	.268	.206	.117	.053	.020	.006	.002	.000	.000	.000
86	.095	.226	.267	.208	.120	.055	.020	.006	.002	.000	.000	.000
87	.092	.223	.266	.209	.122	.056	.021	.007	.002	.000	.000	.000
88	.090	.219	.265	.211	.125	.058	.022	.007	.002	.001	.000	.000
89	.087	.216	.264	.212	.127	.060	.023	.008	.002	.001	.000	.000
90	.065	.212	.262	.214	.129	.062	.024	.008	.002	.001	.000	.000
91	.083	.209	.261	.215	.131	.064	.025	.009	.002	.001	.000	.000
92	.080	.205	.260	.216	.134	.065	.026	.009	.003	.001	.000	.000
93	.078	.202	.258	.218	.136	.067	.027	.009	.003	.001	.000	.000
94	.076	.199	.257	.219	.138	.069	.028	.010	.003	.001	.000	.000
95	.074	.195	.255	.220	.140	.071	.030	.010	.003	.001	.000	.000
96	.072	.192	.254	.221	.143	.073	.031	.011	.003	.001	.000	.000
97	.070	.189	.252	.222	.145	.075	.032	.011	.004	.001	.000	.000
98	.068	.186	.250	.222	.147	.077	.033	.012	.004	.001	.000	.000
99	.066	.183	.248	.223	.149	.079	.034	.013	.004	.001	.000	.000
100	.065	.179	.247	.224	.151	.080	.035	.013	.004	.001	.000	.000
101	.063	.176	.245	.224	.153	.082	.037	.014	.005	.001	.000	.000
102	.061	.173	.243	.225	.155	.084	.038	.014	.005	.001	.000	.000
103	.059	.170	.241	.225	.157	.086	.039	.015	.005	.001	.000	.000
104	.058	.167	.239	.226	.158	.088	.040	.016	.005	.002	.000	.000
105	.056	.164	.237	.226	.160	.090	.042	.016	.006	.002	.000	.000
106	.055	.161	.235	.227	.162	.092	.043	.017	.006	.002	.000	.000
107	.053	.158	.233	.227	.164	.094	.044	.018	.006	.002	.001	.000
108	.052	.156	.231	.227	.165	.096	.046	.018	.006	.002	.001	.000
109	.050	.153	.229	.227	.167	.098	.047	.019	.007	.002	.001	.000
110	.049	.150	.227	.227	.169	.099	.048	.020	.007	.002	.001	.000
111	.048	.147	.225	.227	.170	.101	.050	.021	.007	.002	.001	.000
112	.046	.145	.223	.227	.172	.103	.051	.021	.008	.003	.001	.000
113	.045	.142	.221	.227	.173	.105	.052	.022	.008	.003	.001	.000
114	.044	.139	.219	.227	.175	.107	.054	.023	.009	.003	.001	.000
115	.043	.137	.217	.227	.176	.109	.055	.024	.009	.003	.001	.000
116	.042	.134	.214	.226	.178	.110	.057	.025	.009	.003	.001	.000
117	.041	.132	.212	.226	.179	.112	.058	.026	.010	.003	.001	.000
118	.039	.129	.210	.226	.180	.114	.060	.027	.010	.003	.001	.000
119	.038	.127	.208	.225	.181	.116	.061	.027	.011	.004	.001	.000
120	.037	.124	.206	.225	.183	.118	.063	.028	.011	.004	.001	.000

WAHRSCHEINLICHKEITSTABELLE FüR I = 1 UND N = 37

n:	P(0)	P(1)	P(2)	P(3)	P(4)	P(5)	P(6)	P(7)	P(8)	P(9)	P(10)	P(11)
121	.036	.122	.203	.224	.184	.119	.064	.029	.012	.004	.001	.000
122	.035	.120	.201	.224	.185	.121	.066	.030	.012	.004	.001	.000
123	.034	.117	.199	.223	.186	.123	.067	.031	.013	.004	.001	.000
124	.033	.115	.197	.222	.187	.125	.069	.032	.013	.005	.001	.000
125	.033	.113	.195	.222	.188	.126	.070	.033	.014	.005	.002	.000
126	.032	.111	.192	.221	.189	.128	.072	.034	.014	.005	.002	.000
127	.031	.109	.190	.220	.190	.130	.073	.035	.015	.005	.002	.001
128	.030	.107	.188	.219	.190	.131	.075	.036	.015	.006	.002	.001
129	.029	.105	.186	.219	.191	.133	.076	.037	.016	.006	.002	.001
130	.028	.103	.184	.218	.192	.134	.078	.038	.016	.006	.002	.001
131	.028	.101	.181	.217	.193	.136	.079	.039	.017	.006	.002	.001
132	.027	.099	.179	.216	.193	.137	.081	.040	.018	.007	.002	.001
133	.026	.097	.177	.215	.194	.139	.082	.042	.018	.007	.002	.001
134	.025	.095	.175	.214	.194	.140	.084	.043	.019	.007	.003	.001
135	.025	.093	.173	.213	.195	.142	.085	.044	.019	.008	.003	.001
136	.024	.091	.171	.212	.195	.143	.087	.045	.020	.008	.003	.001
137	.023	.089	.168	.211	.196	.145	.088	.046	.021	.008	.003	.001
138	.023	.087	.166	.209	.196	.146	.090	.047	.021	.009	.003	.001
139	.022	.086	.164	.208	.197	.148	.092	.048	.022	.009	.003	.001
140	.022	.084	.162	.207	.197	.149	.093	.049	.023	.009	.003	.001
141	.021	.082	.160	.206	.197	.150	.095	.051	.024	.010	.004	.001
142	.020	.081	.158	.205	.197	.151	.096	.052	.024	.010	.004	.001
143	.020	.079	.156	.203	.198	.153	.098	.053	.025	.010	.004	.001
144	.019	.077	.154	.202	.198	.154	.099	.054	.026	.011	.004	.001
145	.019	.076	.152	.201	.198	.155	.101	.055	.027	.011	.004	.001
146	.018	.074	.150	.199	.198	.156	.102	.057	.027	.012	.004	.002
147	.018	.073	.148	.198	.198	.157	.103	.058	.028	.012	.005	.002
148	.017	.071	.146	.197	.198	.158	.105	.059	.029	.013	.005	.002
149	.017	.070	.143	.195	.198	.160	.106	.060	.030	.013	.005	.002
150	.016	.068	.142	.194	.198	.161	.108	.062	.031	.013	.005	.002
151	.016	.067	.140	.192	.198	.162	.109	.063	.031	.014	.005	.002
152	.016	.066	.138	.191	.198	.163	.111	.064	.032	.014	.006	.002
153	.015	.064	.136	.190	.198	.164	.112	.065	.033	.015	.006	.002
154	.015	.063	.134	.188	.197	.164	.113	.067	.034	.015	.006	.002
155	.014	.062	.132	.187	.197	.165	.115	.068	.035	.016	.006	.002
156	.014	.060	.130	.185	.197	.166	.116	.069	.036	.016	.007	.002
157	.014	.059	.128	.184	.196	.167	.118	.070	.037	.017	.007	.003
158	.013	.058	.126	.182	.196	.168	.119	.072	.038	.017	.007	.003
159	.013	.057	.124	.181	.196	.169	.120	.073	.039	.018	.007	.003
160	.012	.055	.122	.179	.195	.169	.121	.074	.039	.019	.008	.003
161	.012	.054	.121	.178	.195	.170	.123	.076	.040	.019	.008	.003
162	.012	.053	.119	.176	.194	.171	.124	.077	.041	.020	.008	.003
163	.011	.052	.117	.175	.194	.171	.125	.078	.042	.020	.009	.003
164	.011	.051	.115	.173	.193	.172	.127	.079	.043	.021	.009	.003
165	.011	.050	.114	.171	.193	.173	.128	.081	.044	.021	.009	.004
166	.011	.049	.112	.170	.192	.173	.129	.082	.045	.022	.010	.004
167	.010	.048	.110	.168	.192	.174	.130	.083	.046	.023	.010	.004
168	.010	.047	.108	.167	.191	.174	.131	.084	.047	.023	.010	.004
169	.010	.046	.107	.165	.190	.175	.133	.086	.048	.024	.011	.004
170	.009	.045	.105	.164	.190	.175	.134	.087	.049	.025	.011	.004
171	.009	.044	.104	.162	.189	.175	.135	.088	.050	.025	.011	.005
172	.009	.043	.102	.160	.188	.176	.136	.089	.051	.026	.012	.005
173	.009	.042	.100	.159	.188	.176	.137	.091	.052	.027	.012	.005
174	.009	.041	.099	.157	.187	.176	.138	.092	.053	.027	.013	.005
175	.008	.040	.097	.156	.186	.177	.139	.093	.054	.028	.013	.005
176	.008	.039	.096	.154	.185	.177	.140	.094	.055	.029	.013	.006
177	.008	.039	.094	.153	.184	.177	.141	.096	.056	.029	.014	.006
178	.008	.038	.093	.151	.183	.177	.142	.097	.058	.030	.014	.006
179	.007	.037	.091	.149	.183	.177	.143	.098	.059	.031	.015	.006
180	.007	.036	.090	.148	.182	.178	.144	.099	.060	.032	.015	.006

WAHRSCHEINLICHKEITSTABELLE FüR I = 1 UND N = 37

n:	P(0)	P(1)	P(2)	P(3)	P(4)	P(5)	P(6)	P(7)	P(8)	P(9)	P(10)	P(11)
181	.007	.035	.088	.146	.181	.178	.145	.101	.061	.032	.016	.007
182	.007	.035	.087	.145	.180	.178	.146	.102	.062	.033	.016	.007
183	.007	.034	.085	.143	.179	.178	.147	.103	.063	.034	.016	.007
184	.006	.033	.084	.142	.178	.178	.147	.104	.064	.035	.017	.007
185	.006	.032	.083	.140	.177	.178	.148	.105	.065	.036	.017	.008
186	.006	.032	.081	.138	.176	.178	.149	.106	.066	.036	.018	.008
187	.006	.031	.080	.137	.175	.178	.150	.108	.067	.037	.018	.008
188	.006	.030	.079	.135	.174	.178	.151	.109	.068	.038	.019	.008
189	.006	.030	.077	.134	.173	.178	.151	.110	.069	.039	.019	.009
190	.005	.029	.076	.132	.172	.177	.152	.111	.071	.040	.020	.009
191	.005	.028	.075	.131	.171	.177	.153	.112	.072	.040	.020	.009
192	.005	.028	.073	.129	.170	.177	.153	.113	.073	.041	.021	.010
193	.005	.027	.072	.128	.169	.177	.154	.114	.074	.042	.022	.010
194	.005	.026	.071	.126	.167	.177	.155	.115	.075	.043	.022	.010
195	.005	.026	.070	.125	.166	.176	.155	.116	.076	.044	.023	.011
196	.005	.025	.069	.123	.165	.176	.156	.117	.077	.045	.023	.011
197	.005	.025	.067	.122	.164	.176	.156	.119	.078	.046	.024	.011
198	.004	.024	.066	.120	.163	.176	.157	.120	.079	.046	.024	.012
199	.004	.024	.065	.119	.162	.175	.157	.121	.080	.047	.025	.012
200	.004	.023	.064	.117	.161	.175	.158	.122	.081	.048	.026	.012
201	.004	.023	.063	.116	.159	.174	.158	.123	.083	.049	.026	.013
202	.004	.022	.062	.115	.158	.174	.159	.123	.084	.050	.027	.013
203	.004	.022	.061	.113	.157	.174	.159	.124	.085	.051	.027	.013
204	.004	.021	.060	.112	.156	.173	.160	.125	.086	.052	.028	.014
205	.004	.021	.059	.110	.155	.173	.160	.126	.087	.053	.029	.014
206	.004	.020	.058	.109	.153	.172	.160	.127	.088	.054	.029	.015
207	.003	.020	.057	.107	.152	.172	.161	.128	.089	.055	.030	.015
208	.003	.019	.056	.106	.151	.171	.161	.129	.090	.056	.031	.015
209	.003	.019	.055	.105	.150	.171	.161	.130	.091	.057	.031	.016
210	.003	.018	.054	.103	.149	.170	.161	.131	.092	.057	.032	.016
211	.003	.018	.053	.102	.147	.170	.162	.132	.093	.058	.033	.017
212	.003	.018	.052	.101	.146	.169	.162	.132	.094	.059	.033	.017
213	.003	.017	.051	.099	.145	.168	.162	.133	.095	.060	.034	.018
214	.003	.017	.050	.098	.144	.168	.162	.134	.096	.061	.035	.018
215	.003	.017	.049	.097	.143	.167	.162	.135	.097	.062	.036	.018
216	.003	.016	.048	.096	.141	.166	.163	.135	.098	.063	.036	.019
217	.003	.016	.047	.094	.140	.166	.163	.136	.099	.064	.037	.019
218	.003	.015	.046	.093	.139	.165	.163	.137	.100	.065	.038	.020
219	.002	.015	.046	.092	.138	.164	.163	.138	.101	.066	.038	.020
220	.002	.015	.045	.090	.136	.164	.163	.138	.102	.067	.039	.021
221	.002	.014	.044	.089	.135	.163	.163	.139	.103	.068	.040	.021
222	.002	.014	.043	.088	.134	.162	.163	.140	.104	.069	.041	.022
223	.002	.014	.042	.087	.133	.161	.163	.140	.105	.070	.041	.022
224	.002	.013	.042	.086	.131	.161	.163	.141	.106	.071	.042	.023
225	.002	.013	.041	.084	.130	.160	.163	.141	.107	.072	.043	.023
226	.002	.013	.040	.083	.129	.159	.163	.142	.108	.073	.044	.024
227	.002	.013	.039	.082	.128	.158	.163	.143	.109	.074	.045	.024
228	.002	.012	.039	.081	.126	.157	.162	.143	.110	.075	.045	.025
229	.002	.012	.038	.080	.125	.156	.162	.144	.111	.076	.046	.026
230	.002	.012	.037	.079	.124	.156	.162	.144	.112	.076	.047	.026
231	.002	.011	.037	.078	.123	.155	.162	.145	.112	.077	.048	.027
232	.002	.011	.036	.076	.122	.154	.162	.145	.113	.078	.049	.027
233	.002	.011	.035	.075	.120	.153	.162	.146	.114	.079	.049	.028
234	.002	.011	.035	.074	.119	.152	.161	.146	.115	.080	.050	.028
235	.002	.010	.034	.073	.118	.151	.161	.146	.116	.081	.051	.029
236	.002	.010	.033	.072	.117	.150	.161	.147	.117	.082	.052	.030
237	.002	.010	.033	.071	.115	.149	.161	.147	.118	.083	.053	.030
238	.001	.010	.032	.070	.114	.149	.160	.148	.118	.084	.053	.031
239	.001	.010	.031	.069	.113	.148	.160	.148	.119	.085	.054	.031
240	.001	.009	.031	.068	.112	.147	.160	.148	.120	.086	.055	.032

WAHRSCHEINLICHKEITSTABELLE FÜR I = 1 UND N = 37

n:	P(1)	P(2)	P(3)	P(4)	P(5)	P(6)	P(7)	P(8)	P(9)	P(10)	P(11)	P(12)
241	.009	.030	.067	.111	.146	.159	.148	.121	.087	.056	.033	.017
242	.009	.030	.066	.110	.145	.159	.149	.121	.088	.057	.033	.018
243	.009	.029	.065	.108	.144	.158	.149	.122	.089	.058	.034	.018
244	.008	.029	.064	.107	.143	.158	.149	.123	.089	.058	.035	.019
245	.008	.028	.063	.106	.142	.158	.150	.124	.090	.059	.035	.019
246	.008	.027	.062	.105	.141	.157	.150	.124	.091	.060	.036	.019
247	.008	.027	.061	.104	.140	.157	.150	.125	.092	.061	.036	.020
248	.008	.026	.060	.103	.139	.156	.150	.126	.093	.062	.037	.020
249	.008	.026	.059	.101	.138	.156	.150	.126	.094	.063	.038	.021
250	.007	.025	.058	.100	.137	.155	.150	.127	.095	.063	.038	.021
251	.007	.025	.058	.099	.136	.155	.151	.128	.096	.064	.039	.022
252	.007	.024	.057	.098	.135	.154	.151	.128	.097	.065	.040	.022
253	.007	.024	.056	.097	.134	.154	.151	.129	.097	.066	.041	.023
254	.007	.024	.055	.096	.133	.153	.151	.129	.098	.067	.041	.023
255	.007	.023	.054	.095	.132	.153	.151	.130	.099	.068	.042	.024
256	.006	.023	.053	.094	.131	.152	.151	.131	.100	.069	.043	.024
257	.006	.022	.052	.092	.130	.152	.151	.131	.101	.069	.043	.025
258	.006	.022	.052	.091	.129	.151	.151	.132	.102	.070	.044	.025
259	.006	.021	.051	.090	.128	.150	.151	.132	.102	.071	.045	.026
260	.006	.021	.050	.089	.127	.150	.151	.133	.103	.072	.045	.026
261	.006	.021	.049	.088	.126	.149	.151	.133	.104	.073	.046	.027
262	.006	.020	.048	.087	.125	.149	.151	.134	.105	.074	.047	.027
263	.005	.020	.048	.086	.124	.148	.151	.134	.106	.074	.048	.028
264	.005	.019	.047	.085	.123	.147	.151	.135	.106	.075	.048	.028
265	.005	.019	.046	.084	.122	.147	.151	.135	.107	.076	.049	.029
266	.005	.019	.045	.083	.121	.146	.151	.135	.108	.077	.050	.029
267	.005	.018	.045	.082	.120	.145	.150	.136	.109	.078	.051	.030
268	.005	.018	.044	.081	.119	.145	.150	.136	.109	.079	.051	.030
269	.005	.018	.043	.080	.118	.144	.150	.137	.110	.079	.052	.031
270	.005	.017	.043	.079	.117	.143	.150	.137	.111	.080	.053	.032
271	.004	.017	.042	.078	.116	.142	.150	.137	.111	.081	.053	.032
272	.004	.016	.041	.077	.115	.142	.150	.138	.112	.082	.054	.033
273	.004	.016	.041	.076	.114	.141	.149	.138	.113	.083	.055	.033
274	.004	.016	.040	.075	.113	.140	.149	.138	.114	.084	.056	.034
275	.004	.016	.039	.074	.112	.140	.149	.139	.114	.084	.056	.035
276	.004	.015	.039	.073	.111	.139	.149	.139	.115	.085	.057	.035
277	.004	.015	.038	.072	.110	.138	.148	.139	.116	.086	.058	.036
278	.004	.015	.037	.071	.109	.137	.148	.139	.116	.087	.059	.036
279	.004	.014	.037	.070	.108	.136	.148	.140	.117	.088	.060	.037
280	.004	.014	.036	.070	.107	.136	.148	.140	.117	.088	.060	.038
281	.004	.014	.036	.069	.106	.135	.147	.140	.118	.089	.061	.038
282	.003	.013	.035	.068	.105	.134	.147	.140	.119	.090	.062	.039
283	.003	.013	.034	.067	.104	.133	.147	.140	.119	.091	.063	.039
284	.003	.013	.034	.066	.103	.133	.146	.141	.120	.092	.063	.040
285	.003	.013	.033	.065	.102	.132	.146	.141	.120	.092	.064	.041
286	.003	.012	.033	.064	.101	.131	.145	.141	.121	.093	.065	.041
287	.003	.012	.032	.063	.100	.130	.145	.141	.121	.094	.066	.042
288	.003	.012	.032	.063	.099	.129	.145	.141	.122	.095	.066	.043
289	.003	.012	.031	.062	.098	.128	.144	.141	.122	.095	.067	.043
290	.003	.011	.031	.061	.097	.128	.144	.141	.123	.096	.068	.044
291	.003	.011	.030	.060	.096	.127	.143	.141	.123	.097	.069	.044
292	.003	.011	.030	.059	.095	.126	.143	.141	.124	.097	.069	.045
293	.003	.011	.029	.058	.094	.125	.142	.141	.124	.098	.070	.046
294	.003	.011	.029	.058	.093	.124	.142	.142	.125	.099	.071	.046
295	.003	.010	.028	.057	.092	.123	.142	.142	.125	.100	.072	.047
296	.002	.010	.028	.056	.091	.123	.141	.142	.126	.100	.072	.048
297	.002	.010	.027	.055	.090	.122	.141	.142	.126	.101	.073	.048
298	.002	.010	.027	.055	.089	.121	.140	.141	.127	.102	.074	.049
299	.002	.010	.026	.054	.088	.120	.139	.141	.127	.102	.075	.050
300	.002	.009	.026	.053	.087	.119	.139	.141	.127	.103	.075	.050

WAHRSCHEINLICHKEITSTABELLE FÜR I = 1 UND N = 37

n:	P(3)	P(4)	P(5)	P(6)	P(7)	P(8)	P(9)	P(10)	P(11)	P(12)	P(13)	P(14)
301	.025	.052	.086	.118	.138	.141	.128	.104	.076	.051	.032	.018
302	.025	.052	.085	.117	.138	.141	.128	.104	.077	.052	.032	.018
303	.024	.051	.084	.117	.137	.141	.129	.105	.078	.052	.033	.019
304	.024	.050	.084	.116	.137	.141	.129	.106	.078	.053	.033	.019
305	.024	.049	.083	.115	.136	.141	.129	.106	.079	.054	.034	.020
306	.023	.049	.082	.114	.136	.141	.130	.107	.080	.055	.034	.020
307	.023	.048	.081	.113	.135	.141	.130	.107	.081	.055	.035	.020
308	.022	.047	.080	.112	.134	.141	.130	.108	.081	.056	.035	.021
309	.022	.047	.079	.111	.134	.140	.130	.109	.082	.057	.036	.021
310	.022	.046	.078	.110	.133	.140	.131	.109	.083	.057	.036	.021
311	.021	.045	.077	.110	.133	.140	.131	.110	.083	.058	.037	.022
312	.021	.045	.076	.109	.132	.140	.131	.110	.084	.059	.038	.022
313	.020	.044	.076	.108	.131	.140	.131	.111	.085	.059	.038	.023
314	.020	.043	.075	.107	.131	.139	.132	.112	.086	.060	.039	.023
315	.020	.043	.074	.106	.130	.139	.132	.112	.086	.061	.039	.024
316	.019	.042	.073	.105	.129	.139	.132	.113	.087	.061	.040	.024
317	.019	.042	.072	.104	.129	.139	.132	.113	.088	.062	.040	.024
318	.019	.041	.071	.103	.128	.138	.132	.114	.088	.063	.041	.025
319	.018	.040	.071	.103	.127	.138	.133	.114	.089	.063	.042	.025
320	.018	.040	.070	.102	.127	.138	.133	.115	.090	.064	.042	.026
321	.018	.039	.069	.101	.126	.137	.133	.115	.090	.065	.043	.026
322	.017	.039	.068	.100	.125	.137	.133	.116	.091	.066	.043	.027
323	.017	.038	.067	.099	.125	.137	.133	.116	.092	.066	.044	.027
324	.017	.037	.067	.098	.124	.137	.133	.117	.092	.067	.045	.028
325	.016	.037	.066	.097	.123	.136	.133	.117	.093	.068	.045	.028
326	.016	.036	.065	.097	.123	.136	.133	.117	.094	.068	.046	.028
327	.016	.036	.064	.096	.122	.135	.133	.118	.094	.069	.046	.029
328	.016	.035	.063	.095	.121	.135	.133	.118	.095	.070	.047	.029
329	.015	.035	.063	.094	.121	.135	.134	.119	.096	.070	.048	.030
330	.015	.034	.062	.093	.120	.134	.134	.119	.096	.071	.048	.030
331	.015	.034	.061	.092	.119	.134	.134	.119	.097	.072	.049	.031
332	.015	.033	.060	.092	.118	.134	.134	.120	.097	.072	.050	.031
333	.014	.033	.060	.091	.118	.133	.134	.120	.098	.073	.050	.032
334	.014	.032	.059	.090	.117	.133	.134	.121	.099	.074	.051	.032
335	.014	.032	.058	.089	.116	.132	.134	.121	.099	.074	.051	.033
336	.013	.031	.058	.088	.115	.132	.134	.121	.100	.075	.052	.033
337	.013	.031	.057	.087	.115	.131	.133	.122	.100	.076	.053	.034
338	.013	.030	.056	.087	.114	.131	.133	.122	.101	.076	.053	.034
339	.013	.030	.055	.086	.113	.131	.133	.122	.102	.077	.054	.035
340	.013	.029	.055	.085	.112	.130	.133	.123	.102	.078	.055	.035
341	.012	.029	.054	.084	.112	.130	.133	.123	.103	.078	.055	.036
342	.012	.028	.053	.083	.111	.129	.133	.123	.103	.079	.056	.036
343	.012	.028	.053	.082	.110	.129	.133	.123	.104	.080	.056	.037
344	.012	.028	.052	.082	.109	.128	.133	.124	.104	.080	.057	.037
345	.011	.027	.051	.081	.109	.128	.133	.124	.105	.081	.058	.038
346	.011	.027	.051	.080	.108	.127	.133	.124	.105	.082	.058	.039
347	.011	.026	.050	.079	.107	.127	.132	.124	.106	.082	.059	.039
348	.011	.026	.049	.078	.106	.126	.132	.125	.106	.083	.060	.040
349	.011	.025	.049	.078	.106	.126	.132	.125	.107	.084	.060	.040
350	.010	.025	.048	.077	.105	.125	.132	.125	.107	.084	.061	.041
351	.010	.025	.048	.076	.104	.124	.132	.125	.108	.085	.061	.041
352	.010	.024	.047	.075	.103	.124	.132	.125	.108	.085	.062	.042
353	.010	.024	.046	.075	.103	.123	.131	.126	.109	.086	.063	.042
354	.010	.023	.046	.074	.102	.123	.131	.126	.109	.087	.063	.043
355	.009	.023	.045	.073	.101	.122	.131	.126	.110	.087	.064	.043
356	.009	.023	.044	.072	.100	.122	.131	.126	.110	.088	.065	.044
357	.009	.022	.044	.072	.100	.121	.130	.126	.110	.088	.065	.045
358	.009	.022	.043	.071	.099	.121	.130	.126	.111	.089	.066	.045
359	.009	.022	.043	.070	.098	.120	.130	.126	.111	.090	.066	.046
360	.009	.021	.042	.069	.097	.119	.130	.126	.112	.090	.067	.046

WAHRSCHEINLICHKEITSTABELLE FÜR I = 1 UND N = 37

n:	P(4)	P(5)	P(6)	P(7)	P(8)	P(9)	P(10)	P(11)	P(12)	P(13)	P(14)	P(15)
361	.021	.042	.069	.097	.119	.129	.126	.112	.091	.068	.047	.030
362	.021	.041	.068	.096	.118	.129	.127	.113	.091	.068	.047	.029
363	.020	.040	.067	.095	.118	.129	.127	.113	.092	.069	.048	.028
364	.020	.040	.066	.094	.117	.128	.127	.113	.093	.070	.048	.027
365	.020	.039	.066	.094	.116	.128	.127	.114	.093	.070	.049	.027
366	.019	.039	.065	.093	.116	.128	.127	.114	.094	.071	.050	.026
367	.019	.038	.064	.092	.115	.128	.127	.114	.094	.071	.050	.025
368	.019	.038	.064	.091	.114	.127	.127	.115	.095	.072	.051	.025
369	.018	.037	.063	.091	.114	.127	.127	.115	.095	.073	.051	.024
370	.018	.037	.062	.090	.113	.126	.127	.115	.096	.073	.052	.023
371	.018	.036	.061	.089	.113	.126	.127	.116	.096	.074	.052	.023
372	.018	.036	.061	.088	.112	.126	.127	.116	.097	.075	.053	.022
373	.017	.035	.060	.088	.111	.125	.127	.116	.097	.075	.054	.021
374	.017	.035	.059	.087	.111	.125	.127	.117	.098	.076	.054	.021
375	.017	.034	.059	.086	.110	.125	.127	.117	.098	.076	.055	.020
376	.016	.034	.058	.085	.109	.124	.127	.117	.099	.077	.055	.020
377	.016	.033	.057	.085	.109	.124	.127	.117	.099	.078	.056	.019
378	.016	.033	.057	.084	.108	.123	.127	.118	.100	.078	.057	.019
379	.016	.032	.056	.083	.107	.123	.126	.118	.100	.079	.057	.018
380	.015	.032	.056	.082	.107	.123	.126	.118	.101	.079	.058	.018
381	.015	.032	.055	.082	.106	.122	.126	.118	.101	.080	.058	.017
382	.015	.031	.054	.081	.105	.122	.126	.118	.102	.080	.059	.017
383	.015	.031	.054	.080	.105	.121	.126	.119	.102	.081	.059	.016
384	.014	.030	.053	.080	.104	.121	.126	.119	.103	.082	.060	.016
385	.014	.030	.052	.079	.103	.120	.126	.119	.103	.082	.061	.015
386	.014	.029	.052	.078	.103	.120	.126	.119	.104	.083	.061	.015
387	.014	.029	.051	.077	.102	.119	.125	.119	.104	.083	.062	.015
388	.013	.029	.051	.077	.101	.119	.125	.120	.104	.084	.062	.014
389	.013	.028	.050	.076	.101	.119	.125	.120	.105	.084	.063	.014
390	.013	.028	.049	.075	.100	.118	.125	.120	.105	.085	.064	.013
391	.013	.027	.049	.075	.099	.118	.125	.120	.106	.085	.064	.013
392	.012	.027	.048	.074	.099	.117	.125	.120	.106	.086	.065	.013
393	.012	.027	.048	.073	.098	.117	.124	.120	.106	.087	.065	.012
394	.012	.026	.047	.073	.097	.116	.124	.120	.107	.087	.066	.012
395	.012	.026	.047	.072	.097	.116	.124	.120	.107	.088	.066	.012
396	.012	.025	.046	.071	.096	.115	.124	.121	.107	.088	.067	.011
397	.011	.025	.045	.070	.095	.115	.123	.121	.108	.089	.068	.011
398	.011	.025	.045	.070	.095	.114	.123	.121	.108	.089	.068	.011
399	.011	.024	.044	.069	.094	.114	.123	.121	.108	.090	.069	.011
400	.011	.024	.044	.068	.093	.113	.123	.121	.109	.090	.069	.010
401	.011	.024	.043	.068	.093	.112	.122	.121	.109	.091	.070	.010
402	.011	.023	.043	.067	.092	.112	.122	.121	.109	.091	.070	.010
403	.010	.023	.042	.066	.091	.111	.122	.121	.110	.092	.071	.009
404	.010	.023	.042	.066	.091	.111	.122	.121	.110	.092	.072	.009
405	.010	.022	.041	.065	.090	.110	.121	.121	.110	.093	.072	.009
406	.010	.022	.041	.064	.089	.110	.121	.121	.111	.093	.073	.009
407	.010	.022	.040	.064	.089	.109	.121	.121	.111	.094	.073	.008
408	.009	.021	.040	.063	.088	.109	.120	.121	.111	.094	.074	.008
409	.009	.021	.039	.063	.087	.108	.120	.121	.111	.095	.074	.008
410	.009	.021	.039	.062	.087	.108	.120	.121	.112	.095	.075	.008
411	.009	.020	.038	.061	.086	.107	.119	.121	.112	.095	.075	.008
412	.009	.020	.038	.061	.085	.106	.119	.121	.112	.096	.076	.007
413	.009	.020	.037	.060	.085	.106	.119	.121	.112	.096	.076	.007
414	.009	.019	.037	.059	.084	.105	.118	.121	.113	.097	.077	.007
415	.008	.019	.036	.059	.083	.105	.118	.121	.113	.097	.078	.007
416	.008	.019	.036	.058	.083	.104	.118	.121	.113	.098	.078	.007
417	.008	.019	.035	.058	.082	.104	.117	.121	.113	.098	.079	.006
418	.008	.018	.035	.057	.081	.103	.117	.120	.114	.098	.079	.006
419	.008	.018	.034	.056	.081	.102	.117	.120	.114	.099	.080	.006
420	.008	.018	.034	.056	.080	.102	.116	.120	.114	.099	.080	.006

WAHRSCHEINLICHKEITSTABELLE FÜR I = 1 UND N = 37

n:	P(4)	P(5)	P(6)	P(7)	P(8)	P(9)	P(10)	P(11)	P(12)	P(13)	P(14)	P(15)
421	.008	.017	.034	.055	.079	.101	.116	.120	.114	.100	.081	.006
422	.007	.017	.033	.055	.079	.101	.115	.120	.114	.100	.081	.006
423	.007	.017	.033	.054	.078	.100	.115	.120	.114	.100	.082	.005
424	.007	.017	.032	.053	.077	.099	.115	.120	.115	.101	.082	.005
425	.007	.016	.032	.053	.077	.099	.114	.120	.115	.101	.083	.005
426	.007	.016	.031	.052	.076	.098	.114	.120	.115	.102	.083	.005
427	.007	.016	.031	.052	.075	.098	.113	.119	.115	.102	.084	.005
428	.007	.016	.031	.051	.075	.097	.113	.119	.115	.102	.084	.005
429	.007	.015	.030	.051	.074	.096	.112	.119	.115	.103	.085	.005
430	.006	.015	.030	.050	.074	.096	.112	.119	.115	.103	.085	.004
431	.006	.015	.029	.050	.073	.095	.112	.119	.115	.103	.086	.004
432	.006	.015	.029	.049	.072	.095	.111	.118	.115	.104	.086	.004
433	.006	.014	.029	.048	.072	.094	.111	.118	.116	.104	.087	.004
434	.006	.014	.028	.048	.071	.093	.110	.118	.116	.104	.087	.004
435	.006	.014	.028	.047	.070	.093	.110	.118	.116	.105	.088	.004
436	.006	.014	.027	.047	.070	.092	.109	.118	.116	.105	.088	.004
437	.006	.014	.027	.046	.069	.092	.109	.117	.116	.105	.088	.004
438	.006	.013	.027	.046	.069	.091	.108	.117	.116	.105	.089	.004
439	.005	.013	.026	.045	.068	.090	.108	.117	.116	.106	.089	.004
440	.005	.013	.026	.045	.067	.090	.107	.117	.116	.106	.090	.003
441	.005	.013	.026	.044	.067	.089	.107	.116	.116	.106	.090	.003
442	.005	.013	.025	.044	.066	.089	.107	.116	.116	.107	.091	.003
443	.005	.012	.025	.043	.066	.088	.106	.116	.116	.107	.091	.003
444	.005	.012	.025	.043	.065	.087	.106	.116	.116	.107	.092	.003
445	.005	.012	.024	.042	.064	.087	.105	.115	.116	.107	.092	.003
446	.005	.012	.024	.042	.064	.086	.105	.115	.116	.108	.092	.003
447	.005	.012	.024	.041	.063	.086	.104	.115	.116	.108	.093	.003
448	.005	.011	.023	.041	.063	.085	.104	.115	.116	.108	.093	.003
449	.005	.011	.023	.040	.062	.084	.103	.114	.116	.108	.094	.003
450	.004	.011	.023	.040	.061	.084	.103	.114	.116	.108	.094	.003
451	.004	.011	.022	.039	.061	.083	.102	.114	.116	.109	.094	.003
452	.004	.011	.022	.039	.060	.083	.102	.113	.116	.109	.095	.002
453	.004	.010	.022	.039	.060	.082	.101	.113	.116	.109	.095	.002
454	.004	.010	.021	.038	.059	.081	.101	.113	.116	.109	.095	.002
455	.004	.010	.021	.038	.058	.081	.100	.112	.115	.109	.096	.002
456	.004	.010	.021	.037	.058	.080	.099	.112	.115	.109	.096	.002
457	.004	.010	.021	.037	.057	.080	.099	.112	.115	.110	.097	.002
458	.004	.010	.020	.036	.057	.079	.098	.111	.115	.110	.097	.002
459	.004	.009	.020	.036	.056	.078	.098	.111	.115	.110	.097	.002
460	.004	.009	.020	.035	.056	.078	.097	.111	.115	.110	.098	.002
461	.004	.009	.019	.035	.055	.077	.097	.110	.115	.110	.098	.002
462	.004	.009	.019	.035	.055	.077	.096	.110	.115	.110	.098	.002
463	.003	.009	.019	.034	.054	.076	.096	.110	.115	.110	.099	.002
464	.003	.009	.019	.034	.054	.075	.095	.109	.114	.111	.099	.002
465	.003	.009	.018	.033	.053	.075	.095	.109	.114	.111	.099	.002
466	.003	.008	.018	.033	.052	.074	.094	.108	.114	.111	.100	.002
467	.003	.008	.018	.033	.052	.074	.094	.108	.114	.111	.100	.002
468	.003	.008	.018	.032	.051	.073	.093	.108	.114	.111	.100	.002
469	.003	.008	.017	.032	.051	.072	.093	.107	.114	.111	.100	.002
470	.003	.008	.017	.031	.050	.072	.092	.107	.114	.111	.101	.002
471	.003	.008	.017	.031	.050	.071	.091	.106	.113	.111	.101	.001
472	.003	.008	.017	.031	.049	.071	.091	.106	.113	.111	.101	.001
473	.003	.008	.016	.030	.049	.070	.090	.106	.113	.111	.102	.001
474	.003	.007	.016	.030	.048	.070	.090	.105	.113	.111	.102	.001
475	.003	.007	.016	.029	.048	.069	.089	.105	.113	.111	.102	.001
476	.003	.007	.016	.029	.047	.068	.089	.104	.112	.111	.102	.001
477	.003	.007	.015	.029	.047	.068	.088	.104	.112	.111	.103	.001
478	.003	.007	.015	.028	.046	.067	.088	.104	.112	.111	.103	.001
479	.003	.007	.015	.028	.046	.067	.087	.103	.112	.111	.103	.001
480	.003	.007	.015	.028	.045	.066	.087	.103	.111	.111	.103	.001

WAHRSCHEINLICHKEITSTABELLE FÜR I = 1 UND N = 37

n:	P(4)	P(5)	P(6)	P(7)	P(8)	P(9)	P(10)	P(11)	P(12)	P(13)	P(14)	P(15)
481	.002	.007	.014	.027	.045	.066	.086	.102	.111	.111	.103	.001
482	.002	.006	.014	.027	.044	.065	.085	.102	.111	.111	.104	.001
483	.002	.006	.014	.027	.044	.064	.085	.101	.111	.111	.104	.001
484	.002	.006	.014	.026	.043	.064	.084	.101	.110	.111	.104	.001
485	.002	.006	.014	.026	.043	.063	.084	.100	.110	.111	.104	.001
486	.002	.006	.013	.026	.043	.063	.083	.100	.110	.111	.105	.001
487	.002	.006	.013	.025	.042	.062	.083	.100	.110	.111	.105	.001
488	.002	.006	.013	.025	.042	.062	.082	.099	.109	.111	.105	.001
489	.002	.006	.013	.025	.041	.061	.082	.099	.109	.111	.105	.001
490	.002	.006	.013	.024	.041	.061	.081	.098	.109	.111	.105	.001
491	.002	.006	.012	.024	.040	.060	.080	.098	.109	.111	.105	.001
492	.002	.005	.012	.024	.040	.060	.080	.097	.108	.111	.106	.001
493	.002	.005	.012	.023	.039	.059	.079	.097	.108	.111	.106	.001
494	.002	.005	.012	.023	.039	.058	.079	.096	.108	.111	.106	.001
495	.002	.005	.012	.023	.039	.058	.078	.096	.107	.111	.106	.001
496	.002	.005	.012	.022	.038	.057	.078	.095	.107	.111	.106	.001
497	.002	.005	.011	.022	.038	.057	.077	.095	.107	.111	.106	.001
498	.002	.005	.011	.022	.037	.056	.077	.094	.106	.111	.106	.001
499	.002	.005	.011	.022	.037	.056	.076	.094	.106	.110	.106	.001
500	.002	.005	.011	.021	.036	.055	.076	.093	.106	.110	.107	.001
501	.002	.005	.011	.021	.036	.055	.075	.093	.105	.110	.107	.001
502	.002	.005	.011	.021	.036	.054	.074	.092	.105	.110	.107	.001
503	.002	.004	.010	.020	.035	.054	.074	.092	.105	.110	.107	.001
504	.002	.004	.010	.020	.035	.053	.073	.091	.104	.110	.107	.001
505	.002	.004	.010	.020	.034	.053	.073	.091	.104	.110	.107	.001
506	.002	.004	.010	.020	.034	.052	.072	.091	.104	.109	.107	.001
507	.002	.004	.010	.019	.034	.052	.072	.090	.103	.109	.107	.001
508	.001	.004	.010	.019	.033	.051	.071	.090	.103	.109	.107	.001
509	.001	.004	.009	.019	.033	.051	.071	.089	.103	.109	.107	.001
510	.001	.004	.009	.019	.033	.050	.070	.089	.102	.109	.107	.001
511	.001	.004	.009	.018	.032	.050	.070	.088	.102	.109	.107	.000
512	.001	.004	.009	.018	.032	.049	.069	.088	.102	.108	.107	.000
513	.001	.004	.009	.018	.031	.049	.069	.087	.101	.108	.107	.000
514	.001	.004	.009	.018	.031	.048	.068	.087	.101	.108	.107	.000
515	.001	.004	.009	.017	.031	.048	.067	.086	.100	.108	.107	.000
516	.001	.004	.008	.017	.030	.048	.067	.086	.100	.108	.107	.000
517	.001	.004	.008	.017	.030	.047	.066	.085	.100	.107	.107	.000
518	.001	.003	.008	.017	.030	.047	.066	.085	.099	.107	.107	.000
519	.001	.003	.008	.016	.029	.046	.065	.084	.099	.107	.107	.000
520	.001	.003	.008	.016	.029	.046	.065	.084	.098	.107	.107	.000
521	.001	.003	.008	.016	.029	.045	.064	.083	.098	.107	.107	.000
522	.001	.003	.008	.016	.028	.045	.064	.082	.098	.106	.107	.000
523	.001	.003	.008	.016	.028	.044	.063	.082	.097	.106	.107	.000
524	.001	.003	.007	.015	.028	.044	.063	.081	.097	.106	.107	.000
525	.001	.003	.007	.015	.027	.043	.062	.081	.096	.106	.107	.000
526	.001	.003	.007	.015	.027	.043	.062	.080	.096	.105	.107	.000
527	.001	.003	.007	.015	.027	.043	.061	.080	.096	.105	.107	.000
528	.001	.003	.007	.015	.026	.042	.061	.079	.095	.105	.107	.000
529	.001	.003	.007	.014	.026	.042	.060	.079	.095	.105	.107	.000
530	.001	.003	.007	.014	.026	.041	.060	.078	.094	.104	.107	.000
531	.001	.003	.007	.014	.025	.041	.059	.078	.094	.104	.107	.000
532	.001	.003	.007	.014	.025	.040	.059	.077	.093	.104	.107	.000
533	.001	.003	.006	.014	.025	.040	.058	.077	.093	.103	.107	.000
534	.001	.003	.006	.013	.024	.040	.058	.076	.093	.103	.107	.000
535	.001	.003	.006	.013	.024	.039	.057	.076	.092	.103	.107	.000
536	.001	.003	.006	.013	.024	.039	.057	.075	.092	.103	.106	.000
537	.001	.002	.006	.013	.024	.038	.056	.075	.091	.102	.106	.000
538	.001	.002	.006	.013	.023	.038	.056	.074	.091	.102	.106	.000
539	.001	.002	.006	.012	.023	.038	.055	.074	.090	.102	.106	.000
540	.001	.002	.006	.012	.023	.037	.055	.073	.090	.101	.106	.000

Operieren mit Wahrscheinlichkeitsbeträgen, die erst in der 4. Dezimalstelle zum Ausdruck kommen, dürfte ohnehin nicht sehr gewinnbringend sein. Spalten, in denen derartige Null-Wahrscheinlichkeiten vorkommen, wurden zugunsten anderer p-Werte fortgelassen. Dadurch erklären sich die unregelmäßigen Sprünge in den Tabellen.
Die Werte aus einer Tabellenzeile lassen sich, wie schon angedeutet, für das Zeichnen einer Wahrscheinlichkeitsverteilung verwenden. Die Bilder 9.1–9.3 entsprechen naheliegenderweise den Zeilen für n = 37, n = 74 und n = 111.
In einer Zeile der Computertabelle ist der Wert von n jeweils konstant, während i variiert wird. (Übrigens muß die Summe aller $p_{(i)}$ in einer Zeile immer = 1 sein. Kleine Abweichungen sind auf die Rundungsfehler zurückzuführen.)
Uns steht selbstverständlich frei, auch ein bestimmtes, konstantes i zu betrachten und dabei n zu variieren. Dazu brauchen wir in der Tabelle lediglich die Spalte für das gewünschte i aufzusuchen und uns in dieser Senkrechten auf und ab zu bewegen.
Ein Beispiel: Uns interessiert, wie sich die Wahrscheinlichkeit für das *einmalige* Auftreten einer Zahl ($p_{(1)}$) mit zunehmender Anzahl der Spiele verändert. In der Spalte P(1) finden wir für das 1. Spiel (n = 1) den Wert 0,027, doch dann steigen die Werte stetig an, bis bei Spiel 35 mit P(1) = 0,373 ein Maximum erreicht wird und die Werte wieder allmählich abfallen.

Wieder eine Kurve

Derartige Verläufe von Werten in Abhängigkeit von einer anderen Größe werden im allgemeinen besonders deutlich und anschaulich, wenn man sie graphisch darstellt – als Kurve in einem sogenannten Koordinatensystem, wie schon in Kapitel 5 gezeigt. In Bild 9.4 sind die Werte von P(1) als Einzelpunkte in ein Millimeterraster eingetragen. Sie ergeben eine zusammenhängende Kurve. Die senkrechte Achse gibt durch ihre Teilung den Betrag von $p_{(1)}$ an, während auf der waagerechten Achse die Anzahl der Spiele (n) aufgetragen ist.

Bild 9.4: Verlauf von $P_{(1)}$

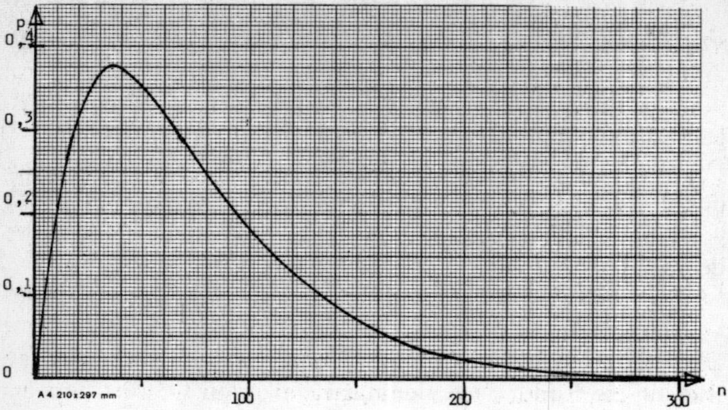

Bild 9.5

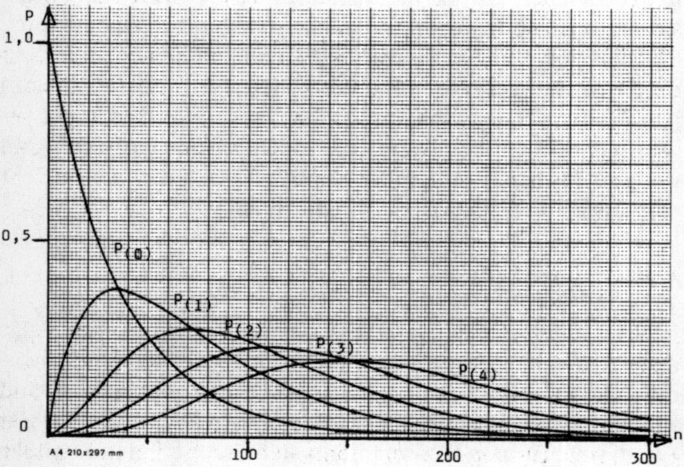

Der Wahrscheinlichkeitsverlauf $p_{(1)}$ ist aus Bild 9.4 zwar recht gut ersichtlich, aber eine Nutzanwendung ist schwer zu finden. Erst der Vergleich mehrerer Wahrscheinlichkeitsverläufe ermöglicht eine Deutung oder das Ziehen von Schlüssen.

Bild 9.6

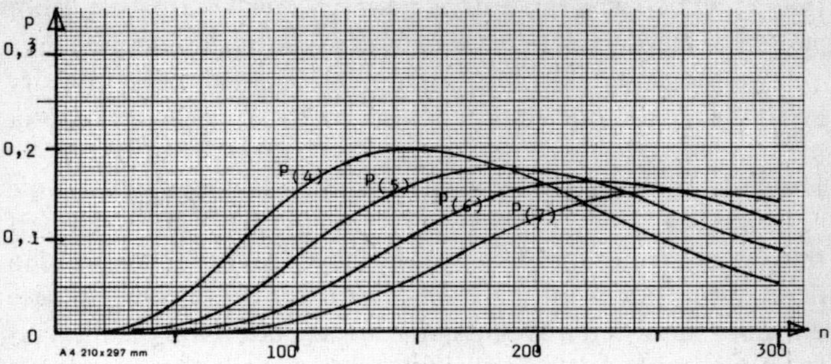

Deshalb wurden in Bild 9.5 die Verläufe von $p_{(0)}$ bis $p_{(4)}$ und in Bild 9.6 die von $p_{(4)}$ bis $p_{(7)}$ eingetragen. Auch hier hat uns der Computer die Arbeit wesentlich erleichtert. (Die Darstellung aller 9 Kurven in einem Diagramm wäre zu unübersichtlich geworden. Nur $p_{(4)}$ wurde sozusagen als Übergangsglied oder Vergleichsmaßstab in beide Diagramme eingetragen.)
Sicherlich ist dem Leser inzwischen klargeworden, warum in der Überschrift zu diesem Kapitel von Wahrscheinlichkeitswellen gesprochen wurde (wenn dieser Ausdruck auch, wie erwähnt, nur eine Leihgabe ist). Die Wellenanalogie soll aber noch deutlicher zum Ausdruck kommen.

Die 3. Dimension

In Bild 9.4 haben wir, wie die Mathematiker sagen, eine *unabhängige Größe,* nämlich das n als Anzahl der Spiele, und eine *abhängige Größe,* das p oder den Wahrscheinlichkeitswert. In Bild 9.5 und 9.6 kommt noch die Größe i dazu, als sogenannter Parameter. Eine solche Situation mit 3 verknüpften Größen schreit aber geradezu nach einer dreidimensionalen Darstellung. Das Durcheinander der vielen Kurven in Bild 9.5 und 9.6 ist ohnehin nicht sehr übersichtlich.
Ein dreidimensionales Gebilde, ein Ding mit Länge, Breite und Höhe, ist natürlich, wie schon der Name andeutet, nicht mehr

flächenförmig, sondern räumlich. Man kann es zwar aus Karton, Holz, Gips oder einem anderen Stoff aufbauen, aber schlecht einem Buch beipacken oder in ein Buch einheften. Die einzige Möglichkeit ist, das dreidimensionale Modell entweder zu fotografieren oder mit Hilfe der Perspektive zweidimensional darzustellen. Das Ergebnis der 2. Methode zeigt Bild 9.7. Das Entstehen des Modells kann man sich so vorstellen, daß die einzelnen $p_{(i)}$-Kurven aus Bild 9.5 und 9.6 auf Sperrholz übertragen und sauber ausgesägt worden sind. Die Brettchen wurden dann unter Beachtung des Maßstabsrasters in eine Grundplatte eingelassen, an deren Vorderkante das zugeordnete $p_{(i)}$ steht. Verleitet dieses Modell etwa nicht dazu, von Wellen zu sprechen? Das Brettchen- oder Wellenmodell stellt *(nur)* für gegebene Werte von I und N (bei uns 1 bzw. 37) die Gesamtheit aller Wahrscheinlichkeiten $p_{(i)}$ (für $i = 0$ bis $i = 7$) in Abhängigkeit von der Anzahl der Spiele (n) dar. Dadurch werden zwar die Zusammenhänge recht deutlich, aber uns interessieren oft eher Einzelzustände, die gewissermaßen einem Auszug oder Extrakt

Bild 9.7

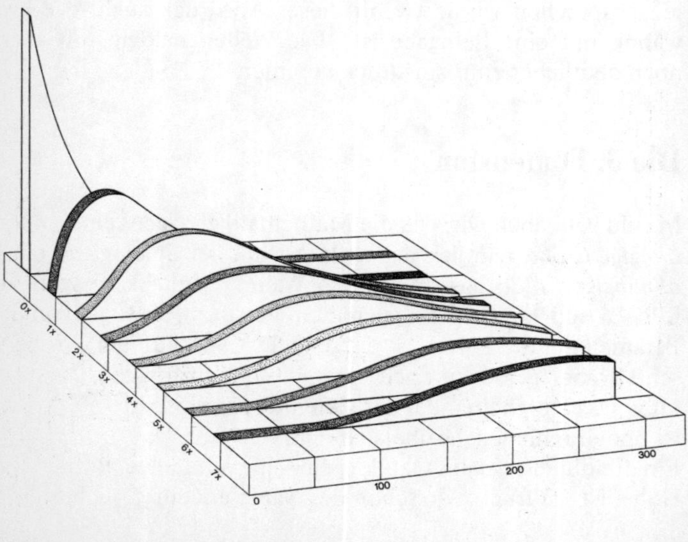

aus der Gesamtheit entsprechen. Eine Art der »Auszüge« kennen wir schon, nämlich die einzelnen Wahrscheinlichkeitsverläufe, die Kurven aus Bild 9.5 und 9.6 oder die Ebenen aus Bild 9.7. (Es klingt seriöser, wenn wir statt »Brettchen« den Ausdruck Ebene benutzen.)
Wenn wir noch kurz bei dem Holzmodell bleiben, dann können wir uns leicht vorstellen, daß wir den Verlauf von beispielsweise $p_{(3)}$ erhalten, indem wir die Grundplatte entlang der Ebene $p_{(3)}$ sauber durchsägen und nur diese Ebene betrachten, nunmehr unbehindert durch die ursprünglich vorgelagerten Ebenen $p_{(4)}$ bis $p_{(7)}$ (Bild 9.8). Die im Hintergrund befindlichen Ebenen $p_{(2)}$ bis $p_{(0)}$ brauchen wir nicht zu beachten und können uns voll auf die zu diesem Zweck freigelegte Kurve $p_{(3)}$ konzentrieren.
Mancher Leser wird wohl bereits auf den Gedanken gekommen sein, die Säge auch einmal anders anzusetzen, rechtwinkelig zu dem vorhin geführten Schnitt entlang der Ebene $p_{(3)}$. Warum auch nicht? Ziehen wir den Schnitt doch einmal bei $n = 100$. Was wir erhalten, ist in Bild 9.9 dargestellt.

Bild 9.8

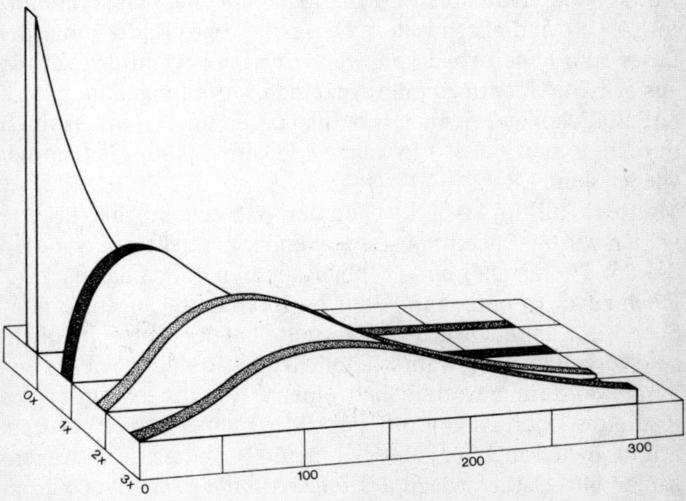

Bild 9.9

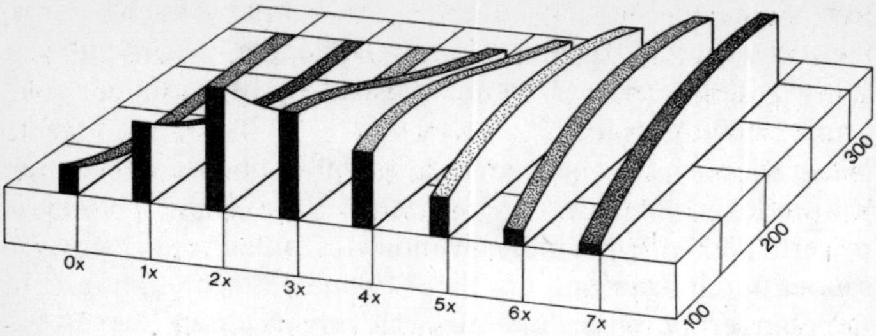

Sie haben es längst erkannt; es ist die Wahrscheinlichkeitsverteilung für n = 100, wie wir sie ähnlich schon von Bild 9.3 her kennen.

Es ist sicherlich nicht schwer, sich vorzustellen, daß man unsere hölzerne Wellenstruktur auch in sehr viele ganz feine Scheiben zerschneiden könnte, wie etwa einen Marmorkuchen oder eine Salami. Im Extremfall wäre für jeden einzelnen Wert von n ein Schnitt möglich. Das Bild der Wahrscheinlichkeitsverteilung würde sich dann von Scheibe zu Scheibe laufend ändern. Es würde beim »Durchblättern« der Salami - ebenfalls wellenförmig - auf- und abschwellen. Dieses bewegte Bild könnte der Leser zum Leben erwecken, wenn er nach bewährtem Vorbild aus seinen Kindertagen die einzelnen Verteilungen, auf separate Blättchen gezeichnet, wie Spielkarten unter dem Daumen durchrauschen ließe. Ein solches »Daumenkino« hat immer wieder seinen Reiz!

Mit dem Auf- und Abschwellen der Wahrscheinlichkeitswerte wollen wir uns später noch eingehender beschäftigen, widmen diesem Thema aber ein eigenes Kapitel, nämlich das nächste. Doch zuvor ist eine grundsätzliche Überlegung angebracht.

Schon in Kapitel 7 wurde festgestellt, daß der Wahrscheinlichkeitsverlauf und die Wahrscheinlichkeitsverteilung, wie sie bisher jeweils für ausschließlich eine bestimmte Nummer des Roulettes oder Augenzahl des Würfels berechnet wurden, grundsätzlich auch für jede der anderen Nummern bzw. Augenzahlen gilt. Daraus wiederum folgt, daß die genannten Verteilungen auch angeben, wie viele von den 37 Nummern des Roulettes nach einer bestimmten Anzahl von Spielen (= n) einmal, zweimal, dreimal usw. oder überhaupt nicht gefallen sein werden (immer unter der Voraussetzung, daß eine große Zahl von Spielfolgen ausgewertet wird, z. B. die ersten 74 Spiele jedes Tages in einem Monat an allen Roulettetischen eines Kasinos). Lediglich eine kleine Umrechnung ist nötig, die nachstehend an der Wahrscheinlichkeitsverteilung für $n = 37$ Spiele vorgeführt werden soll.

Die Wahrscheinlichkeit, daß eine Zahl nullmal fällt ($p_{(0)}$) beträgt 0,363. Von den 37 Zahlen fallen folglich 36,3% oder 13,43, gerundet 13, nullmal. Aus $p_{(1)} = 0{,}373$ folgt auf die gleiche Weise, daß 13,8 Zahlen (gerundet 14) *einmal* fallen. 7 Zahlen fallen entsprechend $p_{(2)} = 0{,}186$ *zweimal* und 2 Zahlen *dreimal.* Die Wahrscheinlichkeit, daß eine oder mehrere Zahlen vier- oder gar fünfmal fallen, ist sehr gering, obwohl das nach 37 Spielen durchaus gelegentlich vorkommen kann. Die Summe der obigen Werte $13 + 14 + 7 + 2 = 36$ ist ein gutes Kontrollkriterium. Die Abweichung vom korrekten Wert 37 ist auf die Rundungsfehler und auf die vernachlässigten Wahrscheinlichkeiten $p_{(3)}$ und höher zurückzuführen.

Bei dieser Gelegenheit können wir gleich mit einem alten Roulettespieler-Aberglauben aufräumen (deren es viele gibt und von denen wir noch sprechen werden), mit der *Zwölferregel.* Diese Regel besagt, daß innerhalb von 36 Spielen 12 Zahlen einmal, 12 Zahlen zweimal und 12 Zahlen nullmal fallen. Die 37. Zahl wird dabei offensichtlich ignoriert.

Unsere obige Berechnung wurde zwar nicht für 36, sondern für 37 Spiele durchgeführt, jedoch ist dieser kleine Unterschied durchaus zu vertreten, wie ein Blick auf die Wahrscheinlichkeitskurven und -tabellen deutlich zeigt. Wir sehen auch, daß die Zwölferregel zwar von den Tatsachen nicht allzusehr abweicht, allein schon insofern, als tatsächlich fast gleich viel Zahlen (erwartungsgemäß) nullmal und einmal fallen. Im übrigen ist die Abweichung doch zu groß, um von einer fundierten Gesetzmäßigkeit oder Regel sprechen zu können.

Nun aber endgültig zum nächsten Kapitel!

10. Das Wachstum der Häufigkeitsverteilungen

Bei unseren bisherigen Analysen von Spielserien haben wir uns fast ausschließlich statischen Zuständen gewidmet. Wir stellten fest, wie die Häufigkeitsverteilung, die Streuung und andere Werte *nach* einer bestimmten Anzahl stattgefundener Spiele aussehen. In diesem Kapitel wollen wir uns dagegen mit der Dynamik der Häufigkeitsverteilungen beschäftigen, mit ihrem Wechsel von Spiel zu Spiel.

Das Vorgehen, das wir dabei wählten, erinnert ein wenig an ein antikes fernöstliches Geduldsspiel, das auch bei uns seit geraumer Zeit in den Spielwarenläden zu finden ist. Es ist der sogenannte *Turm von Hanoi,* eine Anordnung, bestehend aus 3 Stäben, die in einer Grundplatte stecken, und aus 8 - manchmal auch mehr - runden Scheiben abnehmender Größe mit einem Loch in der Mitte. Bild 10.1 zeigt eine der erhältlichen Ausführungen.

Die Aufgabe des Spielers besteht darin, den aus Scheiben aufgebauten Turm, der sich anfangs auf einem der 3 Stäbe befindet, auf einen der beiden freien Stäbe zu übertragen. Dabei sind folgende Spielregeln zu beachten: Es darf immer nur 1 Scheibe gleichzeitig umgesetzt, also von einem Stab abgezogen und auf einen anderen gesteckt werden, und auf keinem der Stäbe darf sich jemals eine größere Scheibe über einer kleineren befinden. Dem Spieler ist auch nicht erlaubt, eine Scheibe etwa anderswo abzulegen oder vorübergehend in der Hand zu halten.

Bild 10.1: Der ›Turm von Hanoi‹

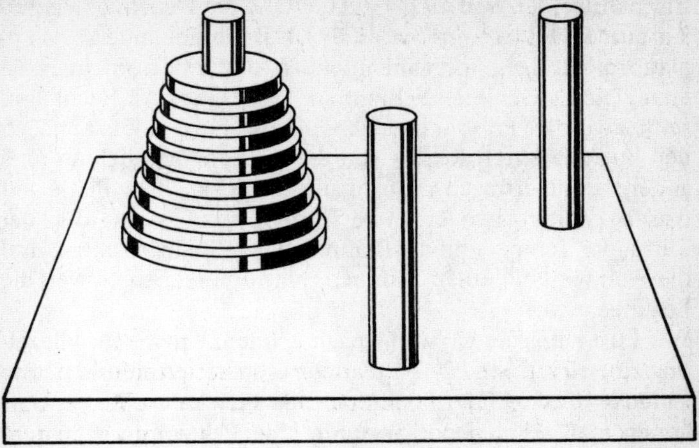

Nach einigem Probieren findet jeder für derartige Dinge einigermaßen Begabte die erforderliche Vorgehensweise heraus und legt sich auch eine Methode zurecht, um bei den vielen Hin- und Herbewegungen der Scheiben die bereits erzielten Erfolge nicht versehentlich wieder im wahrsten Sinne des Wortes rückgängig zu machen. Der Rest besteht lediglich in der Geduldsarbeit, die Scheibchen unzählige Male von einem Stab auf den anderen umzusetzen.

Das Wort »unzählig« müssen wir als auf Exaktheit bedachte Menschen allerdings sofort korrigieren, denn die Anzahl der erforderlichen Bewegungen ist sehr wohl bekannt. Sie beträgt $2^n–1$, wobei n die Anzahl der Scheiben ist. (Die Rechnung stimmt allerdings nur, wenn man keine Fehler macht.) Bei 8 Scheiben erhalten wir zum Beispiel $2^8–1 = 255$ Bewegungen, ein Arbeitsaufwand, der durchaus noch als Vergnügen oder Zerstreuung gelten kann.

Allerdings berichtet eine Sage, daß der »echte Turm von Hanoi« im Großen Tempel von Benares steht, unter der Kuppel, die den Mittelpunkt der Welt bildet. Dort befindet sich eine Messingplatte, in die 3 Diamantnadeln eingelassen sind, »jede eine

Elle hoch und so dick wie der Körper einer Biene«. Bei der Erschaffung der Welt legte Gott auf eine der Nadeln 64 Platten aus purem Gold, die größte auf die als Basis dienende Messingplatte, die übrigen, mit abnehmenden Durchmessern, über die erste. Dieses Gebilde sei Brahmas Turm. Tag und Nacht sind seither würdige Priester damit beschäftigt, die Goldplatten nach den oben erklärten Regeln von der 1. Diamantnadel auf eine andere zu übertragen. Sobald die letzte, kleinste Platte auf diesen zweiten, neu erbauten Turm gesetzt ist, werden der Turm, der Tempel und die Brahmanen zu Staub zerfallen, und die Welt wird mit einem Donnerschlag untergehen. Soweit die Legende.

Wer Lust hat, kann ein wenig nachrechnen: Um die Prophezeiung zu erfüllen, sind $2^{64}-1$ Plattentransporte erforderlich, also 18446744073709551615. Würden die Priester so effizient arbeiten, daß sie in jeder Sekunde eine Platte umsetzen und niemals einen Fehler begehen, dann wäre ihr Auftrag unter Zugrundelegung eines 24-Stunden-Tages und von 365 Arbeitstagen pro Jahr (welch ein Alptraum, vor allem für Gewerkschaftsfunktionäre) in 58454204609 Jahr*hunderten* und etwas mehr als 6 Jahren erfüllt.

Die Zahlen 64 und 2^{64} spielen bei alten Legenden und Rätseln oft eine Rolle. Ein chinesisches Geduldsspiel, bei dem Ringe auf eine Drahtschleife aufgefädelt werden müssen (Bild 10.2), führt zur gleichen Rechenformel, wie der »Turm von Hanoi«. Besonders gut bekannt aber ist die Geschichte um den angeblichen Erfinder des Schachspiels, der sich von seinem König als

Bild 10.2: chinesisches Geduldspiel

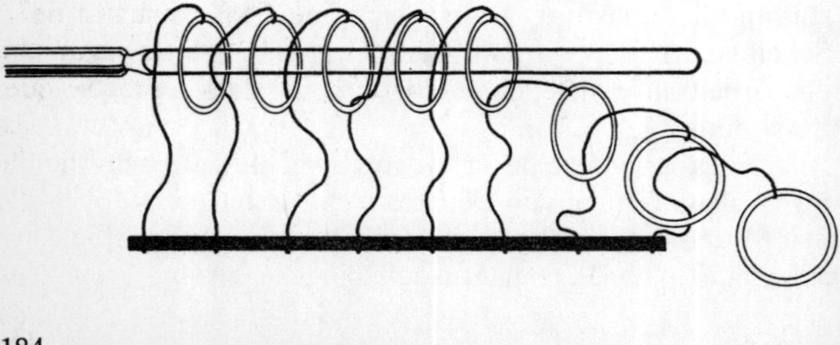

Belohnung 1 Reiskorn für das 1. Feld des Schachbretts erbeten hatte, 2 Reiskörner für das 2., 4 für das 3., 8 für das 4. und so weiter. Für das letzte Feld hätte er wiederum die bewußten 2^{64} Reiskörner erhalten müssen.
Der Schmied, der das Roß eines Königs eiligst zu beschlagen hatte und für den 1. Nagel 1 Pfennig, für den 2. zwei ... wie gehabt, verlangte, kam bei den insgesamt 16 Nägeln allerdings nur auf bescheidene 2^{16} oder 65 536 Pfennige oder, nach heutiger Rechnung, auf DM 655,36. Immerhin!
Um sehr große Zahlen und einen abschließenden Weltuntergang geht es auch in der Science-fiction-Story »Die neun Milliarden Namen Gottes« (The Nine Billion Names of God) von Arthur C. Clarke. Vielleicht sind einige Leser Liebhaber dieser literarischen Richtung, weshalb der Inhalt der Kuriosität halber hier kurz wiedergegeben werden soll:
In einem tibetanischen Kloster sind seit Generationen Mönche damit beschäftigt, die Buchstaben des Alphabets in allen möglichen Kombinationen aufzuschreiben, weil auf diese Weise automatisch sämtliche Namen Gottes zu Papier gebracht werden, auch die bisher unbekannten. Sobald dies geschehen ist, so glauben die Mönche, sei der einzig wichtige Auftrag der Menschheit erfüllt, womit die Welt untergehen kann und auch wird.
Nachdem über dieser Arbeit Jahrhunderte vergangen sind, bricht schließlich unser technisches Zeitalter an. Die Mönche, keineswegs weltfremd, erfahren, was moderne Computer leisten können und bestellen sich ein geeignetes Modell, um ihre mühsame Aufgabe mit seiner Hilfe leichter und auch schneller zu bewältigen.
2 Wartungsingenieure, die mit dem Rechner an das Kloster »vermietet« worden sind, finden, daß es möglicherweise nicht ratsam wäre, noch im Kloster zu sein, wenn der Computer die letzte Zeile ausdruckt. Sie nehmen rechtzeitig Reißaus, doch offenbar umsonst, denn die letzten Sätze der Kurzgeschichte lauten:
»Sieh!« flüsterte Chuck, und George hob die Augen zum Firmament.

Alles tut der Mensch irgendwann zum letzten Mal.
Über ihren Köpfen verlöschten lautlos die Sterne.

Wir wollen aber nicht weiter abschweifen, sondern kehren zur dynamischen Analyse der Häufigkeitsverteilungen zurück, die wir uns eingangs vorgenommen haben. Dazu brauchen wir wieder die Permanenzen vom 27. 11. 1982 (Bild 4.2) sowie unsere schon bestens vertraute und bewährte Anordnung von 37 Glasröhren und 37 Bällen mit den Nummern 0–36. Allerdings benötigen wir vorerst nur 5 Röhren. Diese Röhren versehen wir diesmal, ähnlich wie in Bild 5.4, mit den Bezeichnungen »0×«, »1×«, »2×« usw. Gemeint sind die Häufigkeiten, mit denen die einzelnen Zahlen fallen oder gefallen sind, in unserem Beispiel am 27. 11. 1982 im Kasino Baden-Baden.
Die Situation vor dem 1. Spiel zeigt Bild 10.3. Alle 37 Bälle befinden sich im Rohr mit der Bezeichnung »0×«. Dann kommt das 1. Spiel – die Nummer 15 fällt, und wir übertragen den Ball mit der Nr. 15 aus dem Rohr »0×« in das Rohr »1×«. Da uns der Spielverlauf aus den Permanenzen bereits bekannt war, konnten wir die Bälle, wie Bild 10.3 zeigt, in dem Rohr »0×« bereits in der richtigen Reihenfolge anordnen.
Nach dem nächsten Spiel gelangt der Ball Nr. 2 aus dem Rohr »0×« in das Rohr »1×«, nach dem 3. Spiel ist es die Nr. 21 und so weiter, bis uns nach dem 6. Spiel die Nr. 12 das Konzept durchkreuzt. Die 12 befindet sich nämlich nicht mehr in dem Rohr »0×«, weil sie es schon nach dem 4. Spiel verlassen hat. Sie liegt jetzt im Rohr »1×«. Was tun?
Nun, nachdem die 12 bereits zweimal gefallen ist, muß sie eben aus dem Rohr »1×« in das Rohr »2×« gebracht werden. Natürlichste Sache der Welt! Danach kann unser Spiel zunächst ungestört weitergehen, bis nach dem 15. Spiel die 35 auch zum zweitenmal fällt und in das Rohr »2×« muß. Wenige Spiele weiter wechselt dann die Nummer 20 in das Rohr »2×« und unmittelbar danach die 12 aus dem Rohr »2×« in das Rohr »3×«.
Unser Modell ist leider insofern nicht vollkommen, als bei den Röhren mit den Bezeichnungen »1×« und höher dann und

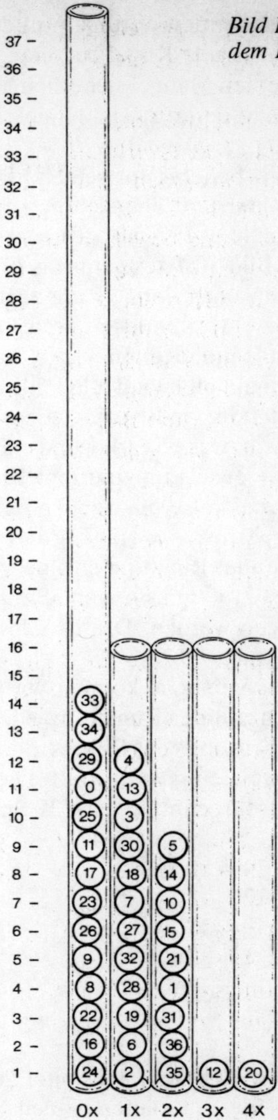

Bild 10.3: ›Röhrenorgel‹ vor dem 1. Spiel

wann einige Kugeln herausgenommen werden müßten, um an die ins nächste Rohr zu befördernde Kugel zu gelangen, aber der Leser wird über diesen kleinen Mangel sicherlich hinwegsehen. Schließlich haben wir nicht derart strenge Spielregeln wie die des »Turms von Hanoi«.
Das obige Spielchen läßt sich beliebig fortsetzen. Tabelle 29 zeigt uns den Verlauf kompakter und übersichtlicher als viele Worte, und zwar für die Spiele 1–307, also für die gesamte Spielzeit des 27. November. Bild 10.4 zeigt uns als Ergänzung den Füllstand unserer Röhren nach der 1. Runde. Bevor wir diesen näher betrachten, wollen wir überlegen, welche Spielregeln bei unserem »Turm von Hanoi« gelten.
Die Anzahl der Bälle oder Kugeln bleibt auf alle Fälle unverändert 37. (Auch bei den Goldplatten von Benares darf schließlich keine hinzukommen, aber auch, was näherliegend wäre, keine verschwinden.) Welche Kugel jeweils umzugruppieren ist, bestimmt das Roulette beziehungsweise die Tabelle der Permanenzen. Im Gegensatz zum »Turm von Hanoi« darf aber der Transfer stets nur in aufsteigender Richtung erfolgen, also von der Röhre »1×« in die Röhre »2×« und sinngemäß weiter, und keine Röhre darf übersprungen werden. Das ist alles, was an Spielregeln beachtet werden muß.
Anstelle dieser authentischen Versuche können wir uns aber vergegenwärtigen, daß die Anzahl der Kugeln in jedem Rohr, malgenommen mit der »Beschriftung« des Rohres, die Gesamtanzahl der stattgefundenen Spiele ergeben muß. Die Tabelle zeigt die entsprechende Kontrollrechnung nach 37 Spielen:

$$\begin{aligned} 0 \times 14 &= 0 \\ 1 \times 12 &= 12 \\ 2 \times 9 &= 18 \\ 3 \times 1 &= 3 \\ 4 \times 1 &= \underline{4} \\ & 37 \end{aligned}$$

Eine ähnliche Rechnung haben wir bereits in Kapitel 7 durchgeführt, weshalb wir uns nicht länger aufhalten wollen.

 (Fortsetzung Seite 197)

Bild 10.4: Verteilung nach 37 Spielen

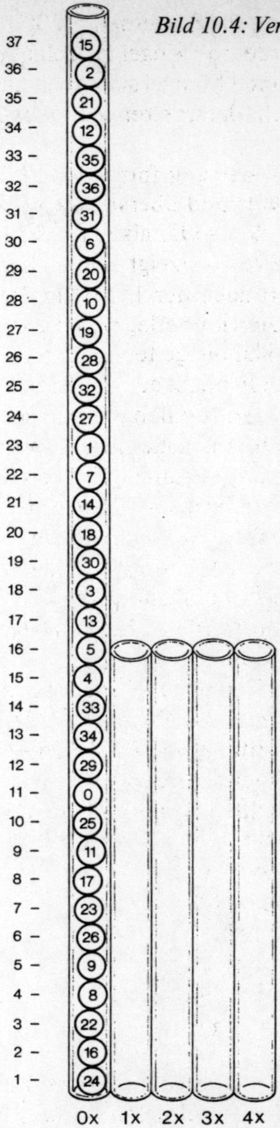

Tabelle 29

Nr.	0x	1x	2x	3x	4x	5x	6x	7x	8x	9x	10x	11x	12x	13x	14x	15x
1	15=>	15														
2	2=>	2														
3	21=>	21														
4	12=>	12														
5	35=>	35														
6		12=>	12													
7	36=>	36														
8	31=>	31														
9	6=>	6														
10	20=>	20														
11	10=>	10														
12	19=>	19														
13	28=>	28														
14	32=>	32														
15		35=>	35													
16	27=>	27														
17	1=>	1														
18	7=>	7														
19		20=>	20													
20			12=>	12												
21		36=>	36													
22		31=>	31													
23		1=>	1													
24	14=>	14														
25		21=>	21													
26	18=>	18														
27		15=>	15													
28			20=>	20												
29		10=>	10.													
30		14=>	14													
31	30=>	30														
32	3=>	3														
33	13=>	13														
34				20=>	20											
35	5=>	5														
36	4=>	4														
37		5=>	5													
38			5=>	5												
39	33=>	33														
40	34=>	34														
41			31=>	31												
42		30=>	30													
43	29=>	29														
44			30=>	30												
45	0=>	0														
46	25=>	25														
47			35=>	35												
48		19=>	19													
49	11=>	11														
50		28=>	28													

Nr.	0x	1x	2x	3x	4x	5x	6x	7x	8x	9x	10x	11x	12x	13x	14x	15x
51			21=> 21													
52			19=> 19													
53	17=> 17															
54		3=> 3														
55				5=> 5												
56				12=> 12												
57		11=> 11														
58					12=> 12											
59		13=> 13														
60		18=> 18														
61			13=> 13													
62		4=> 4														
63		34=> 34														
64		17=> 17														
65			3=> 3													
66			18=> 18													
67		6=> 6														
68				35=> 35												
69				19=> 19												
70	23=> 23															
71				18=> 18												
72					35=> 35											
73		29=> 29														
74			17=> 17													
75		23=> 23														
76				21=> 21												
77			28=> 28													
78			4=> 4													
79		25=> 25														
80	26=> 26															
81			11=> 11													
82					19=> 19											
83		27=> 27														
84					21=> 21											
85			27=> 27													
86			25=> 25													
87				11=> 11												
88		7=> 7														
89		32=> 32														
90	9=> 9															
91				17=> 17												
92	8=> 8															
93	22=> 22															
94			10=> 10													
95			6=> 6													
96					11=> 11											
97		33=> 33														
98					5=> 5											
99				3=> 3												
100				27=> 27												

Nr.	0x	1x	2x	3x	4x	5x	6x	7x	8x	9x	10x	11x	12x	13x	14x	15x
101					31=> 31											
102				23=> 23												
103					30=> 30											
104							21=> 21									
105				33=> 33												
106						20=> 20										
107				7=> 7												
108			2=> 2													
109						30=> 30										
110				14=> 14												
111			0=> 0													
112								21=> 21								
113					13=> 13											
114					4=> 4											
115					23=> 23											
116					33=> 33											
117						31=> 31										
118							30=> 30									
119							5=> 5									
120				0=> 0												
121			22=> 22													
122					28=> 28											
123						3=> 3										
124				29=> 29												
125									21=> 21							
126								5=> 5								
127							35=> 35									
128						33=> 33										
129			26=> 26													
130			8=> 8													
131						4=> 4										
132						17=> 17										
133						28=> 28										
134					29=> 29											
135				22=> 22												
136		16=> 16														
137				26=> 26												
138				2=> 2												
139							4=> 4									
140				34=> 34												
141				36=> 36												
142							33=> 33									
143							28=> 28									
144				32=> 32												
145					14=> 14											
146					26=> 26											
147								35=> 35								
148						27=> 27										
149					0=> 0											
150					6=> 6											

Nr.	0x	1x	2x	3x	4x	5x	6x	7x	8x	9x	10x	11x	12x	13x	14x	15x
151					14=> 14											
152				2=> 2												
153				34=> 34												
154									21=> 21							
155							30=> 30									
156						14=> 14										
157					0=> 0											
158					34=> 34											
159							14=> 14									
160						17=> 17										
161						11=> 11										
162				22=> 22												
163						34=> 34										
164					6=> 6											
165					29=> 29											
166										21=> 21						
167				25=> 25												
168							17=> 17									
169			1=> 1													
170						6=> 6										
171						19=> 19										
172					23=> 23											
173				10=> 10												
174								35=> 35								
175						0=> 0										
176		9=> 9														
177					22=> 22											
178						12=> 12										
179						31=> 31										
180						22=> 22										
181				1=> 1												
182							19=> 19									
183								5=> 5								
184					26=> 26											
185								17=> 17								
186	24=> 24															
187							33=> 33									
188			15=> 15													
189				15=> 15												
190						26=> 26										
191							6=> 6									
192								19=> 19								
193		16=> 16														
194							26=> 26									
195			9=> 9													
196							31=> 31									
197									5=> 5							
198							0=> 0									
199					25=> 25											
200							28=> 28									

Nr.	0x	1x	2x	3x	4x	5x	6x	7x	8x	9x	10x	11x	12x	13x	14x	15x
201										5=>	5					
202							11=>	11								
203						3=>	3									
204							22=>	22								
205								6=>	6							
206			16=>	16												
207						27=>	27									
208								31=>	31							
209								26=>	26							
210											21=>	21				
211												21=>	21			
212							12=>	12								
213								30=>	30							
214				7=>	7											
215							4=>	4								
216							3=>	3								
217					1=>	1										
218								33=>	33							
219									17=>	17						
220									35=>	35						
221								0=>	0							
222						1=>	1									
223					2=>	2										
224					10=>	10										
225						2=>	2									
226					13=>	13										
227										17=>	17					
228											17=>	17				
229											5=>	5				
230						20=>	20									
231					18=>	18										
232							1=>	1								
233								12=>	12							
234								1=>	1							
235									26=>	26						
236										26=>	26					
237						23=>	23									
238						29=>	29									
239					15=>	15										
240				32=>	32											
241											26=>	26				
242							20=>	20								
243						13=>	13									
244									1=>	1						
245					7=>	7										
246								11=>	11							
247									0=>	0						
248							2=>	2								
249							34=>	34								
250						18=>	18									

Nr.	0x	1x	2x	3x	4x	5x	6x	7x	8x	9x	10x	11x	12x	13x	14x	15x
251						25=> 25										
252				36=> 36												
253						15=> 15										
254									31=> 31							
255				9=> 9												
256								20=> 20								
257										1=> 1						
258												17=> 17				
259							18=> 18									
260										35=> 35						
261									19=> 19							
262								3=> 3								
263													21=> 21			
264									12=> 12							
265								14=> 14								
266					32=> 32											
267							23=> 23									
268														21=> 21		
269												5=> 5				
270										12=> 12						
271										31=> 31						
272							29=> 29									
273									20=> 20							
274									6=> 6							
275				16=> 16												
276										20=> 20						
277											35=> 35					
278								23=> 23								
279						7=> 7										
280											20=> 20					
281												35=> 35				
282									30=> 30							
283											12=> 12					
284							13=> 13									
285			8=> 8													
286											31=> 31					
287									11=> 11							
288										6=> 6						
289								13=> 13								
290						10=> 10										
291							7=> 7									
292							25=> 25									
293								25=> 25								
294								7=> 7								
295												31=> 31				
296										11=> 11						
297												12=> 12				
298											1=> 1					
299									13=> 13							
300													35=> 35			

Nr.	0x	1x	2x	3x	4x	5x	6x	7x	8x	9x	10x	11x	12x	13x	14x	15x
301													31=>	31		
302												1=>	1			
303		24=>	24													
304								29=>	29							
305										0=>	0					
306										13=>	13					
307											13=>	13				

Statt dessen überprüfen wir einmal, wie unsere Häufigkeitsverteilung, der Füllstand unserer Röhren nach 37 Spielen, mit der Theorie der Wahrscheinlichkeitsrechnung übereinstimmt. Wir vergleichen die authentische *Häufigkeitsverteilung* mit der rechnerischen *Wahrscheinlichkeitsverteilung.*
Dazu nehmen wir die Tabelle 28 (S. 166) zur Hand und betrachten zunächst ihre Zeile 1. Wie wir sehen, beträgt die Wahrscheinlichkeit dafür, daß eine Zahl einmal (1×) fällt (Spalte P(1)), 0.027 oder 2,7%, und die Wahrscheinlichkeit, daß sie *nicht* fällt (Spalte P(0)), 0.973 oder 97,3%. Es gibt nur diese 2 Fälle. Logisch.
Die Roulettekugel rollt genau 1×, folglich *muß* genau eine Zahl fallen, die anderen müssen auf die nächste Chance warten. Schließlich ist 0.027 (ungefähr) 1/37, während 0.973 = 36/37 sind. (Vielleicht wäre an dieser Stelle ein zweiter Blick in das Kapitel 8 nützlich.) Multiplizieren wir die Werte aus der 1. Tabellenzeile mit der Anzahl der Kugeln, 37, dann sehen wir direkt und deutlich, daß sich nach dem 1. Spiel im Rohr »0×« 36 Kugeln befinden, während eine in das Rohr »1×« abgewandert ist.
Ganz so einfach bleibt die Rechnung allerdings nicht immer, denn schon bei dem 2. Spiel (n = 2) beginnt sich die Wahrscheinlichkeit für das zweifache Erscheinen einer Zahl, in der Tabelle als P(2) bezeichnet, von Null zu unterscheiden. Sobald P(2) den Wert 0.027 (1/37) erreicht, müßte theoretisch die 1. Kugel in das Rohr »2×« wandern (selbstverständlich aus dem Rohr »1×« kommend). In der Tabelle 28 tritt dieser Fall nach dem 10. oder 11. Spiel ein.
Unsere Permanenzen zeigen aber, daß die 12 bereits im 6. Spiel zum zweiten Mal erschienen ist. Nun, Theorie und Praxis, c'est la vie! Eine vollständige Soll-Ist-Übereinstimmung wird sich niemals einstellen, und wenn doch, dann rein zufällig. Mit anderen Worten: Es ist nicht möglich, zu sagen »dann und dann wird sie vorliegen«.
P(3) überschreitet in Tabelle 28 die 1/37-Grenze bei n = 26, P(4) erreicht sie bei n = 46. In Wirklichkeit wandert aber schon nach dem 20. Spiel die 1. Kugel (die Nr. 12) in das Rohr »3×«, und in Spiel 28 folgt ihr die Nr. 20. Eben diese 20 begibt sich schon im

Spiel 34 in das Rohr »4×«. Nach dem 55. Spiel wechselt auch die Nr. 5 vom Rohr »3×« ins Rohr »4×«, unmittelbar gefolgt von der 12 in Spiel 56, die nach einem Aufenthalt von nur einem Spiel gleich in das Rohr »5×« weiterwandert, obwohl der theoretische Zeitpunkt für einen solchen Wechsel erst bei n = 68 läge.

Der 1. Sprung in das Rohr »6×« sollte gemäß Wahrscheinlichkeitsrechnung im 93. Spiel geschehen, aber die Nr. 21 schafft es schon im 84. und springt in Spiel 104 bereits nach »7×« weiter, wo sie der Theorie gemäß eigentlich erst nach Spiel 118 erwartet wird.

Sehen wir uns doch einmal die Zwischenbilanz nach der 1. Runde an. Unsere Röhren (Bild 10.4) »0×« bis »4×« zeigen folgende Füllstände: 14, 12, 9, 1 und 1. Die Werte aus der Wahrscheinlichkeitstabelle, Zeile 37, ergeben, mit 37 multipliziert: 13,43; 13,80; 6,88; 2,22 und 0,52, zusammen 36,85 (nicht genau 37 infolge der Rundungsfehler und der Tatsache, daß für »5×« auch schon eine gewisse, kleine Wahrscheinlichkeit gegeben ist). Nachdem es aber Häufigkeiten, die nicht ganzzahlig sind, nicht geben kann, runden wir nach mathematischen Vorschriften die Wahrscheinlichkeitswerte auf oder ab und erhalten die Zahlenfolge 13, 14, 7, 2, 1, zusammen wieder 37. Verglichen mit den realen Werten 14, 12, 9, 1, 1 tanzen nur die Beträge »1×«, »2×« und »3×« ein wenig aus der Reihe. Der erste ist um 1 größer als der theoretische Betrag, der zweite um 2 kleiner, der dritte wieder um 2 größer. Ob sich wohl im Laufe weiterer Spiele ein Ausgleich einstellt?

Wir wiederholen die Vergleiche zwischen Häufigkeits- und Wahrscheinlichkeitsverteilung von Runde zu Runde, jeweils kumuliert, also von Spiel 1 beginnend, aber nicht mehr so weitschweifig wie bisher, sondern rationell und komprimiert mit Hilfe des Computers. Die Ergebnisse sind in Bild 10.5 dargestellt.

Links sind die authentischen Häufigkeitsverteilungen nach jeweils einer Runde verzeichnet, also nach 37, 74, 111, 148, 185, 222, 259 und 296 Spielen und als Abschluß auch für alle 307 Spiele des Tages. Rechts daneben hat der Computer in gleichem

Bild 10.5

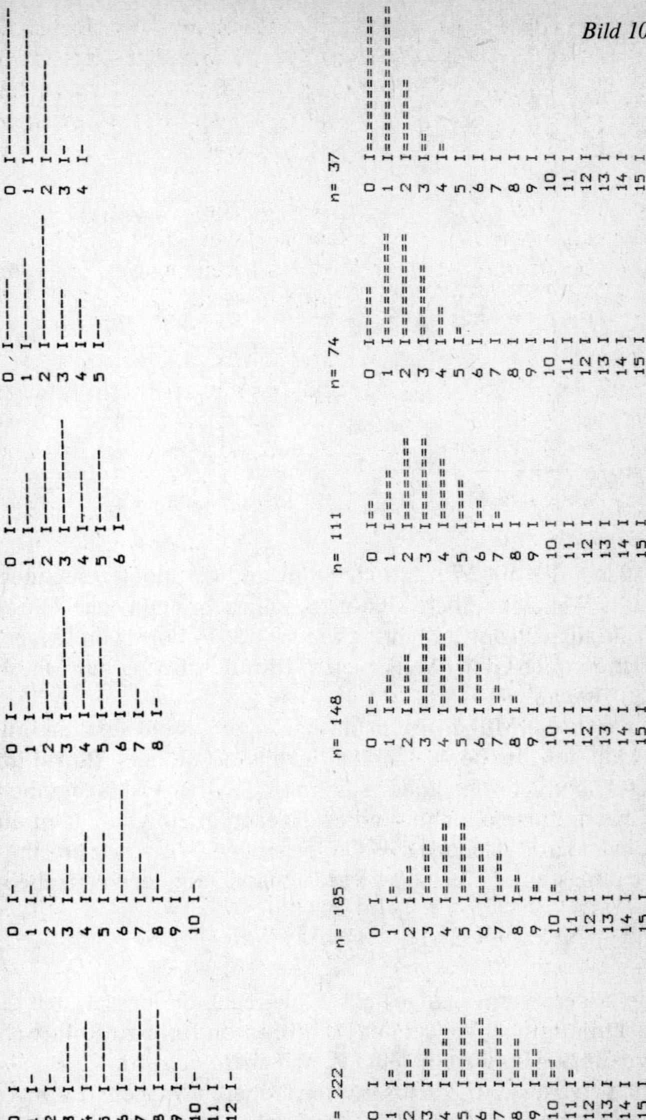

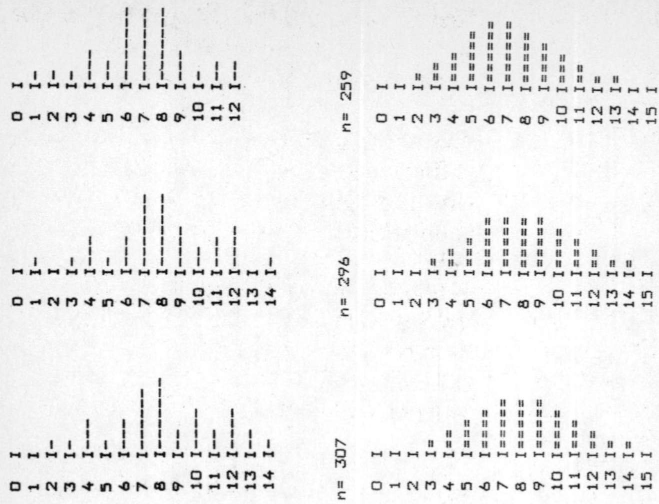

Maßstab die mit 37 multiplizierten und gerundeten rechnerischen Wahrscheinlichkeitswerte aufgeschrieben, zur Unterscheidung von den authentischen Werten in Form von Doppelstrichen oder Gleichheitszeichen (um den Bezug zur Mathematik anzudeuten).

Wer sich die Mühe nimmt nachzuzählen, stellt fest, daß die Anzahl der Striche in den Häufigkeitsverteilungen (links) immer 37 beträgt, wie es auch sein muß. Bei den Wahrscheinlichkeitsverteilungen rechts sind es dagegen in einigen Fällen nur 36, in anderen 38 oder gar 39 Doppelstriche. Wie schon erwähnt: Rundungsfehler einerseits, Vernachlässigung der Wahrscheinlichkeitswerte unter $\frac{1}{74}$ $\left(\frac{1}{2} \times \frac{1}{37}\right)$ andererseits.

Wie unsere vorhin aufgestellte Spielregel, die besagt, daß die Kugeln nur in aufsteigender Richtung von Rohr zu Rohr wandern dürfen, erwarten läßt, verschieben sich die Füllstände immer weiter nach rechts zu den höheren Werten von »nx«, während links immer mehr leere Rohre zurückbleiben. Auch

wird die Streuung, die Anzahl der belegten Röhren, immer größer, eine Tatsache, die uns aus Kapitel 5 bereits bekannt ist. Nach und nach zeigen sich auch erste Lücken, aus Gründen, die wir ebenfalls bereits kennen.
Tabelle 30 gibt eine zahlenmäßige Übersicht der Häufigkeits- und Wahrscheinlichkeitsverteilungen von Runde zu Runde und am Ende des Spieltags (nach 307 Spielen).
Die Darstellungen in Bild 10.5 und die Werte in Tabelle 30 sprechen mehr oder weniger für sich und bedürfen keiner weiteren Erläuterung. Im Englischen gibt es dafür den schönen Ausdruck »self-explanatory«.
Wenn wir aber die Gesetzmäßigkeiten der Häufigkeitsverteilung des 27. 11. 1982 schon so eingehend analysieren, dann wollen wir auch untersuchen, wieweit die Verteilungen von jeweils gleich vielen Spielen aus der Gesamtzahl von 307 untereinander gleich sind und den Gesetzen der Wahrscheinlichkeitsrechnung gehorchen.
Zu diesem Zweck hat der Rechner für uns zunächst die Spiele 1–74, 75–148, 149–222 und 223–296 jeweils für sich analysiert, also immer 74 Spiele oder 2 Runden. Die Ergebnisse sind in Bild 10.6 und in Tabelle 31 wiedergegeben.
Zusätzlich wurden auch die Bereiche von jeweils 3 Runden (111 Spielen), soweit in den 307 Spielen enthalten, untersucht, sowie schließlich die 1. und die 2. Hälfte des Spieltags, die Spiele 1–153 und 154–307. Auch diese Ergebnisse sind in Bild 10.6 und Tabelle 31 zu sehen.
Bei Betrachtung der vorstehenden Auswertungen kommt ein weiteres Mal die schon bekannte Tatsache zum Vorschein: Deutliche Gesetzmäßigkeit und trotzdem nur bedingte Übereinstimmung der Beobachtungen mit der Rechnung. Offensichtlich ist es doch wahr, daß eine Deckung zwischen Theorie und Praxis nur nach sehr, sehr vielen Versuchen und Mittelungen zustande kommt.
Würden wir zum Beispiel aus sämtlichen 87 Spieltagen, mit denen wir uns in den Kapiteln 4 und 5 beschäftigt haben, die Spannen von je 3 Runden (111 Spielen) nach der Häufigkeit der gefallenen Zahlen auswerten und die Beträge von »1×«, »2×«

Tabelle 30

Spiele	Ergebnis	0×	1×	2×	3×	4×	5×	6×	7×	8×	9×	10×	11×	12×	13×	14×
37	authentisch	14	12	9	1	1										
	rechnerisch	13	14	7	2	1										
74	authentisch	6	8	12	5	4	2									
	rechnerisch	5	10	10	7	3	1									
111	authentisch	2	5	7	10	5	7	1								
	rechnerisch	2	5	8	8	6	4	2	1							
148	authentisch	1	2	3	10	7	7	4	2	1						
	rechnerisch	1	3	5	7	7	6	4	2	1						
185	authentisch	1	1	3	3	6	6	10	4	2	0	1				
	rechnerisch	0	1	3	5	7	7	5	4	2	1	1				
222	authentisch	0	1	1	4	6	5	2	7	7	2	1	0	1		
	rechnerisch	0	1	2	3	5	6	6	5	4	3	2	1	0		
259	authentisch	0	1	1	1	3	2	7	7	7	3	1	2	2		
	rechnerisch	0	0	1	2	3	5	6	6	5	4	3	2	1	1	
296	authentisch	0	1	0	1	3	1	3	7	7	4	2	3	4	0	1
	rechnerisch	0	0	0	1	2	3	5	5	5	5	4	3	2	1	1
307	authentisch	0	0	1	1	3	1	3	6	7	2	4	2	4	2	1
	rechnerisch	0	0	0	1	2	3	4	5	5	5	4	3	2	1	1

Bild 10.6

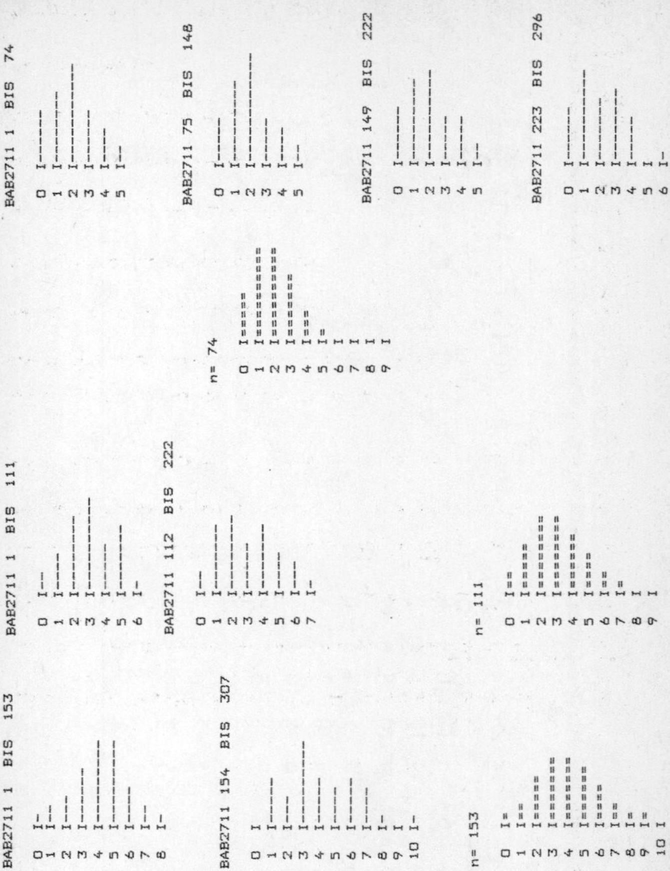

usw. mitteln, dann dürften wir Werte erhalten, die nur um wenige Prozente oder Prozentbruchteile von den errechneten Werten nach Tabelle 31 abweichen. Der Aufwand dürfte sich indessen kaum lohnen. Dennoch steht es jedermann frei, sich die einschlägigen Permanenzen zu besorgen und sich der Mühe dieser umfangreichen Rechenarbeit zu unterziehen.

Tabelle 31

Nr.	Spiele	von	bis	0×	1×	2×	3×	4×	5×	6×	7×	8×	9×	10×	11×	12×	13×	14×	Summe	Spanne	belegt
1	74	1	74	6	8	11	6	4	2										37	6	6
2	74	75	148	5	9	12	5	4	2										37	6	6
3	74	149	222	6	9	10	5	5	2										37	6	6
4	74	223	296	6	10	7	8	5	0	1									37	7	6
5	74	rechnerisch		5	10	10	7	3	1										36	6	6
6	111	1	111	2	4	8	10	5	7	1									37	7	7
7	111	112	222	2	7	8	5	7	4	3	1								37	8	8
8	111	rechnerisch		2	5	8	8	6	4	2	1								37	8	8
9	153	1	153	1	2	3	6	9	9	4	2	1							37	9	9
10	153	154	307	0	5	3	9	5	4	5	4	1	0	1					37	10	9
11	153	rechnerisch		1	2	5	7	7	6	4	2	1	1						36	10	10

Wir nehmen diese Berechnung hier ersatzweise für die 4 Doppelrunden des 27. 11. vor und erhalten als Ergebnis die Tabelle 32. Ohne sonderliche Überraschung können wir dieser Tabelle entnehmen, daß die größte Abweichung der berechneten Wahrscheinlichkeit von der aus (nur) 4 authentischen Verteilungen gemittelten Häufigkeit nicht mehr als 3,2% beträgt, während die mittlere Abweichung nicht größer ist als etwa 1,5%. (Dieser Wert ist aus den Absolutbeträgen der einzelnen Abweichungen gemittelt. Bei Berücksichtigung des Vorzeichens - was hier allerdings nicht korrekt wäre - würde sich ein Fehler von nur 0,00833% ergeben!)

Ziehen wir ein Fazit, wie es sich für den Abschluß eines jeden Kalküls gehört. Überlegen und fassen wir zusammen, welche Erkenntnisse und Tatsachen uns die bisherigen Kapitel vermitteln und eröffnen konnten und ob beziehungsweise wie wir diese für den eventuellen Ernstfall eines Kasinobesuchs im wahrsten Sinne des Wortes gewinnbringend verwerten können.
Da ist zunächst der verbreitete Glaube an die gleichmäßige Häufigkeit aller spielbaren Nummern nach einer ausreichend hohen Anzahl von Spielen. Schon in Kapitel 4 wurde diese irrige Annahme überlegungsmäßig widerlegt.
In Kapitel 5 wurde anhand von Grafiken deutlich vor Augen geführt, daß die maximalen und minimalen Häufigkeiten mit zunehmender Zahl der Spiele auseinanderstreben. Selbst für fast 2 Millionen Spiele, die innerhalb von 12 Jahren in einem Kasino registriert worden sind, konnte kein Ausgleich nachgewiesen werden. Im Gegenteil: Die Differenz zwischen maximaler und minimaler Häufigkeit betrug 2.779. Dafür konnten wir aber aus den Permanenzen von nur 3 Spielmonaten eine einfache und doch ausreichend genaue Formel für den Zusammenhang zwischen den maximalen oder minimalen Häufigkeiten einerseits und der Anzahl der betrachteten Spiele andererseits ableiten und zeigen, daß sie auch für die besagten fast 2 Millionen Spiele das richtige Ergebnis liefert.
Eine Tatsache, die allerdings bisher nicht mit aller Deutlichkeit herausgestellt wurde, ist, daß sich die Häufigkeitsverteilung mit

Tabelle 32

Nr.	Spiele	von	bis	0×	1×	2×	3×	4×	5×	6×	7×	Summe
1	74	1	74	6	8	11	6	4	2			
2	74	75	148	5	9	12	5	4	2			
3	74	149	222	6	9	10	5	5	2			
4	74	223	296	6	10	7	8	5	0	1		
Mittelw.				5,75	9	10,0	6	4,5	1,5	0,25	0	37
%				15,5	24,3	27,0	16,2	12,2	4,1	0,7	0,0	100
$P_{(74)}$ in %				13,2	27,1	27,4	18,3	9,0	3,5	1,1	0,3	99,9
Differenz %				+2,3	–2,8	–0,4	–2,1	+3,2	+0,6	–0,4	–0,3	+0,1

zunehmender Anzahl der Spiele immer stärker einer Gaußschen Verteilung nähert, wie wir sie aus Bild 4.6 bereits kennen. Dieser Sachverhalt läßt sich selbstverständlich mathematisch begründen, doch hatten wir uns eingangs vorgenommen, die Mathematik nur so weit wie unbedingt nötig zu bemühen. Dieser Vorsatz soll auch beibehalten werden.

Ein Blick auf Bild 10.5 zeigt schließlich schon sehr deutlich diese Tendenz der Wahrscheinlichkeitsverteilung. Während die Verteilung nach 37 Spielen noch ein äußerst asymmetrisches und unharmonisches Gebilde ist, hat sich bereits nach 307 Spielen eine recht schöne Annäherung an die sogenannte Glokkenkurve eingestellt, die bei zahllosen Vorgängen und Gesetzmäßigkeiten in der belebten und unbelebten Natur wiederzufinden ist. Daß die authentischen Häufigkeitsverteilungen von diesem harmonischen Vorbild mehr oder weniger stark abweichen, mußten wir bereits wohl oder übel akzeptieren.

Die allgemeine Abweichung der Ist-Zustände von den Soll-Werten kann entweder nach Augenmaß abgeschätzt werden, was allerdings nicht sehr genau ist, oder man kann sie mühsam durch Abzählen der Differenzbeträge von Ist und Soll ermitteln. Es gibt aber auch eine in der Statistik sehr beliebte, elegante Methode, um die mehr oder weniger gute Übereinstimmung einer Verteilung von Zufallsgrößen mit der Gauß- oder »Normalverteilung« anschaulich zu machen oder zu überprüfen. Diese Methode soll dem Leser nicht vorenthalten werden, da sie einerseits recht interessant ist und der Leser sie andererseits seinen eigenen Roulette-Überlegungen unschwer anpassen kann. Um diese Methode vorzustellen, ist es allerdings nötig, etwas weiter auszuholen.

Betrachten wir zunächst noch einmal in Bild 10.5 die Häufigkeitsverteilung für 307 Spiele (links unten). Wir sehen, von links beginnend, daß die Häufigkeiten »nullmal« (0×) und »einmal« (1×) nicht vertreten sind. 2× ist *eine* Zahl gefallen, 3× ebenfalls *eine,* 4× waren es 3 Zahlen usw. Theoretisch müßten die Werte allerdings ähnlich aussehen wie die entsprechende Wahrscheinlichkeitsverteilung (rechts unten in Bild 10.5).

Die genauen Werte sind in Tabelle 33 angegeben. Die Werte in

Tabelle 33

H	P	×37 =	gerundet	Summen-häufigkeit
0×	0,0	0,0	0 Zahlen	0
1×	0,002	0,074	0 Zahlen	0
2×	0,008	0,296	0 Zahlen	0
3×	0,023	0,851	1 Zahl	1
4×	0,048	1,776	2 Zahlen	3
5×	0,081	2,997	3 Zahlen	6
6×	0,113	4,181	4 Zahlen	10
7×	0,135	4,995	5 Zahlen	15
8×	0,141	5,217	5 Zahlen	20
9×	0,130	4,810	5 Zahlen	25
10×	0,107	3,959	4 Zahlen	29
11×	0,081	2,997	3 Zahlen	32
12×	0,055	2,035	2 Zahlen	34
13×	0,035	1,295	1 Zahl	35
14×	0,020	0,740	1 Zahl	36
15×	0,011	0,407	1 Zahl	37
	0,990			

der Spalte P dieser Auflistung sind der Tabelle 28 für n = 307 entnommen bzw. zusätzlich berechnet (Seite 171). Die Summe dieser Spalte weicht aus bereits genannten Gründen geringfügig vom Wert 1,0 ab.

Wir können aber für die gleiche Häufigkeitsverteilung auch eine andere Betrachtungsweise wählen und sagen: Zweimal ist *eine* Zahl gefallen, dreimal ebenfalls *eine,* folglich fielen *bis zu 3mal* insgesamt 2 Zahlen, *bis zu 4mal* insgesamt 5, *bis zu 5mal* insgesamt 6 Zahlen usw. Als Tabelle lassen sich die Ergebnisse wie folgt darstellen:

Tabelle 34

Es fielen bis zu	insgesamt Zahlen
2×	1
3×	2
4×	5
5×	6
6×	9
7×	15
8×	22
9×	24
10×	28
11×	30
12×	34
13×	36
14×	37 Zahlen

Selbstverständlich interessiert uns sofort, wie bei dieser neuen Betrachtungsweise die graphische Darstellung aussieht. Wir finden sie in Bild 10.7 als Kurvenzug H307 (H für Häufigkeit). An der waagerechten Achse sind die (wirklichen bzw. theoretischen) Häufigkeitswerte aufgetragen, mit denen die Roulettezahlen gefallen sind oder fallen sollten. Die senkrechte Achse zeigt, wieviel (von den 37 möglichen) Zahlen *insgesamt* bis zu dem jeweiligen Häufigkeitswert gefallen sind. Man spricht bei dieser Darstellungsart auch von der »Summenhäufigkeit«.
Uns interessiert aber vor allem der Vergleich mit der Theorie. Die entsprechenden Werte sind als Kurve W307 (W für Wahrscheinlichkeit) dargestellt. Auf die Wiedergabe einer entsprechenden Tabelle wurde verzichtet, da der Leser die Werte den schon vorliegenden Tabellen entnehmen oder selbst berechnen kann.
Die beiden Kurven H307 und W307 gelten wohlgemerkt nur für genau 307 Spiele. Für eine andere Zahl, etwa 505 – die größte Anzahl von Spielen an einem Tag innerhalb des betrachteten

Bild 10.7

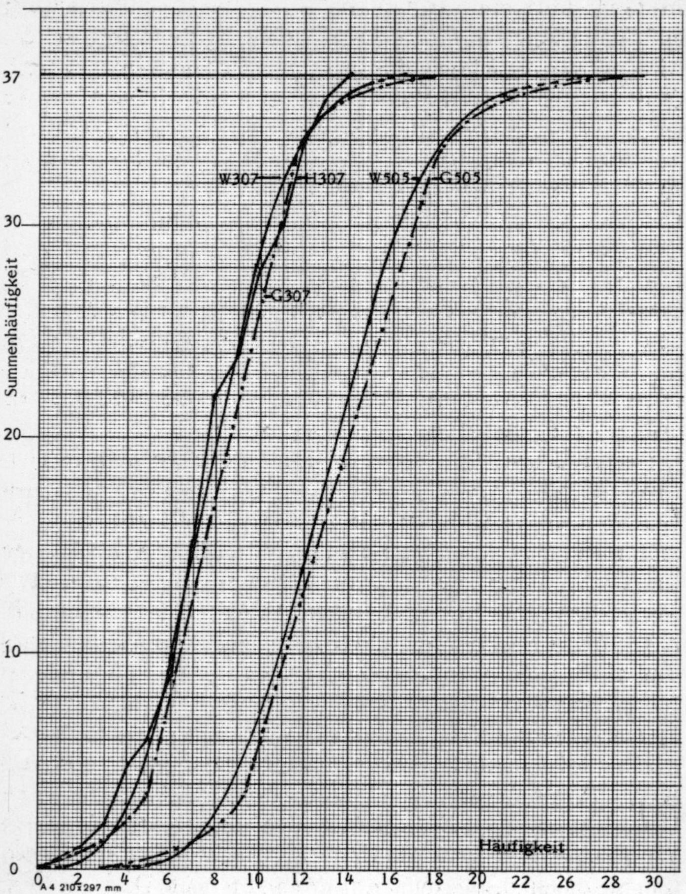

Zeitraums (Tabelle 3) –, könnten wir die Summenhäufigkeiten problemlos in das gleiche Diagramm eintragen, z. B. als Kurve H505, müßten aber zum Vergleich auch die entsprechende Wahrscheinlichkeitskurve W505 berechnen und eintragen. Soweit ist dieses Verfahren bisher nicht sonderlich aufregend.

Bevor wir zu dem eigentlichen Trick kommen, wollen wir uns ins Gedächtnis zurückrufen, daß unsere Vergleiche eigentlich auf die sogenannte »Normalverteilung« bezogen sein sollen, wie sie durch die schon mehrmals erwähnte Glockenkurve nach Gauß dargestellt wird (Bild 4.6). Auch diese Kurve kann für jedes beliebige n (Anzahl der Spiele) berechnet und gezeichnet werden, hat aber, abgesehen vom Maßstab der horizontalen Achse, grundsätzlich immer die gleiche Form.

Die Kurven G307 und G505 in Bild 10.7 sind die berechneten Gauß-Verteilungen für 307 bzw. 505 Spiele, umgeformt auf die Darstellung als Summenfunktion. Während W307 und W505 einen doch recht abweichenden Verlauf zeigen, ist die Ähnlichkeit von G307 und G505 unübersehbar. Sie unterscheiden sich nur hinsichtlich ihrer Lage (G505 liegt weiter rechts bei höheren Häufigkeitswerten) und ihrer Steigung oder Neigung, die insbesondere im mittleren Teil zu sehen ist.

Und nun kommt die zündende Idee: Um vergleichen zu können, wie gut eine Häufigkeitsverteilung mit der rechnerischen Gauß-Verteilung übereinstimmt, wäre es ideal, wenn die Summenfunktion der Gauß-Verteilung linearisiert, d.h. als Gerade dargestellt werden könnte. Dann müßte man nämlich lediglich an die ermittelte und gezeichnete Häufigkeitsverteilung ein Lineal legen, an ihm entlang eine Gerade ziehen, und man hätte sofort auf einfachste Weise den Vergleich.

Das Linearisieren einer Kurve in einem Koordinatensystem ist aber durchaus möglich, wenn man die Teilung einer oder beider Achsen des Koordinatensystems entsprechend ändert oder »verzerrt«. (Viele Leser kennen wahrscheinlich das sogenannte Einfach- oder Doppelt-Logarithmenpapier, das man in vielen Varianten kaufen kann. Auf ihm können z.B. Exponentialfunktionen als Geraden gezeichnet werden, was viele Darstellungen wesentlich vereinfacht.)

Bei der Gauß-Verteilung liegt der Fall aus mehreren Gründen besonders günstig. Unter anderem muß nur die vertikale Achsenteilung verzerrt werden. Man erhält dann das sogenannte *Wahrscheinlichkeitsnetz,* das als »Wahrscheinlichkeitspapier« ebenfalls im Handel geführt wird.

In einem solchen Wahrscheinlichkeitsnetz erscheint die Summenfunktion jeder exakten Gauß-Verteilung oder rechnerischen Gauß-Funktion als Gerade. Aber auch das Umgekehrte ist der Fall: Liegen alle auf Wahrscheinlichkeitspapier übertragenen Werte einer Häufigkeitsverteilung auf einer Geraden, dann handelt es sich um eine echte Gauß-Verteilung.

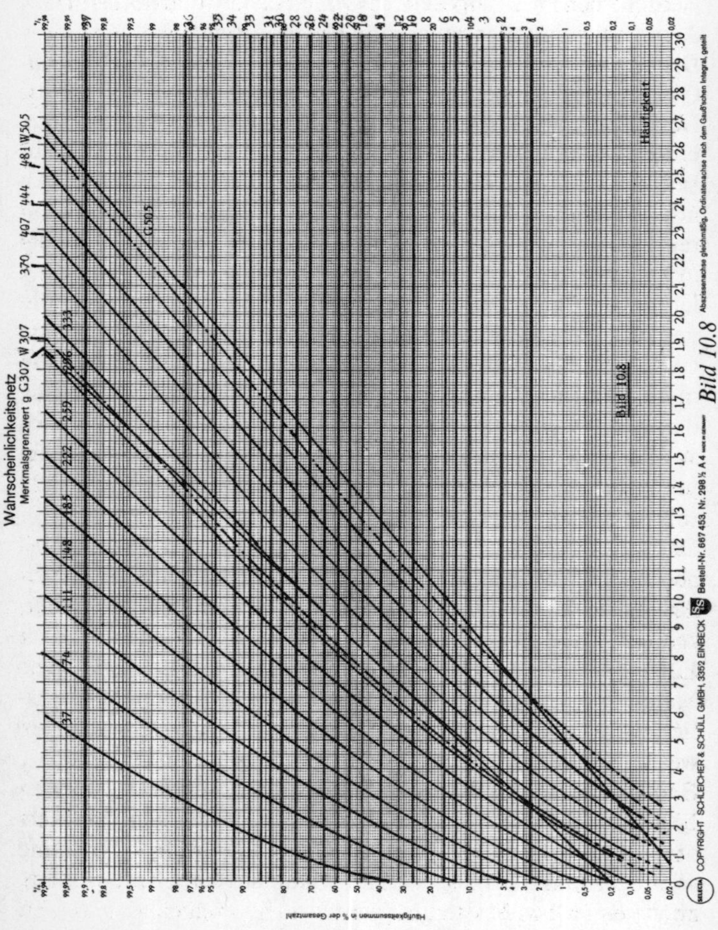

Bild 10.8

In Bild 10.8 wurden die (rechnerischen) Wahrscheinlichkeitsverteilungen für 1–13 Runden (37–481 Spiele) in das Wahrscheinlichkeitsnetz eingetragen. Auch die aus Bild 10.7 schon bekannten Kurven W307 und W505 wurden übernommen. Dabei werden 2 Tatsachen besonders deutlich:

1. Mit zunehmender Anzahl der Spiele verschiebt sich die entsprechende Kurve weiter nach rechts zu größeren Häufigkeiten und wird gleichzeitig gerader und flacher. Letzteres bedeutet, daß die Spanne der erfaßten Häufigkeitswerte größer wird. Die Annäherung an eine Gerade dagegen bedeutet, daß die Verteilungen immer besser mit der Gauß-Verteilung übereinstimmen. Zum Vergleich wurden auch die »Gauß-Geraden« G307 und G505 eingetragen.
2. Die Geraden für kleine Anzahlen von Spielen (bis n = 296) erreichen nicht die Null-Linie. Das bedeutet, daß die Häufigkeitsverteilung schon deshalb nicht einer Gauß-Verteilung entsprechen kann, weil bei dieser – einfach ausgedrückt – die ganze Werte-Gerade zwischen dem unteren und dem oberen Rand des Diagramms verlaufen muß. Andernfalls ist die Verteilung »beschnitten«. Die Bilder 9.4, 9.5 und 9.6 zeigen, was damit gemeint ist.

Weiterhin fällt dem Leser sicher auf, daß die Originalteilung der senkrechten Achse des Wahrscheinlichkeitspapiers in % für Roulettebetrachtungen nicht immer sehr zweckmäßig ist. Deshalb wurde in Bild 10.8 die rechte Achse mit den Zahlen 0–37 beschriftet. Vorsorglich muß darauf hingewiesen werden, daß es sich hier nicht etwa um die spielbaren Zahlen 0 bis 36 handelt, sondern um Teilsummen (10 von 37, 16 von 37 usw.) dieser Zahlenmenge. Die Gesamtsumme beträgt notwendigerweise wieder 37.

Ferner ist zu vermerken, daß bei dieser Zahleneinteilung ein wenig gemogelt wurde. Da die exakte Summenfunktion der Gauß-Kurve theoretisch erst im Unendlichen den Wert 1 oder 100% erreicht, dürfte unsere 37 in dem dargestellten Gitternetz überhaupt nicht mehr vertreten sein. 36 Zahlen sind aber, ohne zu mogeln, rund 97,3% von 37 Zahlen, und eine Unterteilung zwischen 36 und 37 ist in der Praxis nicht möglich. (Es können entweder 36 oder 37 Zahlen gefallen sein, nicht etwa 36,257.) Folglich betrachten wir 99,9% als 100%.

Im Bereich des Wertes 0 gilt übrigens ähnliches, nur ist dieser Bereich für die Gauß-Verteilung und für Vergleiche mit ihr glücklicherweise nicht sehr interessant. Bei den Wahrscheinlichkeitswerten dagegen muß man genau sein und sich nach der senkrechten Prozenteinteilung richten.

Sofern der Leser es vorzieht, seine Überlegungen und Untersuchungen auf kleinere Anzahlen von Spielen zu beziehen, etwa auf 3 Runden oder auf genau 100 Spiele, dann dürfte es ihm nun nicht mehr schwerfallen, sich ein eigenes Wahrscheinlichkeitsnetz zu konstruieren, in dem die Wahrscheinlichkeitsverteilung für 111 bzw. 100 Spiele als eine Gerade erscheint.

Die vorhin unter 1. getroffene Feststellung über die Erweiterung der erfaßten Häufigkeitsspanne mit zunehmender Zahl der Spiele erinnert manchen Leser vielleicht auch an Kapitel 5 und die Bilder 5.1 bzw. 5.3. Auch dort könnte man mit Hilfe der Gauß-Verteilung und der zugehörigen Rechenformeln interessante Vergleiche anstellen und Feststellungen treffen. Doch wollen wir unser Versprechen, den Leser mit möglichst wenig Mathematik zu behelligen, auch jetzt nicht brechen. Schließlich sind wir dabei, ein Fazit zu ziehen, und wollen nun damit fortfahren.

Die »Analyse einer Spielnacht«, wie wir sie in Kapitel 6 vorgenommen haben, zeigte uns vor allem die Tatsache, daß es unter Umständen tödlich sein kann, immer wieder auf die Zahl mit der höchsten »Fälligkeit« zu setzen, in der Annahme, daß sie schließlich einmal fallen *muß*. Sie muß nämlich keineswegs! Wie die Tabellen 15–17 zeigen, ließ beispielsweise die Neun am 12. 10. 1982 bis zu 198 Spiele lang auf sich warten. Am 28. 10. war es die 23 mit 238 Aussetzern, und am 27. 11. brachte es die 15 immerhin auf 160, dicht gefolgt von der 18 mit 159 Aussetzern.

Die Tabellen 4–6 zeigen uns außerdem, daß an vielen Tagen eine oder auch mehrere Zahlen nur ein einziges Mal fallen und an manchen Tagen überhaupt nicht, wie die 25 am 18. 11. oder die 14 am 12. 10.

Die Betrachtungen des Kapitels 7 lehrten uns, den Begriff der

Wahrscheinlichkeit im richtigen Licht zu sehen und einige Darstellungsmethoden der Statistik anzuwenden. Dabei gingen wir zunächst vom einfachen und populären Spielwürfel mit 6 Flächen aus. Erst mit gefestigten Kenntnissen wagten wir uns an das Roulette mit seinen 37 spielbaren Nummern und später, in Kapitel 8, auch an die Wahrscheinlichkeitsrechnung selbst. Kapitel 9 erläuterte uns die Abhängigkeit der Wahrscheinlichkeitsverteilung und der Häufigkeiten von der Anzahl der betrachteten Spiele und ihren gegenseitigen Zusammenhang. Besonders wichtig dürften dabei die wiederholten Vergleiche der Soll- und Ist-Zustände sein. Sie verhelfen zwar nicht unbedingt zum Gewinn am Roulettetisch, geben aber immerhin eine Erklärung, warum eine Spielnacht möglicherweise nicht wie geplant verlief. Dem gleichen Zweck sollen auch die dynamischen Analysen der Spielverläufe dienen, mit denen sich dieses Kapitel beschäftigt hat.

11. Spieleraberglaube, Spielstrategien, Systeme, Schlußwort

Es kann nicht bestritten werden, daß man beim Roulette Geld gewinnen kann, manchmal sogar viel Geld. Daß man auch sehr viel Geld verlieren kann, ist ebenso unbestritten; diese Tatsache wird jedoch vom Bewußtsein optimistischer Spieler gern verdrängt.

Gewinnen und verlieren ist nach landläufiger Meinung allerdings weitgehend Glückssache, und Versuche, das Glück auf seine Seite zu ziehen, sind sicherlich so alt wie die Menschheit selbst. Dabei geht es nicht nur um das Glück im Spiel, sondern vielfach auch um das Glück in der Liebe, bei geschäftlichen Unternehmungen, Auseinandersetzungen usw. und um das »persönliche Glück« schlechthin.

Um das Glück zu beeinflussen, wurden und werden unzählige Mittel und Wege versucht, angefangen von der Anbetung geeigneter Gottheiten und Heiliger, ja selbst des Teufels, über Zaubertränke und -sprüche, Beschwörungen und Verwünschungen bis hin zur Astrologie und vielen anderen mehr oder weniger seriösen Praktiken.

Ist es daher verwunderlich, daß im Umfeld des Roulettespiels und des Spielbetriebs der Glaube an glückbringende Mittel und Methoden ebenso floriert wie der Aberglaube?

In einer knappen Aufzählung wollen wir einige Beispiele dieser irrationalen Überzeugungen vorstellen. Dabei ist eine grobe

Gliederung zur Verbesserung der Übersicht zweckmäßig. Wir werden deshalb den Spieleraberglauben, die Spielsysteme und die »Roulettewissenschaft« in getrennten Abschnitten behandeln, wobei es jedoch kaum möglich sein wird, diese ineinander verzahnten, verästelten und miteinander verfilzten Gebiete scharf zu trennen und eindeutig dieser oder jener Gattung zuzuordnen.

Spieleraberglaube

Als Einleitung zum Thema Spieleraberglaube sei die Geschichte eines Bettlers erzählt, der Tag für Tag auf der Treppe zum Spielkasino von Stolp (heute Stupsk) gesessen haben soll.
Der Bedauernswerte war durch einen Buckel verunstaltet, was ihm in diesem Fall jedoch eher zum Vorteil gereichte. Die Kasinobesucher liebten es nämlich, seinen Buckel vor dem Betreten der Bank zu berühren, gegen ein angemessenes Almosen selbstverständlich, denn sie waren von dessen glückbringender Eigenschaft überzeugt. Zeigte der Zauber am Spieltisch seine erhoffte Wirkung, dann fiel für den Buckligen obendrein so mancher Schein aus der Hand des gutgelaunt heimkehrenden Spielers ab.
Eines Tages sahen sich die eleganten Kasinobesucher vergeblich nach ihrem Glückbringer um. Er war erkrankt und starb kurz darauf. Die Auflösung seines bescheidenen Haushalts zeigte, wie häufig in ähnlichen Fällen, daß der Bettler in Wirklichkeit ein vermögender Mann gewesen war, der eine ganze Kiste voller Banknoten besaß, die mit blauem Seidenband fein zu Päckchen gebündelt waren. Vor allem aber stellte sich heraus, daß sein Buckel ein Gebilde aus Holz war, das er sich für seine »Einsätze« mit 2 Lederriemen umzuschnallen pflegte.
Wenn die obige Geschichte auch ein Einzelfall sein mag, so gibt es doch genügend ähnliche Beispiele. Als Ersatz für einen Buckligen muß oft der Schornsteinfeger fungieren. Ein Zusammentreffen mit ihm auf dem Weg zum Spielsaal wird von vielen Roulettefreunden als untrügliches Vorzeichen einer Glücks-

strähne angesehen, insbesondere, wenn es gelingt, ihn zu berühren und etwas Ruß von seinem Arbeitsgewand an den Fingerspitzen mitzunehmen.

Wehe dagegen, wenn der Weg zum Kasino von einer Katze, einem alten Weib, ja selbst von einer harmlosen, frommen Klosterfrau gekreuzt wird! Umkehren wäre dann wohl das beste! Vielleicht hilft aber auch das Klopfen auf Holz oder dreimaliges Spucken über die linke Schulter?

Große Bedeutung wird oft auch den Zahlen beigemessen, die dem Spieler vor dem Gang zum Roulette auf diese oder jene Weise signalisiert werden.

In vielen Horoskopen, die in kaum einer Illustrierten oder Boulevardzeitung fehlen, werden neben anderen Prophezeiungen und Belehrungen auch die Glückszahlen für den betreffenden Tag oder die laufende Woche angegeben.

Manchmal merkt der Spieler sich auch die Nummern einiger vorbeifahrender Autos, oder er setzt auf das Geburtsdatum seiner Frau bzw. die Telefonnummer seiner Freundin. (Das Hineinpressen derartiger Zahlen in das 37-Nummern-System des Roulettes erfordert allerdings beträchtliche Geistesakrobatik.)

Nebenher gelten die 3 und die 7 schon immer als Glückszahlen, im Gegensatz zu der 13, die dermaßen unheilschwanger ist, daß kaum ein Hotel es wagt, einem Zimmer diese Nummer zu geben. (Künstlergarderoben mit der Nummer 13 hat es übrigens noch nie gegeben.)

Über die Verwendung der neuen elektronischen Biorhythmuscomputer als Entscheidungshilfen für das Roulettespiel ist dem Verfasser bisher nichts bekannt, jedoch dürfte ihr Einsatz als Glücksmanipulatoren nur eine Frage der Zeit sein.

Haben Sie noch niemals Ihren Spieltischnachbarn in dem Moment, da die Kugel ihrer endgültigen Lage zustrebt, »Samuel hilf!« raunen gehört? Dann haben Sie dieses Erlebnis möglicherweise noch vor sich. Aber sicher haben Sie schon beobachtet, daß ein Spieler einen kleinen Talisman vor sich auf dem Tisch liegen hat oder daß er im entscheidenden Moment ein Amulett berührt, das er um den Hals trägt.

Talismane und andere handliche Kultgegenstände bauen uns die Brücke zur nächsten Kategorie der Glücksbringer: Tabellen, Diagramme und Schemata, anhand deren der Spieler den bisherigen Spielverlauf verfolgt. Aus seinen Aufzeichnungen versucht er Gesetzmäßigkeiten abzuleiten, die er in den letzten Spielen oder Runden erkannt zu haben glaubt und die er für die Planung seiner Strategie einsetzen will. Die Spielbanken unterstützen sogar diese Bemühungen der Spieler – übrigens ein Beweis dafür, wie wenig sie Systemspiele irgendwelcher Art fürchten –, indem sie vorgedruckte Kärtchen und Blöcke zur Verfügung stellen, wie in Bild 11.1 wiedergegeben.
In diese Tabellen kann der Spieler jede gefallene Zahl sofort eintragen und sie entsprechenden Teilmengen zuordnen, wie beispielsweise den Farben Rot/Schwarz, den geraden oder ungeraden Zahlen, den Bereichen Passe oder Manque, den 3 Dutzenden und den 3 Kolonnen. In den beiden letzten Spalten kann er schließlich seine Gewinne und Verluste notieren.
Dem zufallsbedingten Aufbau der Gruppen in den einzelnen Kolonnen der Tabelle, vor allem den drei ersten mit je 2 Spalten, messen manche Autoren roulettewissenschaftlicher Abhandlungen beträchtliche Bedeutung zu. Sie unterteilen die Spiele oder Coups z. B. in Dreiergruppen und finden dabei einige typische Muster, wie $\begin{array}{c}+\\+\\+\end{array}$ oder $\begin{array}{cc}+&\\&+\\+&\end{array}$ oder $\begin{array}{cc}+&\\&+\\&+\end{array}$ oder $\begin{array}{cc}+&\\+&\\&+\end{array}$ und deren Spiegelbilder.
Diese Grundmuster treten nach Meinung dieser Autoren mit einer gewissen Periodizität auf, deren Rhythmus allerdings trotzdem immer wieder wechselt und vom Spieler jeweils rechtzeitig und richtig erkannt werden muß. Das sinnvolle Setzen in diesem Rhythmus soll dann den erhofften Gewinn bringen. Man spricht dabei vom *Figurenspiel,* das sich übrigens auch auf die Transversalen übertragen läßt. Über Sinn oder Unsinn dieser Methodik kann sich der Leser aufgrund der bisherigen Darlegungen leicht selbst ein Bild machen.
Ein anderes Hilfsmittel, von dem viele Spieler sich Erfolge versprechen, ist die in Bild 11.2 gezeigte Tabelle der Nachbarzahlen oder Voisins. Jede Nummer der Scheibe hat naturgemäß

Bild 11.1

R	N	P	I	P	M	P_{12}	M_{12}	D_{12}	C_{I}	C_{II}	C_{III}	−	+
	15		×	×			×				×		
	2	×		×		×				×			
21			×		×		×				×		
12		×		×		×					×		
	35		×		×			×		×			
12		×		×		×					×		
36		×			×			×			×		
	31		×		×			×	×				
	6	×		×		×					×		
	20	×			×		×			×			
	10	×		×		×			×				
19			×		×		×		×				
	28	×			×			×	×				
32		×			×			×		×			
	35		×		×			×		×			
27			×		×			×			×		
1			×	×		×			×				
7			×	×		×			×				
	20	×			×		×			×			
12		×		×		×					×		
36		×			×			×			×		

2 Nachbarzahlen, und manche Spieler glauben, daß bestimmte Bereiche der Roulettescheibe von Zeit zu Zeit favorisiert sind. Fiel z. B. soeben die Eins, dann ist (dieser Theorie gemäß) zu erwarten, daß beim nächsten oder übernächsten Spiel wieder eine Zahl aus diesem Sektor fällt, wenn schon nicht noch einmal die Eins, dann aber sicher eine ihrer Nachbarzahlen, die 20 oder die 33.

Wie der Ausdruck *Voisins* schon andeutet, hat sich im Laufe der Jahrzehnte ein Fachjargon des Roulettespiels entwickelt, teils aus dem Französischen, gewissermaßen der Muttersprache des

Bild 11.2

N	R	N	R	N	R
20	1	33	21	2	25
26	3	35	19	4	21
10	5	24	27	6	34
28	7	29	23	8	30
22	9	31	5	10	23
28	12	35	30	11	36
20	14	31	27	13	36
24	16	33	19	15	32
22	18	29	25	17	34
4	19	15	1	20	14
2	21	4	9	22	18
8	23	10	5	24	16
2	25	17	3	26	0
6	27	13	7	28	12
8	30	11	7	29	18
0	32	15	9	31	14
6	34	17	1	33	16
11	36	13	3	35	12
		26	0 32		

Roulettes, schöpfend, teils aus der jeweiligen Landessprache. So spricht man von *Favoriten* (den in der betrachteten Zeitspanne besonders häufig gefallenen Zahlen), während Nummern, die schon lange nicht erschienen sind, als *tote* oder *schlafende* Zahlen bezeichnet werden. Man spricht vom *Equilibre,* dem Gleichgewicht der einfachen Chancen und Zwölferchancen, sowie von dessen Gegenteil, dem *Ecart.* Periodisch vorkommende Figuren, Farben oder sonstige Kombinationen wer-

den als *Vibrationen* bezeichnet, während eine Störung dieser Regelmäßigkeit *Intermittence* heißt.
Ein Gegenstück zu den Nachbarzahlen oder Voisins sind die *Vis-à-vis-Zahlen,* solche, die sich auf der Drehscheibe diametral gegenüber der soeben gefallenen Zahl oder dem zur Zeit bevorzugten Sektor befinden. Sie gewinnen dann an Bedeutung, wenn man glaubt oder festgestellt hat, daß die Kugel abwechselnd die eine und die andere Hälfte der Scheibe »aufsucht«.
Auch kompliziertere Muster, wie Dreiecks- oder Vierecksperioden, werden manchmal zur Grundlage einer Spielstrategie gemacht.
Was Gewinn oder Verlust betrifft, spricht der Fachmann gern von der *Gagnante,* der Chance, die soeben gewonnen hat, und der *Perdante,* ihrem Gegenteil. Die *Retardaire* ist eine lange ausstehende Nummer, die *Dominante* eine bevorzugte Farbe, Kolonne oder sonstige Chance.
Wenn ein Spieler glaubt, daß die Kugel derzeit Nummern mit der gleichen Endziffer bevorzugt (welche Logik!), beispielsweise die 5, 15, 25 und 35, dann setzt er auf die *Finale.*
Diese Aufzählung ist keineswegs vollständig. Sie soll lediglich den sprachlichen und den unlogisch-logischen Bereich des Spielermilieus und seiner Methoden beleuchten.

Spielsysteme

Kommen wir nun zu den Spielsystemen. Sie sind sozusagen Rezepte, die, richtig angewendet, den Spieler nicht nur vor Verlusten schützen, sondern ihm auch hohe oder zumindest bescheidene, doch regelmäßige Gewinne sichern sollen. Ohne lange über den Wert all dieser Systeme zu grübeln, brauchen wir uns nur umzuhören, ob eine Spielbank jemals den Konkurs anmelden mußte. Dies wäre nämlich unweigerlich der Fall, wenn es auch nur ein einziges todsicheres Gewinnsystem gäbe. Seine Existenz würde sich mit Sicherheit sofort herumsprechen, und alle Welt würde nicht ruhen und nicht rasten, bis der Erfinder es preisgegeben hätte. Dann wäre der große Run auf die Spielbanken fällig, unmittelbar gefolgt von deren Ruin.

Die Systemerfinder sind aber, wie wir noch sehen werden, mit ihren Schöpfungen gar nicht so sehr zurückhaltend. Es gibt ganze Bibliotheken von Systemschriften, größtenteils verfaßt von Systemwissenschaftlern, die ihrerseits eine Untergruppe der Roulettewissenschaftler sind. Daneben gibt es selbstverständlich auch noch, wie bei jeder Wissenschaft, Laien und Amateure, die sich ebenfalls an Systemen versuchen – teils für den Eigenbedarf, meistens aber, um sie zu verkaufen. Ihren Elaboraten geben beide Gruppen gern mystisch, mythologisch oder/und vielversprechend klingende Namen, wie »Phoenix«, »Pentagramm«, »Magnet« oder gar »Rente«.

Auch bei der Betrachtung von Roulettesystemen kann man mit Methode vorgehen und versuchen, die Systeme in ein System einzuordnen. Dabei findet man unschwer 2 Hauptmengen und eine Schnittmenge dieser 2 Systemfamilien, wenn man so will, und eine Mischung oder Verquickung beider.

Die 1. Systemgattung berät den Spieler darin, wie er sein Kapital (sofern noch vorhanden) einteilen und einsetzen soll. Die Taktik richtet sich gewöhnlich nach den vorausgegangenen Gewinnen und Verlusten, vorzugsweise denen des letzten Spiels. Dabei zeigen sich wieder 2 entgegengesetzte Richtungen: das sogenannte *Martingale-Spiel,* bei dem der Einsatz nach jedem Verlust erhöht wird, derart, daß der nächste Gewinn alle bisherigen Verluste abdecken und noch einen Überschuß abwerfen würde, und das *Paroli-Spiel,* bei dem die Erhöhung des Einsatzes nicht nach einem Verlust, sondern nach einem Gewinn vorgenommen wird. Man bietet der Bank Paroli, indem man sie gewissermaßen mit ihren eigenen Waffen bekämpft, da das von der Bank soeben ausgezahlte Geld sofort wieder eingesetzt wird, um neue Gewinne zu erzielen.

Im allgemeinen spricht man bei einer Satzweise mit Erhöhung von *Progressionen.* Weit verbreitet ist dabei das Verdoppeln *(Doublieren)* des Einsatzes von Spiel zu Spiel. Manchen Spielern scheint dieser Weg aber nicht steil genug nach oben zu

führen, weshalb sie mit höheren Progressionen arbeiten und den Einsatz jeweils verdreifachen oder gar vervierfachen.
Das Verdoppeln des Einsatzes nach jedem Verlust ist insbesondere bei den einfachen Chancen beliebt, weil es zwar langsam, aber sicher zu einem bescheidenen Gewinn führt, allerdings nur, solange dem Spieler nicht das Geld ausgeht oder sich keine ausgesprochene Pechsträhne einstellt.
Zur Erläuterung ein Beispiel: Ein Spieler beginnt mit einem Einsatz von DM 10,– und setzt immer auf Rot. Fällt Schwarz, dann setzt er DM 20,–, nach dem nächsten Noir DM 40,– und so weiter, bis endlich Rot kommt. Dann hat er, da bei den einfachen Chancen der einfache Einsatz als Gewinn und der Einsatz selbst ausgezahlt wird (Tabelle 2), immer noch seinen ersten Einsatz von DM 10,– gewonnen. Nicht klar? Hier eine Übersicht für 5 Spiele:

Spiel	Einsatz DM	Gewinn DM	Einsatz insgesamt DM
1	10,–	–	10,–
2	20,–	–	30,–
3	40,–	–	70,–
4	80,–	–	150,–
5	160,–	320,–	310,–
Gesamtgewinn: DM 10,–			

Auf den ersten Blick scheint dieses System absolut sicher zu sein. Nach dem Gesetz des Equilibre kommt Rot ebensooft wie Schwarz, im Idealfall mit »Vibration« 1, also immer abwechselnd. Derartige Milchmädchenrechnungen gehen aber beim Roulette, wie wir wissen, nur selten auf. Allein am 27. 11. 1982, unserem als Beispiel gewählten Tag (Seite 43), kam sowohl Rot als auch Schwarz in jeweils einem Fall neunmal nacheinander. Wollen wir doch sehen, wie unsere obige Tabelle bei entsprechender Fortsetzung aussieht:

Spiel	Einsatz DM	Gewinn DM	Einsatz insgesamt DM
5	160,-	-	310,-
6	320,-	-	630,-
7	640,-	-	1270,-
8	1280,-	-	2550,-
9	2560,-	-	5110,-
10	5120,-	10240,-	10230,-
	Gesamtgewinn: DM 10,-		

Unser Spieler hätte diesmal noch Glück gehabt, vorausgesetzt, daß er überhaupt in der Lage gewesen wäre, DM 10230,- zu riskieren. Wäre aber auch noch im 10. Spiel Schwarz gefallen – was durchaus keine Seltenheit ist - dann hätte er zur Deckung der bisherigen Verluste DM 10240,- setzen müssen, während der Höchsteinsatz, das Limit, am Zehn-Mark-Tisch (nur) DM 10000,- beträgt. Bei diesem zulässigen Maximaleinsatz und Rot (Gewinn) im 11. Spiel hätte unser Freund immerhin den Verlust von DM 230,- zu beklagen.

Ein 2. Problem, mit dem der auf die einfachen Chancen setzende Spieler zu kämpfen hat, ist das Zéro. Wie schon in Kapitel 3 erläutert, werden die Einsätze der einfachen Chancen bei Zéro »en prison« gebracht, oder sie verfallen zur Hälfte. Für das Spiel mit Progressionen nach dem Martingale-Prinzip handelt es sich dabei allerdings nur um eine andere Form des Verlusts. Der Spieler muß sich dann lediglich auf etwas umständlichere Weise ausrechnen, wie hoch er den nächsten Einsatz wählen muß, um die Progression konsequent fortzusetzen. Die panische Angst vieler Systemspieler vor dem Zéro ist, so besehen, völlig unbegründet.

Das Gegenstück zu den Progressionen bilden Systeme, bei denen mit konstanter Einsatzhöhe *(Masse égale)* gearbeitet wird. Sie sind für die einfachen Chancen nicht brauchbar, da bei diesen ein Gewinn den vorangegangenen Verlust nicht kom-

pensieren kann. Am aussichtsvollsten sind sie bei der Satzweise »en plein«, denn ein Gewinn schüttet in diesem Fall 36fachen Einsatz aus.
Ausgehend von der simplen Überlegung, daß jede Zahl die Gewinnwahrscheinlichkeit 1/37 hat, würde das en-plein-Spiel mit Masse égale theoretisch eine beliebig lange Beteiligung am Spiel gestatten – solange der Spieler mindestens 37 Grundeinsätze zur Verfügung hat. (Von dem einen Siebenunddreißigstel aller Gewinne, das unauffällig an die Bank abfließt, sehen wir bei dieser Überlegung ab.) Am Ende hätte der Spieler nichts gewonnen und nichts verloren, sofern er den Zeitpunkt des Ausstiegs nicht besonders geschickt oder gar besonders ungeschickt wählen würde.
Systeme mit Masse égale sind im Hinblick auf das Equilibre nur dann gewinnversprechend, wenn der Spieler die Gewinnwahrscheinlichkeit – beispielsweise von 1/37 beim en-plein-Spiel – nach irgendeiner Methode zu seinen Gunsten verschieben oder erhöhen kann. Sinngemäß gilt das auch für das Transversale-Spiel, das Finale-Spiel und ähnliche Varianten.
Eine besondere Form der Progression wird Jean Le Rond D'-Alembert, dem französischen Philosophen, Mathematiker und Ästhetiker (1717–1783) zugeschrieben. Bei dieser Progression wird der Einsatz nach jedem Gewinn verkleinert und nach jedem Verlust erhöht.
Bekannte Progressionen sind ferner das recht komplizierte Fitzroy-System und das angeblich von dem »Spielerkönig« Garcia entwickelte System Tiers-et-Tous (ein Drittel und alles).
Betrachten wir nunmehr kurz die 2. Gruppe der Spielsysteme, für die bisher kein passender Name eingeführt worden ist. Es sind diejenigen Systeme, bei denen der Spieler nach einem bestimmten Plan, einer *Marche* oder einem *Marsch,* vorgeht. Ein willkürlich gewähltes, sicherlich sinnloses Beispiel für einen Marsch wäre, nach jedem Gewinn ein Spiel auszusetzen. Auch das schon erwähnte Figurenspiel ist eine Marche-Variante. Der Phantasie und der Komplexität der Märsche sind keinerlei Grenzen gesetzt.
Das Marche-Spiel kann sowohl mit Masse égale als auch mit

Progression betrieben werden. Im letzteren Fall handelt es sich um die schon angedeutete Mischung oder Schnittmenge der beiden Systemgruppen, die bisher getrennt betrachtet wurden.
Kommen wir nun abschließend zu den Systemerfindern und den Verfassern von Systembüchern. Die Meinungen über diesen »Berufsstand« mögen geteilt sein, und auch der Verfasser dieses Buches möchte aus naheliegenden Gründen keine eindeutige Stellung beziehen. Statt dessen soll eine Passage aus dem Büchlein »Spielend gewinnen?« von Ralf Lisch, herausgegeben von der Stiftung Warentest, zitiert werden:
»Es ist verhältnismäßig einfach, ein Roulettesystem mit dem Ziel einer Veröffentlichung und des Verkaufs zu entwickeln. Grundvoraussetzung ist eine gewisse Skrupellosigkeit, gepaart mit einem möglichst konfusen Verständnis von Statistik und Wahrscheinlichkeitsmathematik.«
Wie schon gesagt, erfolgt die Wiedergabe des vorstehenden Textes, bei dem die Systementwickler beileibe nicht gut davonkommen, völlig wertungsfrei.
Den angebotenen Systemen, für die der Käufer DM 50,– bis etwa 5000,– entrichten muß, geben die Verfasser oder Herausgeber – wie erwähnt – sehr klangvolle Namen. »Methode Blitzwechsel«, »Der Doppeltrip« und »Schwarze Witwe« sind einige Beispiele. Ferner wird mehr oder weniger direkt die Unfehlbarkeit des betreffenden Systems angedeutet, meistens durch Hervorhebung der Qualitäten seines Erfinders. »Verfaßt von N. N., einem der gefürchtetsten Systemspieler der Riviera« ist eine Kostprobe aus diesem Bereich.
Einige Verlage haben sich auf die Rouletteliteratur geradezu spezialisiert. Die veröffentlichten Werke haben teils eher statistischen Charakter, wie die mehrfach erwähnten Permanenzen oder die »aufgeschlüsselten Nummern«. Die letzteren gliedern die Permanenzen noch weitergehend auf als die reinen Permanenzentabellen (Bild 4.1). Hier wird auch die Zugehörigkeit der einzelnen Zahlen zu den 3 einfachen Chancen, den 3 Dutzenden und den 3 Kolonnen angegeben. Ein Beispiel zeigt Bild 11.3, abgeleitet aus den ersten 20 Spielen des 27. 11. 1982. Derartige Tabellenwerke sind laut Werbung der Herausgeber

die einfachste und billigste Art, um ein System zu überprüfen. Mehr auf das Systemspiel ausgerichtet sind sogenannte roulettewissenschaftliche Werke, wie »Alles über Transversalen«, »Märsche und Roulettegesetze«, »Handbuch der Progressionen« oder »Rhythmen und Tendenzen«. Sie werden vor allem den Berufsspielern empfohlen.

Ein altes böhmisches Sprichwort lautet: »Spiel und du wirst gewinnen. Spiel nicht und du wirst nicht verlieren!«
Mit diesem Orakelwort nehme ich, verehrter Leser, von Ihnen Abschied und danke Ihnen dafür, daß ich Sie auf Ihrem Weg durch das Reich der Königin der Glücksspiele ein kurzes Stück begleiten durfte.

'rimadonna,
lie man
ieben muß.

Eilert-Overbeck, B.
Meine Katze
Verhalten, Ernährung,
Pflege
Originalausgabe
40 Seiten
4 Zeichnungen
,80 DM
SBN 3-612-20151-4
TB 20151

Das Buch
Katzen wollen den Familienanschluß, ja sogar die „Gleichberechtigung" von ihrem menschlichen Wohngenossen. Sie können zärtliche Schmusetiere sein, aber sie können auch das Erbe ihrer wilden Verwandten nicht leugnen. In diesem Buch erfährt man alles, was für das Zusammenleben und Verständnis notwendig ist.

Aus dem Inhalt
Die Katze – ein Tier mit Persönlichkeit · Grundvoraussetzungen für die Katzenhaltung · Eine Katze kommt in die Familie · Wohnungskatze oder „Freiläufer" · Ernährung und Pflege · Gesundheit und Geburtenkontrolle · Welche Katze soll es sein?

Die Autorin
Brigitte Eilert-Overbeck ist Journalistin und Autorin mehrerer Katzenbücher.

Das Buch erscheint als Begleitbuch zur ZDF-Serie „Mit Tieren leben".

Das Rauhbein
mit der
zarten Seele.

Nimz, Arnt-Günter
Mein Hund
Verhalten, Erziehung,
Pflege
Originalausgabe
128 Seiten
ca. 30 Zeichnungen
8,80 DM
ISBN 3-612-20150-6
ETB 20150

Das Buch
Hunde sind die treuesten Haustiere, ob es nun Rassehunde oder Mischlinge sind. In diesem Buch wird von einem kompetenten Autor alles das beschrieben, was wichtig ist für das Zusammenleben von Hund und Mensch, sowohl in der Stadt als auch auf dem Land.

Aus dem Inhalt
Welcher Hund ist der richtige? · Kleine Hundepsychologie · Erziehung des Hundes · Richtige Ernährung · Hund und Kind · Der vierbeinige Patient · Mit Hund auf Reisen · Leben mit Hunden.

Der Autor
Dr. med. vet. A.-G. Nimz ist Kleintierarzt mit eigener Praxis und hat jahrelange Erfahrung im Umgang mit Hunden.

Das Buch erscheint als Begleitbuch zur ZDF-Serie „Mit Tieren leben".

Mischlinge
haben die
besten
Charaktere.

Spangenberg, Rolf
Klassehunde
ohne Rasse
Freundschaft,
die nie enttäuscht
224 Seiten
30 Fotos
9,80 DM
ISBN 3-612-20109-3
ETB 20109

Das Buch
Eine „Promenadenmischung" werden sie oft abfällig genannt, die liebenswerten Hunde, die auf keinen makellosen Stammbaum zurückblicken können. Dabei sind sie besonders kraftvoll, widerstandsfähig und anhänglich.

Aus dem Inhalt
Erwerb · Rassenstolz · Hundeknigge · Körpersignale kultivieren · Stimmklang modulieren · Soziale Stellung betonen · Hundestrafen · Haltung und Pflege · Der erste Tag · Der Alltag · Hundeliebe · Tierquälerei · Tierschutzvereine und Tierheime

Der Autor
Dr. Rolf Spangenberg ist Tierarzt und Sachbuchautor.

Meine ersten
eigenen Fische.

Mayland, Hans J.
Aquarium
für Anfänger
Beckenarten,
Aquarientechnik,
Bepflanzung, Fische
Originalausgabe
144 Seiten, 30 Farbfotos, 60 Zeichnungen
9,80 DM
ISBN 3-612-20100-X
ETB 20100

Das Buch
Fische sind nicht nur schön, sie stellen auch ein wahres Nervenelixier dar. Das Aquarium und seine Pflege sind ein Hobby für die ganze Familie. Kinder lernen das Wunder der Fortpflanzung sowie die Liebe zur Kreatur.

Aus dem Inhalt
Welchen Aquarientyp brauchen wir? · Wohin mit dem Aquarium? · Größe und Gewicht eines Aquariums · Keine Angst vor der Technik! · Einrichtung des Beckens · Das Wasser · Über die Bepflanzung · Die Fische · Fütterung · Aquarienmedizin

Der Autor
Hans J. Mayland ist der bekannteste deutsche Aquaristik-Autor.

AIDS wurde zum Schrecken der Welt.

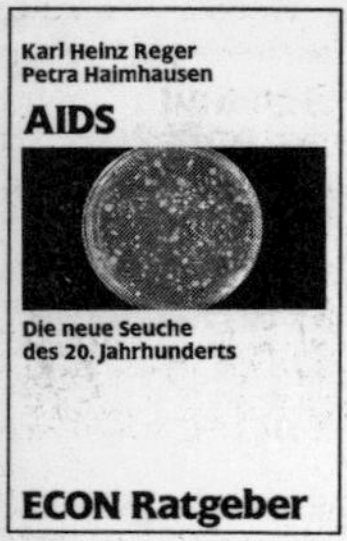

Reger, Karl Heinz/
Haimhausen, Petra
AIDS
– Die neue Seuche des 20. Jahrhunderts –
134 Seiten
8,80 DM
ISBN 3-612-20084-4
ETB 20084

Das Buch
Dieses Buch soll Aufklärung schaffen, es offenbart alles, was heute über diese verhängnisvolle Krankheit und ihre Entstehung bekannt ist.

Aus dem Inhalt
Fünf Schicksale, die am Beginn einer neuen Epidemie stehen · So kann AIDS entstehen · Wie AIDS in den Körper gelangt · Krankheitserreger, die für AIDS-Kranke tödlich sein können · Was Ärzte heute gegen AIDS tun können · Wie AIDS-Gefährdete sich schützen können.

Die Autoren
Karl Heinz Reger ist Journalist und Sachbuchautor medizinischer Themen.
Dr. med. Petra Haimhausen ist Ärztin.

Jeder 5. Deutsche reagiert allergisch.

Ulrich, Wolf
Allergien sind heilbar
– Hilfe bei Heuschnupfen und anderen allergischen Krankheiten –
159 Seiten
14 Zeichnungen
8,80 DM
ISBN 3-612-20023-2
ETB 20023

Das Buch
Tränende Augen, Schnupfnase, geschwollene Schleimhäute oder absinkender Blutdruck sind typische Symptome für Allergien, die ausgelöst werden können durch Pilzsporen oder Pollen, durch Medikamente, Mehl, verschiedene Fasern, Milch, Obst, Fisch oder Eier. Beschrieben wird, welche Krankheitsbilder mit welchen Symptomen allergisch bedingt sind, welche Diagnosemethoden es gibt, welche Vor- und Nachteile sie haben und wie Allergien behandelt werden können.

Der Autor
Dr. med. Wolf Ulrich ist Medizinjournalist und Verfasser anderer Bücher. Im ECON-Verlag erschienen seine Ratgeber „Schmerzfrei durch Akupressur und Akupunktur", „Zellulitis ist heilbar" und „Haare pflegen und erhalten".

Rheuma: Die Geißel Nummer 1.

Alexander, Maximilian
Rheuma ist heilbar
– Neueste Naturheilmethoden –
142 Seiten
7,80 DM
ISBN 3-612-20017-8
ETB 20017

Das Buch
Mindestens vier Prozent der Menschheit ist an Rheuma erkrankt. Die herkömmliche Medizin hat diese Krankheit mit ihren verheerenden Folgen für Patient, Staat und Volkswirtschaft nicht in den Griff bekommen können.
In diesem Buch werden hochwirksame Naturheilmethoden gegen den gesamten Rheumakomplex dargestellt. Bei konsequenter Anwendung kann mit Naturheilmitteln dieses Leiden gelindert werden, eine neue Hoffnung besteht zurecht.

Der Autor
Maximilian Alexander arbeitet seit vielen Jahren als Medizin-Journalist.

Jede dritte Frau leidet unter Orangenhaut.

Ulrich, Wolf
Zellulitis ist heilbar
– Orangenhaut vorbeugen und selbst behandeln –
128 Seiten
51 Fotos
6,80 DM
ISBN 3-612-20012-7
ETB 20012

Das Buch
Zellulitis ist heilba[r] Der Autor erklärt, wi[e] Zellulitis entsteht, un[d] schildert, wie man Zel[l]ulitis erfolgreich vor[]beugen kann und si[e] heilt. Er entwickelte ei[n] mehrstufiges Anti[-]Zellulitis-Programm, mit dem er durch Le[]bensführung, richtige Ernährung, Sport und Gymnastik, Massage, Medikamente und viel Geduld in zehn Wochen diese häßli[]che Krankheit heilen kann. 51 Fotos erläu[]tern sein Programm und erleichtern dem Leser, es alleine durchzuführen.

Der Autor
Dr. med. Wolf Ulrich ist Facharzt für Haut[]krankheiten.

Bewußter leben und erleben.

Stangl, Marie-Luise
Jede Minute sinnvoll leben
– Vertrauen zu sich selbst gewinnen –
123 Seiten
6,80 DM
ISBN 3-612-20015-1
ETB 20015

Das Buch
Eine der besten Kennerinnen der alten chinesisch-japanischen Weisheiten des Zen-Buddhismus verhilft dem Leser – von der Hausfrau bis hin zum Top-Manager – zu einem neuen Verständnis seiner selbst. Sie beschreibt, wie man durch Bewußtwerdung ganz alltäglicher Tätigkeiten und Verrichtungen – wie Gehen, Stehen, Laufen, Essen, Arbeiten – sein Leben und seine Persönlichkeit eindringlicher und bejahender erlebt und erfaßt, wie man sich von Angst, Zerrissenheit, Selbstentfremdung und aus innerer Einsamkeit löst und dadurch neue Lebenskraft schöpft.

Die Autorin
Marie-Luise Stangl leitet im Odenwald, zusammen mit ihrem Mann Dr. Anton Stangl, seit vielen Jahren Seminare zur Persönlichkeitsbildung durch Entspannungstechniken.

Der Weg zum inneren Reich.

Müller-Elmau, Bernhard
Kräfte aus der Stille
– Die transzendentale Meditation –
191 Seiten
7,80 DM
ISBN 3-612-20021-6
ETB 20021

Das Buch
Ohne Bewußtsein könnten wir nichts von unserem Dasein als Mensch wissen. Transzendentale Meditation führt den Menschen wieder in die Bereiche des Seelisch-Geistigen zurück und erschließt ihm sein inneres Reich und ein Bewußtsein, in dem Liebe, Glück und Würde ihren angestammten Platz einnehmen können.

Der Autor
Bernhard Müller-Elmau leitet Schloß Elmau am Wetterstein, das sein Vater als Stätte geistiger Erholung geschaffen hat. Er beschäftigt sich seit vielen Jahren mit Transzendentaler Meditation. Während eines Studienaufenthaltes in Indien traf er Maharishi Mahesh Yogi, der dies erste deutsche Buch über Transzendentaler Meditation gut geheißen hat.

Wir sind alle auf demselben Weg.

Stangl, Marie-Luise
Die Welt der Chakren
– Praktische Übungen zur Seins-Erfahrung –
Originalausgabe
107 Seiten
49 Zeichnungen
5,80 DM
ISBN 3-612-20022-4
ETB 20022

Das Buch
Die Lehre von den Chakren – eine indische Lehre – handelt von den menschlichen Kraftzentren, den Zentren, in denen der Mensch die Schwingungen seiner Lebensenergie oder Lebenskraft aus dem Kosmos, der unmerklichen Quelle seines Seins aufnimmt. Dieses Buch soll dem Leser helfen, bewußter zu leben, sein Denken und Fühlen im Hier und Jetzt zu zentrieren, sich zu entspannen, Zuversicht, Vertrauen, Frieden und Liebe zu finden.

Die Autorin
Marie-Luise Stangl ist Entspannungspädagogin. Sie leitet seit vielen Jahren, zusammen mit ihrem Mann Dr. Anton Stangl, Seminare zur Selbsterfahrung und Selbstverwirklichung durch Eutonie und Zen.

Schlank im Schlaf.

Bierach, Alfred
Schlank im Schlaf durch vertiefte Entspannung
– Die SIS-Methode –
144 Seiten, 1 Grafik
6,80 DM
ISBN 3-612-20008-9
ETB 20008

Das Buch
Durch vertiefte Entspannung im Schlaf schlank werden, dies ist eine neue Methode, die all jenen zu empfehlen ist, die ohne Mühe schlank werden und endlich wieder ihr Normalgewicht erreichen wollen. Im Zustand tiefster Entspannung suggeriert der Mensch seinem Unterbewußtsein ein verändertes Ernährungsprinzip und kann so bei Bewußtsein mühelos den neuen Weg einhalten. Eine wissenschaftliche und praxiserprobte Methode, die in psychosomatischen Kliniken angewandt wird.

Der Autor
Dr. Alfred Bierach, Psychotherapeut und Naturheilkundler, ist in eigener Praxis am Bodensee tätig. Mit der SIS-Methode hat er vielen Patienten geholfen, schlank zu werden.

Das Standardwerk der biologischen Küche.

Danner, Helma
Biologisch kochen und backen
– Das Rezeptbuch der natürlichen Ernährung –
288 Seiten, 8 Farbtafeln, 425 Rezepte
14,80 DM
ISBN 3-612-20003-8
ETB 20003

Das Buch
Natürliche Ernährung ist nicht nur gesund, sondern auch wohlschmeckend, durch sie können Krankheiten geheilt, gelindert und verhindert werden: Karies, Paradontose, Erkrankung des Bewegungsapparates, Zuckerkrankheit, Leber-, Gallen-, Nierenerkrankungen, Beschwerden der Verdauungsorgane, Gefäßerkrankungen u. v. a. m. Naturbelassene Ernährung bringt dem Menschen neuen Schwung, Elastizität, Ausdauer und hohe Konzentrationsfähigkeit, sie erhält ihn gesund und schlank.
Die Rezepte in diesem Buch sind praxiserprobt.

Die Autorin
Helma Danner ist Gesundheitsberaterin.
Sie beschäftigt sich seit vielen Jahren mit der wissenschaftlichen und Laienliteratur auf dem Ernährungssektor, mit neuesten und alten Gesundheits- und Kochbüchern.

Gesunde Ernährung für körperliches und seelisches Wohl.

Dörner, Ilse Sibylle
Das grüne Kochbuch
– Handbuch der naturbelassenen Küche –
270 Seiten
20 Zeichnungen
382 Rezepte
12,80 DM
ISBN 3-612-20026-7
ETB 20026

Das Buch
Das Handbuch der naturbelassenen Küche beweist mit über 380 Rezepten, daß man gesund leben und trotzdem köstlich essen kann.
Modernes Kochen mit frischen und gesunden Lebensmitteln, die schonend, selbst für schmackhafte Speisen, verarbeitet werden – unter dieser Maxime steht das grüne Kochbuch mit seinen vielen praxiserprobten Rezepten, Anleitungen, Tips und Ratschlägen zur naturbelassenen Küche. Es zeigt aber auch, daß Kochen nicht erst am Herd beginnt: Joghurt und Käse, Gemüse und Kräuter aus eigener Produktion bereichern jeden Tisch.

Die Autorin
Ilse Sibylle Dörner schreibt als freie Journalistin u. a. für die Zeitschrift „Feinschmecker". Sie ist Autorin mehrerer Kochbücher.

Endlich! Die Diät, die Spaß macht.

Dörner, Ilse Sibylle
Diät mit Bio-Kost
– Schlank, gesund und fit –
Originalausgabe
189 Seiten
16 Zeichnungen
232 Rezepte
9,80 DM
ISBN 3-612-20019-4
ETB 20019

Das Buch
Bio-Diät ist eine neue, gesunde Möglichkeit, schlank zu werden und schlank zu bleiben. Köstliche Rezepte, eine Einführung in die Kräuter- und Keimlingszucht, Bio-Kosmetik und Bio-Medizin verleiten den Leser, sofort anzufangen und ohne Qual und zeitliche Begrenzung seinem Körper etwas Gutes zu tun, ihn schlank und fit zu halten.

Die Autorin
Ilse Sibylle Dörner schreibt als freie Journalistin u. a. für die Zeitschrift „Feinschmecker". Sie ist Autorin mehrerer Kochbücher, u.a. „Das grüne Kochbuch", ein Standardwerk für die alternative Küche.

Schnäpse und Liköre – Auch ein Stück Gesundheit?

Buss, Katharina
Leib- u. Magenelixiere
– Selbstgemachte Liköre u. Schnäpse –
Originalausgabe
144 Seiten
30 Zeichnungen
4 Farbtaf., 167 Rezepte
8,80 DM
ISBN 3-612-20018-6
ETB 20018

Das Buch
Äbte, Padres und Nonnen durften keinen Alkohol zu sich nehmen, und doch haben sie die besten Rezepte für die Zubereitung von Kräuterlikören und Schnäpsen zusammengestellt.
Viele der alten Klostertränke sind hier in etwa 200 Rezepten aufgenommen. Für jeden Geschmack und für die Gesundheit obendrein ist etwas dabei.
Eine Tabelle über die Reifezeiten von Früchten und Kräutern erleichtern die jährliche Planung der eigenen Herstellung.

Die Autorin
Katharina Buss ist Lebensmitteljournalistin, sie schreibt u. a. für den „Feinschmecker". Die Rezepte hat sie selbst ausprobiert.